SIMPLIFICANDO
ALGORITMOS

O GEN | Grupo Editorial Nacional – maior plataforma editorial brasileira no segmento científico, técnico e profissional – publica conteúdos nas áreas de ciências exatas, humanas, jurídicas, da saúde e sociais aplicadas, além de prover serviços direcionados à educação continuada e à preparação para concursos.

As editoras que integram o GEN, das mais respeitadas no mercado editorial, construíram catálogos inigualáveis, com obras decisivas para a formação acadêmica e o aperfeiçoamento de várias gerações de profissionais e estudantes, tendo se tornado sinônimo de qualidade e seriedade.

A missão do GEN e dos núcleos de conteúdo que o compõem é prover a melhor informação científica e distribuí-la de maneira flexível e conveniente, a preços justos, gerando benefícios e servindo a autores, docentes, livreiros, funcionários, colaboradores e acionistas.

Nosso comportamento ético incondicional e nossa responsabilidade social e ambiental são reforçados pela natureza educacional de nossa atividade e dão sustentabilidade ao crescimento contínuo e à rentabilidade do grupo.

SIMPLIFICANDO
ALGORITMOS

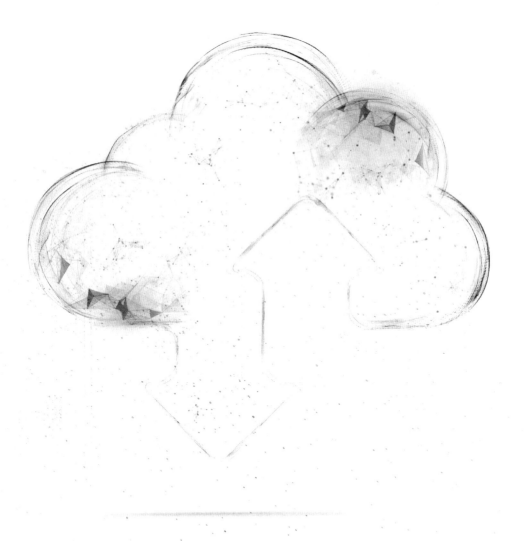

Andrés Menéndez

- O autor deste livro e a editora empenharam seus melhores esforços para assegurar que as informações e os procedimentos apresentados no texto estejam em acordo com os padrões aceitos à época da publicação, *e todos os dados foram atualizados pelo autor até a data de fechamento do livro.* Entretanto, tendo em conta a evolução das ciências, as atualizações legislativas, as mudanças regulamentares governamentais e o constante fluxo de novas informações sobre os temas que constam do livro, recomendamos enfaticamente que os leitores consultem sempre outras fontes fidedignas, de modo a se certificarem de que as informações contidas no texto estão corretas e de que não houve alterações nas recomendações ou na legislação regulamentadora.

- Data do fechamento do livro: 30/09/2023

- O autor e a editora se empenharam para citar adequadamente e dar o devido crédito a todos os detentores de direitos autorais de qualquer material utilizado neste livro, dispondo-se a possíveis acertos posteriores caso, inadvertida e involuntariamente, a identificação de algum deles tenha sido omitida.

- **Atendimento ao cliente: (11) 5080-0751 | faleconosco@grupogen.com.br**

- Direitos exclusivos para a língua portuguesa
  Copyright © 2023 *by*
  LTC | Livros Técnicos e Científicos Editora Ltda.
  Uma editora integrante do GEN | Grupo Editorial Nacional
  Travessa do Ouvidor, 11
  Rio de Janeiro – RJ – 20040-040
  www.grupogen.com.br

- Reservados todos os direitos. É proibida a duplicação ou reprodução deste volume, no todo ou em parte, em quaisquer formas ou por quaisquer meios (eletrônico, mecânico, gravação, fotocópia, distribuição pela Internet ou outros), sem permissão, por escrito, da LTC | Livros Técnicos e Científicos Editora Ltda.

- Capa: Danielle Fróes

- Imagem de capa: © MARHARYTA MARKO | iStockphoto.com

- Editoração eletrônica: Sílaba Produção Editorial

CIP-BRASIL. CATALOGAÇÃO NA PUBLICAÇÃO
SINDICATO NACIONAL DOS EDITORES DE LIVROS, RJ

M449s

Menéndez, Andrés
  Simplificando algoritmos / Andrés Menéndez. - 1. ed. - Rio de Janeiro : LTC, 2023.

Inclui bibliografia e índice
Inclui materiais suplementares
ISBN 978-85-216-3832-2

1. Estrutura de dados (Computação). 2. Algoritmos. 3. Matrizes (Matemática). 4. Banco de dados. I. Título.

22-79418

CDD: 005.75
CDU: 004.65:519.61

Meri Gleice Rodrigues de Souza – Bibliotecária – CRB-7/6439

Dedicatória

    Normalmente, as pessoas acreditam que o início de uma maratona se dá no primeiro passo ou que a escrita de um livro começa com a primeira palavra digitada no editor de texto. Mas ninguém acorda e vai correr uma maratona, da mesma forma que ninguém abre um editor de texto e escreve um *best-seller*. Tudo se inicia com uma ideia. A ideia é como uma semente, a qual você planta, cuida, vê crescer e dar frutos. Sem a ideia, não há fruto, não há resultado, não há medalha na chegada nem livro publicado.

    A ideia deste livro veio de Danielle, companheira de todas as horas, esposa e mãe dedicada e que acredita, até mais do que eu, no meu potencial. Durante toda a escrita do livro, fiquei com a frase que ela disse: "Escreva um livro que eu gostaria de ter lido quando aprendi algoritmos." Embora você já tenha aprendido, este livro é para você.

Prefácio

Se está interessado pelo conteúdo deste livro, você tem todo o meu respeito. Tenha certeza de que o entendimento da lógica dos algoritmos é um dos melhores conteúdos que as pessoas podem aprender ao longo da vida. Diariamente, sistemas baseados em algoritmos nos ajudam nas mais diversas operações, seja para nos mostrar o melhor caminho de um ponto a outro, permitir tirar dinheiro em caixa eletrônico, escutar nossa *playlist* preferida, ver fotos dos nossos amigos, entre milhares de outros exemplos. Os algoritmos estão muito presentes no cotidiano e moldam o nosso estilo de vida. Saber como eles funcionam nos ajuda a pensar de forma mais estruturada e até entender algumas coisas que parecem inexplicáveis, como quando "do nada" aparece aquele anúncio sobre um produto que estamos querendo comprar.

O caminho que fez você chegar até aqui talvez passe pelo ingresso em algum curso superior da área de computação. Este é, sem dúvida, o público mais frequente. Isso se deve ao fato de grades curriculares dos cursos superiores colocarem como base o estudo de algoritmos e/ou linguagens de programação para a construção de programas. Se é este seu caso, espero poder ajudar não somente a ser aprovado na disciplina, mas também a aprender a criar qualquer tipo de algoritmo para resolver problemas, do mais simples ao mais complexo.

Talvez você seja um estudante universitário da área de exatas e tecnologia, mas que não seja de computação. A maioria dos cursos dessa área tem na sua grade ao menos uma disciplina introdutória de algoritmos/programação que, normalmente, costuma ser muito temida pelos alunos. Se esse for seu caso, este livro é para você.

Você também pode estar matriculado em cursos técnicos de Tecnologia da Informação ou cursos de curta duração, muito comuns em Institutos Federais, em faculdades particulares e em cursos de ensino a distância. Nesse caso, tudo que falei anteriormente também vale para você.

O último público talvez seja o mais exigente, pois ele não está sendo "obrigado" a estudar. Podem ser alunos de outros cursos superiores ou alunos do ensino médio ou ainda profissionais de outras áreas, que decidiram estudar algoritmos por conta própria. Tenho certeza de que, se está neste grupo, você tomou uma decisão importante e que mudará a forma como vê a computação.

Independentemente do motivo que lhe trouxe até aqui, meu desejo é poder ajudar. Quero facilitar o seu aprendizado de algoritmos e de programação, para que você possa atingir seu objetivo. Se eu conseguir isso, estarei plenamente satisfeito como professor, pois meu compromisso é sempre com o aprendizado dos meus alunos. E saiba que a partir de agora já estou considerando você como meu aluno.

Boa leitura!

Andrés Menéndez

Agradecimentos

Este livro foi escrito com o objetivo de se tornar referência no aprendizado de algoritmos. Ao longo de toda minha vida de professor, tive a oportunidade de conhecer diversos livros do tema. Eu queria fazer algo diferente. A maneira de aprender mudou, mas muitos professores ainda não perceberam e continuam querendo ensinar da mesma forma. Contudo, depois que terminei o livro, precisava saber se realmente tinha conseguido atingir o objetivo. Para isso, chamei três professores e amigos de longa data para que dessem opiniões duras e isentas sobre os pontos fortes e fracos do material. Meu muito obrigado aos professores Domingos Sávio Alcântara Machado, Marcos Barbosa Dósea e Thiers Garretti Ramos Sousa por terem lido todo o texto e contribuído de forma decisiva para que eu pudesse me aventurar como autor!

Material Suplementar

Este livro conta com os seguintes materiais suplementares:

Para todos os leitores:
- Material suplementar sobre Python (em .pdf), que torna possível a visualização da sintaxe do Python para a resolução dos mesmos algoritmos do livro (verificando cada um dos problemas que foram propostos escritos nesta linguagem) (requer PIN).

Para docentes:
- Planos de aula para docentes = 18 planos, com orientações diversas sugeridas para os professores.

Os professores terão acesso a todos os materiais relacionados acima (para leitores e restritos a docentes). Basta estarem cadastrados no GEN.

O acesso ao material suplementar é gratuito. Basta que o leitor se cadastre e faça seu *login* em nosso *site* (www.grupogen.com.br), clicando em Ambiente de aprendizagem, no *menu* superior do lado direito. Em seguida, clique no *menu* retrátil ▤ e insira o código (PIN) de acesso localizado na orelha deste livro.

O acesso ao material suplementar online fica disponível até seis meses após a edição do livro ser retirada do mercado.

Caso haja alguma mudança no sistema ou dificuldade de acesso, entre em contato conosco (gendigital@grupogen.com.br).

Sumário

1	**INTRODUÇÃO**	1
	1.1 Onde vamos aplicar algoritmos?	2
	1.2 Qual a importância do aprendizado de algoritmos?	3
	1.3 O que é o pensamento computacional?	5
	1.4 É realmente difícil aprender algoritmos?	6
	1.5 Como vamos trabalhar neste livro	7
2	**CONCEITOS FUNDAMENTAIS**	9
	2.1 O que é um computador?	9
	2.2 Componentes básicos	10
	2.3 Como funciona o computador?	11
3	**LINGUAGENS DE PROGRAMAÇÃO**	13
	3.1 O que são linguagens de programação?	13
	3.2 Evolução das linguagens de programação	13
	3.3 Compiladores e interpretadores	15
4	**ALGORITMOS**	17
	4.1 Representação de algoritmos	17
	4.2 Descrição narrativa	18
	4.3 Fluxograma	18
	4.4 Pseudocódigo	20
5	**PSEUDOCÓDIGO**	23
	5.1 Sintaxe e semântica	23
	5.2 Resolvendo um problema computacional	24

5.3	Conhecendo o Portugol Studio	25
5.4	Estrutura básica de um algoritmo em Portugol	25
5.5	Executando um programa	26
5.6	Salvando e carregando um algoritmo	26
5.7	Tipos de dados	27
	5.7.1 *String* ou cadeia de caracteres	28
	5.7.2 Caractere	28
	5.7.3 Inteiro	28
	5.7.4 Real	29
	5.7.5 Logico	29
5.8	Variáveis	29
5.9	Comando de atribuição	32
5.10	Comandos de entrada e saída	33
5.11	Operadores	40
	5.11.1 Operadores aritméticos	40
	5.11.2 Operadores relacionais	44
	5.11.3 Operadores lógicos	45

6 ESTRUTURAS DE CONTROLE 49

6.1	Uso de bibliotecas no Portugol Studio	50
6.2	Estruturas de decisão	53
	6.2.1 Estrutura SE	53
	6.2.2 Estrutura escolha-caso	78
6.3	Estruturas de repetição	86
	6.3.1 Estrutura de repetição enquanto	87
	6.3.2 Estrutura de repetição faça-enquanto	136
6.4	Estrutura para	165

7 ESTRUTURAS DE DADOS HOMOGÊNEAS 191

7.1	Vetores	191
7.2	Representação	193
7.3	Declaração de vetores	194
7.4	Manipulação de vetores	195
7.5	Leitura e impressão de vetores	195
7.6	Matrizes	226
7.7	Representação	226
7.8	Declaração de matrizes	227

7.9	Manipulação de matrizes	228

8 MODULARIZAÇÃO 245

8.1	Sub-rotinas	246
8.2	Funções	246
8.3	Procedimentos	249
8.4	Parâmetros	251
8.5	Passagem por valor	252
8.6	Passagem por referência	253
8.7	Momentos finais	265

BIBLIOGRAFIA 267

ÍNDICE ALFABÉTICO 269

1
Introdução

Em vez de abordar diretamente o assunto tema do livro e começar a fazer algoritmos, vou falar inicialmente de programação de computadores. Na área de Tecnologia da Informação, quando usamos a palavra **programação**, estamos nos referindo ao ato de escrever um programa de computador. Não é o objetivo deste livro falar da história da computação, mas em uma pesquisa rápida na internet você vai descobrir que a programação remonta ao século XIX. Durante décadas, porém, a programação ficou restrita a círculos muito fechados, principalmente pelo alto custo dos computadores. A popularização da microinformática ajudou a disseminar a programação a ponto de termos, atualmente, escolas de Ensino Fundamental e Médio com disciplinas que abordam o tema, embora infelizmente ainda de forma optativa.

Por falar em Ensino Fundamental, sempre acreditei que todas as matérias são importantes, a exemplo de Ciências, História e Geografia, porém, as que eu considero fundamentais são Português e Matemática. Sem Português, não saberíamos ler nem escrever. Já sem Matemática não conseguiríamos viver nesse mundo rodeado de números. O que você diria se soubesse que programação é um pouco dessas duas disciplinas? Para aprender a programar, você precisará se tornar fluente em outra língua, que, em computação, chamamos de linguagem de programação. Você terá que conhecê-la e usá-la da melhor forma para poder "dizer" ao computador o que você quer fazer. Teremos também que usar a matemática para nos ajudar, já que os programas que construímos sempre envolvem processamento de informações. Ainda nessa linha, o senso comum aponta que é importante aprender uma segunda língua, normalmente o inglês. Talvez, em um futuro próximo, seja consenso ter que aprender uma terceira língua – a de programação de computadores.

Atualmente, quem determina quais conhecimentos devem ser obrigatórios nas escolas é a Base Nacional Comum Curricular (BNCC). Meu sonho é que na BNCC pudesse ser inserido o pensamento computacional, do qual falaremos um pouco mais à frente neste capítulo. Por que deveríamos fazer isso? Porque o mundo no futuro será programado e programável. Se você não gostar de como foi feita a programação do seja-lá-o-que-for, poderá reprogramá-lo e deixá-lo do seu gosto. Evidentemente, nem tudo será assim, e muito do diferencial competitivo das empresas virá justamente dos direitos autorais sobre a programação dos seus produtos. Mas, com certeza, teremos muitos produtos programáveis.

Como você deve ter percebido, a programação está muito ativa no presente e estará cada vez mais em alta no futuro. Mas qual a relação da programação com os algoritmos? Os algoritmos são a base da ciência da computação e da programação. Qualquer programa de computador foi montado com base em algoritmos, ou seja, não existe programação sem o conceito do algoritmo, conforme veremos um pouco mais à frente.

Dessa forma, estudar algoritmos torna-se imprescindível para que você possa conseguir resolver problemas computacionalmente e os aplique em uma das dezenas de linguagens de programação existentes atualmente ou naquelas que ainda não foram criadas.

1.1 Onde vamos aplicar algoritmos?

Para aqueles que escolheram cursos técnicos ou superiores de computação, os algoritmos estarão presentes no dia a dia durante muito do seu tempo na vida profissional. Seja seguindo a área de desenvolvimento *web*, *mobile*, *software* embarcado, ciência de dados, entre outras áreas, escrever algoritmos será uma constante. Mesmo aqueles alunos que desejarem seguir outras linhas dentro da computação, como redes de computadores, por exemplo, também poderão escrever algoritmos para automatizar tarefas trabalhosas.

Quando associamos algoritmos com resolução de problemas, percebemos o potencial de uso aplicado a contextos individuais. O que eu quero dizer com isso é que quem aprende a desenvolver algoritmos + linguagem de programação poderá resolver problemas muito específicos com a ajuda de computadores. Aqui, cabe falar também de vários dispositivos que possuem componentes eletrônicos programáveis. Suponha que estivéssemos em 2007, ano em que o iPhone foi lançado. O aparelho já trazia alguns aplicativos básicos e você olharia para ele e perceberia que tinha um potencial enorme a ser explorado, porque você poderia criar aplicativos que resolveriam seu(s) problema(s). Poderia, por exemplo, tirar fotos e compartilhar imediatamente com seus contatos (Instagram), poderia ainda se valer do GPS presente no aparelho para traçar uma rota da sua localização atual até um determinado destino (Waze), controlar a sua conta bancária (Nubank) ou você poderia criar um aplicativo de *streaming* de músicas (Spotify). Nenhum desses aplicativos existia em 2007, todos foram criados posteriormente, a partir de problemas que foram surgindo.). Percebe? O iPhone era (e continua sendo) um dispositivo no qual podemos aplicar algoritmos para resolver problemas, sejam eles apenas nossos ou coletivos. Gostaria que você parasse um pouco e pensasse que tipo de problema você poderia resolver usando seu telefone. Depois de pensar, veja se é um problema somente seu ou poderia ser usado por outras pessoas. Se for um problema coletivo, dê uma olhada no Google Play ou na Apple Store. A chance de ter um aplicativo que resolve o que você quer é grande. Se não estiver disponível, é uma chance para você desenvolver.

Retornando ao que falei: "O que eu quero dizer com isso é que quem aprende a desenvolver algoritmos + linguagem de programação poderá resolver problemas muito específicos com a ajuda de computadores." Depois da explicação do parágrafo anterior, gostaria de trocar a palavra **computador** por **dispositivos programáveis**. Agora, vamos aplicar isso a um contexto bem específico. Como sou corredor amador, o exemplo que vou utilizar é do mundo das corridas de rua.

Há mais de uma década, vários dispositivos eletrônicos chegaram ao mercado das corridas. Atualmente, os relógios são os mais comuns. Eles têm sensores que permitem saber sua

Introdução

pulsação, seu nível de sono, conseguem calcular quantas calorias são gastas, quantos passos você deu, entre várias outras coisas. Eles vêm equipados com GPS, o que permite que, com programação, seja possível saber a que velocidade está correndo, a distância que foi percorrida e por onde passou. Isso resolve o problema de 99 % dos corredores. Imagine agora que você é um corredor e que deseje que a cada 7 km o relógio avise que está na hora de tomar gel (isso ajuda a repor as energias gastas) e que a cada 5 km indique que está na hora de beber água, ou que no quilômetro final ele mande via *bluetooth* para seu fone de ouvido aquela música que vai permitir dar o *sprint* final. Você acredita que a empresa fabricante do relógio vai fazer isso? Eu tenho certeza de que não vai. Isso é muito específico a você. Mas, se o fabricante permitir programar o relógio, você mesmo pode resolver esse problema e ainda disponibilizar o algoritmo para que outros corredores possam usá-lo. Foi isso que quis dizer quando falei que o mundo seria programado e programável.

Muitas pessoas ainda pensam na aplicação de algoritmos em sistemas que controlam alguma atividade. Um cadastro de clientes, um cadastro de pacientes, um rebanho de gado, as notas da escola poderia fazer um capítulo somente de exemplos. Não é errado pensar dessa forma, já que é a maneira mais comum de imaginar algoritmos. Entretanto, gostaria que você pensasse em algoritmos como uma ferramenta versátil, como um canivete suíço, que você pode usar ora como chave de fenda, ora como faca, ora como saca-rolha, e os mais modernos têm até *pen drives*.

Há um ditado que diz: se conselho fosse bom, não se dava, se vendia. Mas vou te dar um conselho: aprenda algoritmo, mesmo que você não se torne um profissional de computação. No futuro, todos teremos que programar, ou corremos o risco de nos tornarmos obsoletos digitalmente.

1.2 Qual a importância do aprendizado de algoritmos?

Uma dúvida muito comum dos estudantes é se perguntarem acerca da importância do assunto que estão aprendendo. Sempre é uma pergunta válida, ainda mais em se tratando de um tema pouco divulgado e conhecido da população. Parte dessa pergunta já foi respondida e, mesmo que fique um pouco repetitivo, resolvi escrever um tópico neste capítulo para mostrar o quanto é importante aprender algoritmos.

Para começar, vamos falar um pouco das últimas décadas, em que a computação e as Tecnologias da Informação passaram a ter destaque na economia mundial e mudaram o comportamento das pessoas. Quero contar a você três histórias que aconteceram comigo.

História 1 – Minha primeira vez em um banco

Suponha que você ouvisse alguém falando assim: vou tirar minhas férias para poder ir ao banco todo dia. Inimaginável, não é? Banco é uma unanimidade entre as pessoas. Não conheço uma pessoa, tirando os banqueiros evidentemente, que goste de ir ao banco. Não me lembro da última vez que fui ao banco, mas lembro muito bem da primeira vez. Meu pai me forçou a ir. Acredito que era para que eu pudesse ir ganhando responsabilidade. Peguei um ônibus, fui até o centro da cidade, entrei na agência da Caixa Econômica Federal e vi um número gigantesco de filas. Me dei conta de que teria que pegar uma daquelas filas e esperar

4   Capítulo 1

até chegar a minha vez. Depois de um certo tempo, fui atendido pelo caixa, que me perguntou o que desejava. Me lembrei de que meu pai tinha me falado para solicitar o saldo. Foi o que fiz e entreguei um papel onde tinha o número da conta e um conjunto de valores anotados com caneta. Depois de um tempo, a pessoa voltou e me devolveu o papel onde tinha anotado a data e o valor que tinha na conta. Peguei o papel e voltei para casa para entregar a meu pai. Levei uma manhã inteira para fazer isso.

Agora compare essa história com o mundo atual. Em menos de um minuto, você consegue essa informação no *internet banking* que está no seu celular. Há muitos anos, não passo pela porta giratória do banco. Ainda não deixei de ir às agências, mas chego somente aos caixas eletrônicos para efetuar um saque. Mas até isso tenho realizado com menos frequência, depois da chegada das *fintechs* e dos bancos virtuais.

História 2 – Matrícula na internet

Durante mais de uma década, trabalhei na coordenação de sistemas do setor de Tecnologia da Informação (TI) de uma universidade. O sistema acadêmico era bem robusto e rodava em ambiente *desktop*, igual a (quase) todo mundo no início dos anos 2000. O período de matrícula era crítico, pois tínhamos que atender um número bem grande de alunos e existia toda uma logística de pagamento, matrícula nas disciplinas, comprovante etc. Enfim, era um processo longo e cansativo. Precisava de muitas pessoas envolvidas, ainda assim era demorado, e o aluno gastava boa parte do tempo em filas.

Pensando nisso, a universidade apostou em fazer a matrícula dos alunos pela internet. Isso seria uma enorme vantagem, pois diminuiria vertiginosamente o custo da logística envolvida no processo. Além disso, os alunos não precisariam ir fisicamente até a instituição e não teriam que enfrentar filas. Levamos pouco mais seis meses para colocar o *software* em produção. No dia da matrícula, o reitor da instituição foi até o setor de TI e perguntou se estava tudo certo, porque era período de matrícula e a universidade estava totalmente vazia. Não só deu tudo certo, como nunca mais a matrícula foi como era antes.

Poucos semestres depois, implantamos também o pagamento da mensalidade da universidade com cartão de crédito. Naquela época, o *e-commerce* estava engatinhando, e durante algum tempo a universidade foi o "*site*" de maior volume de pagamentos com cartão de crédito no Brasil.

Os alunos que estudam na universidade atualmente nem sabem como era a matrícula presencial, o tempo que se perdia para escolher as disciplinas e nem como era pagar as mensalidades sem ser pela internet. Tudo ficou muito mais simples e prático.

História 3 – Declaração de imposto de renda

Declarar imposto de renda no Brasil não é uma tarefa das mais simples. São muitas regras que mudam a cada ano e isso exige que se conheça a legislação para declarar corretamente os rendimentos. No início da década de 1990, quando ainda era estudante e não precisava declarar, eu vi o quanto era complicado preencher um formulário manualmente e ainda ter que fazer todas as contas com uma calculadora. Não permitia rasuras, assim, um erro mínimo levava a ter que preencher tudo outra vez. Não era uma tarefa legal de se fazer. Eu não fiz declaração manual, mas ajudei meu pai algumas vezes. Em 1996, a Receita lançou

Introdução   **5**

o programa de declaração de imposto de renda para Windows e foi o ano em que fiz a minha primeira declaração. Achei ele realmente simples, coloquei meus dados, a fonte pagadora, os dependentes. Levei no máximo 30 minutos para gerar meu disquete com as informações da declaração. Não precisei conhecer detalhes da legislação, não precisei fazer contas, tudo foi calculado de forma automática. Na hora do almoço, fui entregar o disquete no posto da Receita Federal. Levou menos de cinco minutos, já que na época menos de 3 % das declarações eram entregues nessa modalidade. Ainda tive prioridade no recebimento da restituição, pois, entregando eletronicamente, tudo era processado primeiro.

Quase ia me esquecendo, fiz várias outras declarações para conhecidos. Quase todas me renderam pagamentos de agradecimento. Tinha vergonha de cobrar, mas as pessoas ficavam tão contentes de não ter que passar dias no formulário, que pagavam com prazer. Tenho certeza de que atualmente ninguém gostaria de fazer sua declaração em papel, mesmo que fosse possível. A informatização foi fundamental não somente para a Receita Federal, mas também para o cidadão comum.

Com certeza, você também tem histórias de como a tecnologia mudou seus hábitos. Hoje, conseguimos pedir comida por diversos aplicativos, podemos solicitar transporte de um ponto a outro da cidade, ou até mesmo entre cidades diferentes. É possível fazer a reserva de um quarto de uma pessoa que nem conhecemos. Podemos ver a série de exercícios que devemos fazer naquele dia da academia. São inúmeras as atividades que são suportadas por *software* e todas elas são construídas com base em algoritmos.

Você poderia até questionar o fato de que tudo isso já foi implementado e se perguntar se ainda assim teria que estudar algoritmos. A resposta é novamente sim. Você deve aprender algoritmos. Diversos estudiosos e influenciadores da área de computação imaginam que no futuro todos nós escreveremos código para poder "conversar" com as máquinas, e aqueles que não souberem escrever algoritmos estarão excluídos digitalmente. Diria que é um futuro até um pouco sombrio, mas que certamente é um cenário possível. Assim, meu caro leitor, vamos aprender a criar algoritmos porque já vimos que é um dos temas mais relevantes hoje (e no futuro).

1.3 O que é o pensamento computacional?

Podemos pensar erroneamente que o pensamento computacional é como pensam os computadores. Na realidade, os computadores não pensam. Quem pensa são os programadores que escrevem os algoritmos. Computadores apenas executam os programas.

Assim, o que seria o pensamento computacional? Ele é o processo de pensar com o objetivo de encontrar soluções para determinados problemas que podem ser resolvidos tanto por processadores quanto por humanos. É uma habilidade que todos nós devemos adquirir, pois nos dá a capacidade criativa para resolver problemas de qualquer área de conhecimento usando bases computacionais.

Na literatura, encontramos que o pensamento computacional é fundamentado em quatro pilares:

- **Decomposição**. Você já deve ter ouvido a frase: Dividir para conquistar. É exatamente isso aqui. Ao encontrar um problema complexo, você deve dividi-lo em partes menores que podem ser mais facilmente resolvidas.
- **Reconhecimento de padrões**. Aqui devem ser encontrados os aspectos que são comuns para a resolução do problema.
- **Abstração**. É um aspecto importante para que você consiga se concentrar naquilo que interessa e deixar de lado detalhes que não ajudam a resolver o problema.
- **Algoritmos**. Mas veja só quem encontramos aqui... Os algoritmos são importantes para o pensamento computacional, pois é com eles que definimos as regras para a solução do problema.

Quais habilidades são desenvolvidas com o pensamento computacional? A primeira delas é o raciocínio lógico. Ele ajuda a organizar nossos pensamentos para, de forma coerente e ordenada, permitir que possamos resolver problemas. Quem tem raciocínio lógico sempre é muito perspicaz. Outras habilidades desenvolvidas são planejamento, execução e gerenciamento de tarefas, que são habilidades extremamente relevantes na vida acadêmica, pessoal e profissional.

Contudo, as duas habilidades que mais me encantam no pensamento computacional são a capacidade de aprendizado e a resolução de problemas. No mundo animal, o camaleão é sempre usado como exemplo de adaptabilidade. No mundo profissional, as pessoas que trabalham com desenvolvimento de *software* podem ser comparadas aos camaleões, uma vez que, para poderem resolver um problema, eles têm que aprender o processo de negócio que se quer informatizar. Assim, teremos que desenvolver bem a nossa capacidade de aprendizado para podermos aplicar esse conhecimento adquirido na resolução dos problemas apresentados.

1.4 É realmente difícil aprender algoritmos?

Se este não é seu primeiro contato com o mundo dos algoritmos, você já deve ter ouvido rumores de que é uma matéria difícil, que somente *nerds* conseguem aprender e que, em se tratando de cursos superiores, a reprovação é enorme. Dessas afirmações, infelizmente a última é verdadeira. Mas ainda bem que é somente a última. A pergunta a ser respondida é: por qual motivo ainda temos tantas reprovações nas disciplinas que abordam algoritmos?

Não existe uma resposta simples para essa pergunta e, consequentemente, não temos uma solução simples para diminuir esse impacto prejudicial das reprovações. As faculdades, universidades ou centros universitários do país que observam semestralmente as disciplinas que mais reprovam encontrarão, com frequência, Algoritmos ou as disciplinas introdutórias de programação. Muitas dessas instituições, com o objetivo de diminuir os índices de reprovação, fazem atividades específicas de reforço, mas os resultados nem sempre são promissores.

Contudo, olhando especificamente para o ensino de algoritmos, algumas coisas influenciam fortemente os resultados encontrados. O fato de iniciar o curso com algoritmos é uma forte influência negativa. Os alunos saem do Ensino Médio conhecendo uma maneira bem diferenciada de estudo. Na escola, os alunos têm o foco total dos professores, o que dificilmente

Introdução   **7**

acontece no Ensino Superior. Na escola, existe toda uma rotina e acompanhamento de estudo, que é muito diferente nas faculdades. Quando o aluno de Ensino Médio está na escola, normalmente "presta conta" aos pais do rendimento escolar, o que raramente acontece no Ensino Superior. Esse choque é um fator que não ajuda quando a disciplina de algoritmo é vista no primeiro período de uma universidade. Até que o aluno entenda essa nova rotina de aprendizado, o prejuízo já aconteceu.

O segundo fator é que muitas vezes os problemas propostos não fazem muito sentido para o aluno. Um exemplo de problema clássico de algoritmos é: faça um algoritmo que imprima os *n* primeiros termos da série de Fibonacci. É um exemplo que sempre usei nas minhas turmas e inclusive está presente neste livro. É perfeito para aprender sobre conceitos como laços, variáveis, contadores etc. Porém, não vai existir uma empatia do aprendiz para com o problema. Nesse caso, o professor precisa encontrar outros problemas que ensinem os mesmos conceitos, mas nos quais o aluno possa achar um significado para o problema que ele vai resolver.

Ao longo do tempo, ouvi muitos dos meus colegas professores falarem sobre "falta de lógica" ao se referirem a alguns alunos que tinham repetidas reprovações no histórico escolar. O que seria essa falta de lógica? Os professores usam esse termo para indicar que o aluno não consegue desenvolver seu pensamento de forma computacional. Conforme veremos adiante, algoritmos são compostos de uma sequência de passos. Os alunos não conseguem desenvolver corretamente essa sequência e, portanto, o problema proposto não será resolvido. Neste livro, tentaremos usar uma abordagem para que você não se encaixe no rótulo de aluno com falta de lógica.

Finalmente, diria que muitas reprovações acontecem por falta de persistência e dedicação. Uma parcela de alunos desiste no primeiro tropeço, quando normalmente é entregue o resultado da primeira avaliação. Não tem segredo. Devemos treinar para podermos aprender. Quanto mais treinamento, mais fácil fica. Nesse caso, o treinamento é resolver todos os exercícios que forem propostos somados a um número pelo menos igual de outros problemas que o aluno pode encontrar em centenas de *sites* na internet. Como falei no início do parágrafo, é preciso dedicação para isso. Quando você vê um esportista em ação, seja qual for o esporte, tenha certeza de que ele dedicou muito do seu tempo ao treinamento. Meu conselho é que você faça o mesmo.

1.5 Como vamos trabalhar neste livro

A proposta deste livro é fazer com que você aprenda a escrever seus próprios algoritmos. Para conseguir isso, tenho que mostrar como é que se constroem os algoritmos e o farei seguindo uma lógica bastante simples.

A primeira delas é a exposição de como resolvemos problemas com algoritmos. O foco maior deste livro dirige-se ao Português Estruturado, onde veremos como utilizar essa linguagem para nos ajudar a construir a solução dos problemas. Os diversos assuntos são abordados em uma sequência lógica que não pode ser quebrada, ou seja, não posso ler o Capítulo 7 antes do Capítulo 6, por exemplo. Também é importante saber que os assuntos são complementares, assim, elementos no Capítulo 7 serão usados no Capítulo 8.

Depois que o assunto for apresentado, teremos a resolução de um conjunto de exercícios. Lembre-se de que já falei que praticar é o mais importante para poder aprender. Contudo, diferentemente da maioria dos livros de algoritmos, em que normalmente é apresentada a solução pronta para determinado problema, estou trazendo uma abordagem que acredito ser mais adequada para quem está dando seus primeiros passos em algoritmos. Na verdade, são quatro formas diferentes e complementares de resolução de exercícios.

A primeira delas é o que eu chamo de **Lógica do algoritmo**. Nesse caso, eu apresento um algoritmo pronto, sem o enunciado do problema, e peço que você faça duas coisas: indique qual o resultado do algoritmo e proponha um enunciado.

A segunda forma é o **Complete o algoritmo**. Nesse caso, é apresentado o enunciado do problema e um algoritmo parcialmente resolvido. Seu trabalho será completar as partes que estão faltando no algoritmo para chegar à solução do problema.

A terceira forma é o **Algoritmo resolvido**. Aqui eu defino o problema, apresento e comento uma possível solução. Muitos livros apresentam apenas esta última proposta. Não que seja ruim, muito pelo contrário, mas eu acredito que ter apenas o resultado pronto acomoda um pouco e para você é melhor ter outras propostas além do algoritmo resolvido.

A quarta é o **Algoritmo proposto**. Aqui, irei deixar vários exercícios para que você possa resolver "sozinho". Entretanto, diferentemente de outros livros que não mostram a solução, postei os algoritmos no meu canal do YouTube para que você veja como cheguei à minha solução. Achei mais interessante fazer dessa forma, pois você ainda poderá tirar alguma dúvida deixando seu comentário no vídeo. Meu canal se chama CODEficando e aborda assuntos ligados ao mundo da programação. O *link* do canal é http://youtube.com/codeficando.

Como no canal há vídeos sobre outros temas, criei uma *playlist* chamada **Simplificando Algoritmos**, que pode ser acessada diretamente no canal. Contudo, para facilitar sua busca, cada exercício resolvido ganhou um QR Code, com o qual você encontrará facilmente o vídeo correspondente.

Além de todo esse conjunto de algoritmos, para cada assunto, deixei uma lista de exercícios para você treinar sozinho que eu chamei de **Aprimore seus conhecimentos**. É importante que você separe um pouco do seu tempo para resolver esses algoritmos. Esse treinamento é muito importante para seu aprendizado.

Diferentemente dos programas, que são feitos em linguagens de programação, os algoritmos, em teoria, deveriam ser feitos em papel. Mas nos últimos anos surgiram ferramentas que ajudam no aprendizado de algoritmos, permitindo que sejam executados e testados. Acredito que essa é uma boa opção, pois deixa de ser uma solução abstrata para se tornar uma solução concreta. No Capítulo 5, falarei sobre a ferramenta que vamos adotar.

Espero que goste da proposta do livro, pois ela retrata fielmente como eu acredito que seja uma das boas formas de aprender algoritmos.

Aponte seu *smartphone* para o QR Code ao lado para abrir o vídeo de boas-vindas do nosso livro.

uqr.to/1976p

2

Conceitos fundamentais

Sei que você deve estar ansioso por começar a escrever seus algoritmos. Contudo, pensando que tenho alunos que não conhecem os conceitos básicos da computação, farei um capítulo que vai abordar esses assuntos. Caso se sinta confortável ou já tenha visto esses conceitos básicos anteriormente, pode ir diretamente para o Capítulo 3.

2.1 O que é um computador?

A origem da palavra **computador** vem do latim *computare*, que significa: calcular, estimar, somar, contar. Pelo conceito, seria uma máquina para fazer contas e, de fato, muito do início da história da computação está ligado a máquinas de calcular. Uma das mais conhecidas foi a máquina construída por Blaise Pascal, que foi criada no século XVII e que permitia somar e subtrair números. Na literatura, encontramos que o primeiro computador foi o ENIAC, construído pelos Estados Unidos durante a Segunda Guerra Mundial e que tinha como objetivo calcular trajetórias balísticas.

Contudo, um conceito mais moderno para computador é o de que se trata de uma máquina capaz de receber e processar dados para gerar algum tipo de informação útil. Note que esse significado não vincula o processamento a alguma atividade específica, o que torna o computador uma **máquina de uso geral**. Por analogia, imagine que você pudesse comprar, por exemplo, um micro-ondas, mas que pudesse programá-lo para se comportar como um *freezer* quando quisesse conservar algum alimento, ou se comportar como um liquidificador quando desejasse fazer um suco, ou como uma máquina de lavar roupa, ou como uma TV para ver seu filme preferido. Você não vai encontrar um micro-ondas com essas funcionalidades. É exatamente essa a força dos computadores e a sua explosão em termos de popularização. Eles são máquinas de uso geral.

Como foi possível criar um computador de uso geral? John Von Neumann propôs uma arquitetura que teria de seguir algumas características:

- Codificar as instruções para que pudessem ser armazenadas na memória do computador.
- Toda e qualquer informação necessária para executar a tarefa deveria estar também na memória do computador.
- Na execução do programa, tudo deveria ser buscado da memória.

Essa forma de trabalhar com os computadores ficou conhecida como Arquitetura de Von Neumann, e, mesmo com os avanços da tecnologia desde a década de 1940, a maioria dos computadores ainda respeita esse modo.

2.2 Componentes básicos

A arquitetura definida por Von Newmann descreve os computadores com três partes principais: (a) unidade central de processamento, ou CPU, na sigla em inglês; (b) memória; e (c) dispositivos de entrada e saída. A Figura 2.1 mostra uma representação dessa arquitetura.

Figura 2.1   Arquitetura de Von Newmann.

Vamos falar de cada um desses componentes. A parte mais simples são os dispositivos de entrada e saída, que, na Figura 2.1, foram chamados de Unidade de entrada e Unidade de saída. Esses dispositivos permitem que o computador possa se comunicar com o mundo exterior. Teclados, *mouses*, microfones, câmeras são exemplos comuns de dispositivos de entrada. Monitores e impressoras são exemplos de dispositivos de saída. Entretanto, muitos dispositivos podem, ao mesmo tempo, trabalhar como dispositivos de entrada e saída, a exemplo de monitores *touch screen*, placas de rede, *pen drives*, entre outros.

A memória principal do computador, ou simplesmente memória, tem como função armazenar dados e programas de forma temporária. Isso quer dizer que, quando você for executar seu algoritmo, ele deverá ser carregado, isto é, ocupará parte da memória junto com os dados de entrada até que ele seja concluído. Podemos pensar na memória como um conjunto de células, onde cada célula é associada a um endereço que permite armazenar dados ou então instruções dos programas.

A memória pode ser de dois tipos:

- Memória RAM (*Random Access Memory*), que é a memória de trabalho e onde são armazenados os dados e os programas. Tem como característica a volatilidade, ou seja, quando o computador é desligado ou reinicializado, as informações desaparecem. Talvez você já tenha tido essa experiência frustrante de não ter gravado um texto ou um programa e, ao faltar energia, todo o seu trabalho se perde.
- Memória ROM (*Read Only Memory*), que é utilizada para armazenar informações sobre a inicialização do computador. Diferentemente da memória RAM, a memória ROM é permanente.

Conceitos fundamentais

Finalmente, temos a unidade central de processamento (CPU), que tem como objetivo controlar o funcionamento do computador e como os programas são executados. Só para você ter uma ideia das obrigações da CPU, podemos dizer que é responsável pela coordenação de entrada e saída de dados, execução de cálculos, tomada de decisões, entre várias outras funções. A CPU tem dois componentes principais:

- **Unidade de controle** (UC) funciona como o maestro de orquestra coordenando o bom funcionamento dos outros componentes. É de responsabilidade da UC a interpretação de cada instrução do programa.
- **Unidade de Lógica Aritmética** (ULA) é responsável pela execução das instruções do programa. É onde são executadas comparações de dados, operações aritméticas, tomada de decisões, movimentação de dados dentro da memória, entre outras coisas.

Todos esses componentes atuam em total sintonia para que você possa escrever seu algoritmo e o computador pegue os dados de entrada, processe esses dados e gere informações para os dispositivos de saída.

2.3 Como funciona o computador?

Temos muitas respostas possíveis para essa pergunta. Dentro de uma sala de aula, possivelmente vários alunos responderiam corretamente usando respostas diferentes. Contudo, o que eu gostaria de ouvir simplificadamente seria: o *hardware* permite que o *software* seja executado gerando os resultados esperados.

Acredito que você já deve estar familiarizado com os termos *hardware* e *software*. O *software* é o algoritmo que você faz. O *hardware* é onde você executa esse algoritmo. Normalmente, associamos a palavra **computador** diretamente ao *hardware*, ou seja, ao gabinete onde fica a CPU, ao monitor, teclado e *mouse*, mas tem muito mais *hardware* envolvido, como placas de rede, placas de vídeo, portas USB, discos e muitos outros componentes.

Mas voltando para a pergunta original deste tópico, eu diria que o *hardware* sem o *software* não tem utilidade. O que dá "vida" ao computador são os algoritmos que você escreve. Evidentemente, o *hardware* é importante, pois fazer um algoritmo e não ter onde executá-lo também não tem serventia. Entretanto, é o *software* quem torna o computador uma máquina incrível, dando a ela versatilidade para permitir, por exemplo, aplicar filtros em uma foto, tocar uma música, calcular a folha de pagamento de uma empresa, pagar uma conta pelo celular, entre milhares de outras atividades possíveis.

No Capítulo 3, vamos falar um pouco sobre linguagens de programação. Há alguns conceitos importantes que merecem sua atenção antes de efetivamente iniciarmos o aprendizado de algoritmos.

3 Linguagens de programação

Neste capítulo, falaremos um pouco sobre as linguagens de programação. Embora esse seja um passo à frente dos algoritmos, é necessário para entendimento de alguns conceitos importantes quando pensamos na programação de computadores.

3.1 O que são linguagens de programação?

Se procurarmos a palavra **linguagem** no dicionário, vamos encontrar que é "qualquer meio sistemático de comunicar ideias ou sentimentos através de signos convencionais, sonoros, gráficos ou textuais". Assim, cada linguagem possui um conjunto de signos que são usados para transmitir ideias. Extrapolando para a computação, podemos dizer que as linguagens de programação permitem que você possa escrever para o computador com o intuito de dizer o que ele deve fazer. Para conseguir isso, as linguagens de programação utilizam um conjunto de palavras e símbolos, em que cada um deles possui um significado indicando ações que devem ser realizadas pelo computador.

Ao ver o título deste capítulo, você deve ter concluído que existem várias linguagens de programação e não apenas uma. Você está correto. Temos dezenas de linguagens de programação para poder escolher. A pergunta é: qual o motivo de termos diversas linguagens se o que queremos é sempre a comunicação com o computador? A resposta é que existem linguagens que se adaptam melhor para a solução de determinados problemas. Assim, um bom programador conhece algumas linguagens para poder usar quando for resolver um problema específico. Contudo, muitos programadores no dia a dia utilizam apenas uma linguagem, normalmente de uso mais geral.

3.2 Evolução das linguagens de programação

Muitos livros que contam a história da computação remontam a programação ao século XIX, antes mesmo da criação dos computadores modernos. Não está errado, mas acredito ser melhor iniciar a história das linguagens de programação com os computadores elétricos, que permitiram escrever programas em linguagem de máquina.

14   Capítulo 3

Escrever um programa em linguagem de máquina exige que o programador conheça exatamente os códigos de instruções definidos para o processador específico que está utilizando. Esses códigos são escritos em uma sequência de *bytes* representados em valores hexadecimais. Nada muito trivial, como podemos ver a seguir:

```
B4 03 CD 10 B0 01 B3 0A B9 0B 00 BD 13 01 B4 13
CD 10 C3 4F 69 20 6D 75 6E 64 6F 21 0D 0A
```

O que faz esse programa? Mostra uma mensagem "Olá mundo" no *prompt* da linha de comando. Pelo que você viu, não era uma tarefa simples programar lá na década de 1940.

A primeira evolução permitiu sair da escrita em linguagem de máquina para utilização de Assembly, também conhecida como linguagem de montagem, com a qual se permitiu dar uma notação legível para os humanos de um código de máquina. De qualquer forma, como o que o computador entende é a linguagem de máquina, precisava ter uma tradução do código em Assembly para o código e a máquina. Isso fica a cargo do que chamamos de *assembler*.

Vejamos o código de "Olá mundo" utilizando Assembly para a arquitetura x8086:

```
lea si, string;
call printf;
hlt;
string db "Ola mundo", 0
printf PROC
      mov AL, [SI] ;
      cmp AL, 0;
      je pfend;
      mov AH, 0Eh
      int 10h;
      inc SI;
      jmp printf;
      pfend:
      ret;
printf ENDP
```

Ainda é um programa de difícil entendimento, mas, comparado ao seu equivalente em linguagem de máquina, é muito mais simples de escrever e entender. Não é o objetivo deste livro falar de Assembly, portanto, não precisa se preocupar se o código anterior lhe parece estranho demais.

A partir da década de 1950 e chegando até a década de 1960, tivemos uma forte evolução para as linguagens de programação modernas. Linguagens como o FORTRAN (FORmula TRANslator), COBOL (COmmon Business Oriented Language) e ALGOL (ALGOrithmic Language) tornaram a escrita de programas muito mais simples e ao mesmo tempo ofereceram recursos muito poderosos, como blocos aninhados e escopo léxico, elementos que veremos adiante no livro. Na década de 1970, surgiram linguagens como Pascal e C, ainda muito ensinadas nas faculdades e universidades como linguagem introdutória de programação, bem

Linguagens de programação

como Prolog, Smalltalk, SQL, entre outras. Mais recentemente, na década de 1990 e início dos anos 2000, foram criadas linguagens de programação como Java, Ruby, Python, C#, PHP, JavaScript. Cada linguagem tem suas particularidades e seus objetivos. Entretanto, o que elas têm em comum é a aproximação para uma linguagem que seja ao mesmo tempo poderosa e de fácil leitura e escrita. Aquele programa "Olá mundo" em Python é assim:

```
print("Olá mundo")
```

Comparado aos programas mostrados anteriormente, mesmo que você não conheça a linguagem, podemos entender claramente qual o objetivo da ação.

3.3 Compiladores e interpretadores

Para finalizar este capítulo, gostaria de falar sobre compiladores e interpretadores. Talvez não tenha ficado claro quando escrevi anteriormente que o computador entende somente linguagem de máquina. Uma excelente pergunta que muitos alunos já me fizeram é: "Professor, como é que quando coloco print("Olá mundo") em Python o computador vai entender que eu quero mostrar essa frase?"

De fato, é uma pergunta importante para o entendimento da programação. Existe outro programa que faz o papel de intérprete e tem como objetivo traduzir o programa escrito na linguagem de programação, também chamado de código-fonte, para a linguagem de máquina, também chamado de código de máquina. Essa tradução entre linguagens pode ser feita de duas formas. Uma se chama compilação e a outra, interpretação.

Para mostrarmos a diferença entre as duas abordagens, vamos fazer uma analogia com seu seriado favorito. Suponha que foi lançado um novo episódio e você quer traduzir para o português. Uma forma de fazer isso é olhar todo o episódio, preparar a tradução completa e, ao final, fazer o trabalho de dublagem junto com a equipe. Nesse caso, ao final do processo você teria o episódio dublado que poderia passar na TV em qualquer dia e horário. Inclusive, mais de uma vez.

Outra abordagem para resolver o mesmo problema seria uma dublagem ao vivo. Um pouco estranho, mas suponha que você escutasse somente a tradução e não o áudio original. Nesse caso, a equipe estaria traduzindo para o português no mesmo momento em que está passando o seriado. Evidentemente, existe um problema com essa abordagem. Se você quiser colocar esse mesmo episódio em outro dia e horário, a tradução deverá ser feita novamente. Isso é uma enorme desvantagem e pode levar você a pensar erroneamente que não faz sentido fazer a tradução dessa forma. Contudo, imagine que o mesmo episódio agora tenha que ser dublado para o espanhol. O trabalho que foi feito para colocar em português na dublagem prévia não serve. Tudo deverá ser feito novamente. Assim, a segunda abordagem provê maior agilidade, permitindo que a dublagem seja feita muito rapidamente.

Voltando para o mundo da computação, compiladores são programas que leem o código-fonte (o programa que você escreveu) e o traduzem para a linguagem de máquina de uma única vez, gerando um código executável para determinada plataforma, como o Windows, por exemplo. Na Figura 3.1, podemos ver uma representação do processo de compilação. Depois da geração do código executável, temos que executar o programa para podermos encontrar os resultados esperados.

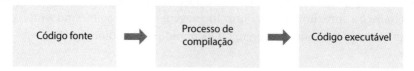

Figura 3.1   Processo de compilação.

Por outro lado, os interpretadores também são programas que traduzem o código-fonte em linguagem de máquina, porém isso é feito diretamente em cada instrução que está sendo lida. Embora pareça um retrabalho, na verdade, temos a vantagem de não gerarmos um código executável destinado a uma plataforma específica, o que permite que o mesmo código-fonte possa ser utilizado para plataformas diferentes. Na Figura 3.2, podemos ver o processo de interpretação. Note que o código-fonte já está sendo executado e os resultados já podem ser vistos à medida que cada linha é executada.

Figura 3.2   Processo de interpretação.

Tanto a compilação quanto a interpretação têm suas vantagens. As linguagens de programação mais modernas pegaram o que cada uma tem de melhor e criaram um modelo híbrido das duas abordagens. Na Figura 3.3, podemos ver que o código-fonte é compilado para uma linguagem intermediária, comumente chamada de *bytecode*, que é interpretada dentro de uma máquina virtual, permitindo que o mesmo código seja executado em plataformas diferentes.

Figura 3.3   Processo híbrido de compilação e interpretação.

No Capítulo 4, vamos iniciar a parte mais importante deste livro, que é o aprendizado do que são algoritmos. Além disso, vamos nos preparar para podermos construir nossas primeiras soluções computacionais.

4

Algoritmos

Podemos iniciar este capítulo com uma definição para algoritmo. Na literatura, podemos encontrar algumas definições, mas todas elas têm teor muito parecido, que é uma **sequência finita de passos para a resolução de um problema**. Essa definição é bem abrangente e várias coisas podem se encaixar nela, como receitas de culinária e manuais de instruções de qualquer natureza. Assim, o conceito de algoritmo, ao contrário do que se possa pensar, não foi criado para atender às demandas computacionais, mas serve como uma luva para ser aplicado na programação de computadores. Independentemente disso, os algoritmos devem obedecer a algumas premissas básicas quando são desenvolvidos:

- As ações não devem ser ambíguas.
- As ações devem ser organizadas de maneira ordenada.
- A sequência de passos deve ser finita.

A seguir, veremos as formas mais comuns de representação de algoritmos.

4.1 Representação de algoritmos

Conforme já dissemos, manuais de instruções são algoritmos. Provavelmente, você já deve ter visto muitos manuais ao longo de sua vida e sabe que existem vários formatos diferentes. Particularmente, já vi aqueles que são figuras ilustrativas, normalmente usados para a montagem de alguma coisa, mas também tem aqueles que são formados por um conjunto de passos enumerados. Já vi outros manuais que trazem imagens e texto para melhorar a legibilidade. Da mesma forma, os algoritmos também possuem diversas formas de representação e, dependendo do problema a ser resolvido, podemos escolher aquela que mais se adapta. As representações mais conhecidas de algoritmos são:

- Descrição narrativa.
- Fluxograma.
- Pseudocódigo.

A seguir, veremos cada uma dessas representações.

4.2 Descrição narrativa

Os algoritmos construídos com descrição narrativa usam a linguagem natural para expressar aquilo que se deseja fazer. Não existem regras rígidas de como escrever algoritmos nesse formato. Vejamos alguns exemplos.

Imagine inicialmente que você deseja comprar um ingresso no cinema. Embora as redes de cinema já tenham o atendimento automático, bem como compra pela internet, suponha que você irá ao guichê para adquirir seu ingresso. Qual seria uma possível sequência de passos para resolver esse problema? Uma possível solução pode ser vista a seguir:

- Dirija-se até o guichê de atendimento.
- Escolha o filme desejado.
- Escolha o horário de preferência.
- Pague o valor do ingresso.
- Receba o ingresso.

Outro exemplo de uso de descrição narrativa para resolução de problemas poderia ser como trocar o pneu de um carro. Os seguintes passos poderiam ser definidos:

- Afrouxe as porcas do pneu.
- Use o macaco para levantar o carro.
- Retire as porcas do pneu.
- Retire o pneu antigo.
- Coloque o pneu novo.
- Aperte as porcas.
- Baixe o carro.
- Retire o macaco.
- Aperte fortemente as porcas.

O último problema para exemplificar a descrição narrativa será como verificar se um aluno foi aprovado ou reprovado com as notas que tirou, sendo que a média para aprovação é cinco.

- Obtenha as três notas do aluno.
- Some as notas e divida por três para calcular a média.
- Se a média for maior do que cinco, o aluno está aprovado.
- Caso contrário, está reprovado.

Usando a descrição narrativa, você precisará ter muito cuidado para não empregar expressões que possam deixar em dúvida o que se quer realmente fazer. Essa representação é bastante simples de entender, mas na prática é pouco utilizada para resolver problemas computacionais.

4.3 Fluxograma

Outro tipo de representação de algoritmos é o fluxograma. Muitos alunos gostam de fluxogramas, pois eles são uma representação gráfica que utiliza figuras geométricas para definir ações que serão feitas pelo algoritmo. Embora exista um conjunto bem grande de figuras que podem ser usadas em fluxogramas, as mais comuns podem ser vistas na Figura 4.1.

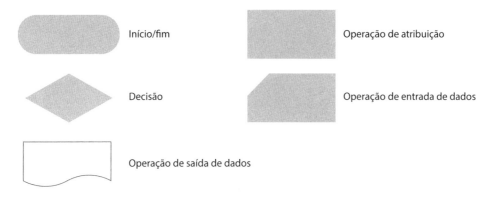

Figura 4.1   Principais figuras dos fluxogramas.

Para entendermos o funcionamento de um fluxograma, temos que definir o ponto de partida e qual fluxo deverá ser seguido para resolver o problema proposto. Partindo do ponto inicial, não deve existir dúvida sobre qual será o próximo passo a ser dado. Vamos lembrar que na descrição narrativa as ações e a ordem de execução estão bem definidas. O mesmo raciocínio vale para os fluxogramas. Não podemos ter indefinição sobre (a) de onde vem o fluxo, (b) que ação vamos fazer e (c) para onde vamos depois.

Vamos refazer o algoritmo da média que foi vista na descrição narrativa por meio de um fluxograma. Começamos o fluxo pelo bloco de início e podemos notar claramente que o nosso próximo passo é a obtenção das notas do aluno. A figura geométrica usada para essa ação é a da operação de entrada de dados. Note que de alguma forma os dados serão inseridos no "sistema". O passo seguinte é o cálculo da média, e você pode verificar como realmente é feito esse cálculo. Seguindo no fluxo, temos uma decisão a ser tomada, e a pergunta é: a média que foi calculada é maior do que cinco? Perceba que nesse ponto o fluxograma tomará caminhos diferentes baseado na resposta da pergunta. Caso a resposta seja verdadeira, será exibido "Aprovado", usando a figura geométrica que representa a saída de dados. Por outro lado, se a resposta for falsa, é sinal de que o aluno reprovou e será exibido "Reprovado". Após exibir o resultado, o fluxo leva até o final do programa, em qualquer uma das situações. Todo esse fluxo descrito pode ser visto na Figura 4.2.

O fluxograma é uma excelente ferramenta para construção de algoritmos simples. Ele nos permite visualizar graficamente como o algoritmo vai se comportar e essa ajuda é inestimável. Entretanto, algoritmos maiores, com elevada quantidade de passos, precisam de fluxogramas com muitas figuras. Em várias situações, a solução não cabe em uma folha de papel, tornando o fluxograma menos legível.

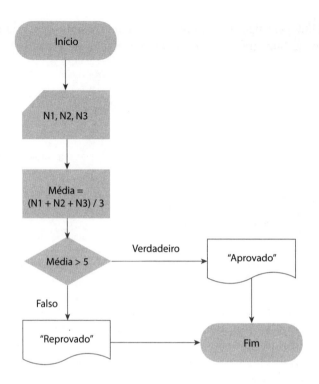

Figura 4.2 Exemplo de fluxograma.

4.4 Pseudocódigo

Pseudocódigo, também conhecido na literatura como linguagem estruturada, é a forma de representar algoritmos que mais se aproxima das linguagens de programação. Devido a essa característica, o pseudocódigo é amplamente aceito na comunidade acadêmica para o ensino de algoritmos. De fato, muitos cursos superiores e técnicos adotam o pseudocódigo nas suas grades curriculares para o ensino de algoritmos.

Existe uma riqueza maior de detalhes na sua construção, permitindo que muitas vezes a tradução do algoritmo para uma linguagem de programação seja bastante direta.

Como no restante do livro usarei o pseudocódigo para representar a solução dos problemas, não entrarei em detalhes neste momento. Contudo, a título de comparação com as outras formas de representação, gostaria de mostrar, na Listagem 1, o mesmo exemplo da verificação da aprovação com o cálculo da média.

```
1.      programa
2.      {
3.              funcao inicio()
4.              {
5.                      real n1, n2, n3, media
6.                      leia(n1, n2, n3)
7.                      media = (n1+n2+n3) / 3
```

Algoritmos

```
8.                    se (media >= 5)
9.                    {
10.                           escreva("Aprovado")
11.                   } senao
12.                   {
13.                           escreva("Reprovado")
14.                   }
15.           }
16.   }
```

Listagem 1   Exemplo de pseudocódigo.

5
Pseudocódigo

A partir deste capítulo é que iniciaremos a construção dos algoritmos com pseudocódigo. Temos que começar mostrando a sintaxe e a semântica da linguagem estruturada que vai ser utilizada. Este livro usará o Português Estruturado para a solução dos problemas propostos, e o motivo é que existem compiladores para essa linguagem, o que permitirá executar e testar no computador a corretude do algoritmo.

Existem diversas ferramentas que foram criadas para executar algoritmos com Português Estruturado. Para este livro, escolhi o Portugol Studio, que foi criado no Laboratório de Inovação Tecnológica na Educação (LITE) da Universidade do Vale do Itajaí (UNIVALI). É possível rodar os algoritmos diretamente no *browser*, por meio do *link* https://portugol-webstudio.cubos.io/, o que oferece uma vantagem bastante considerável. Entretanto, recomendo baixar a versão do Portugol Studio, já que muitas vezes passamos por instabilidade na internet e isso acaba por atrapalhar quando você está trabalhando com a versão *web*.

Aponte seu *smartphone* para o QR Code ao lado para abrir o *site* em que você pode fazer *download* do Portugol Studio.

uqr.to/1976u

5.1 Sintaxe e semântica

Para uma linguagem como a nossa, o português, podemos dizer o seguinte:

- A **sintaxe** está relacionada com os aspectos de estrutura e de forma. Funciona como um conjunto de regras de combinação para formar palavras, frases e sentenças.
- A **semântica** está relacionada com o significado, ou seja, o entendimento dessas construções.

24   Capítulo 5

Vejamos a seguinte a frase: "Andrés correu 10 km pela manhã." É uma frase que foi construída usando uma sintaxe (sujeito + verbo + complemento). Outro ponto é que, ao ler a frase, você consegue entender o que ela significa (semântica). Podemos concluir que, se você conhece a sintaxe e a semântica de uma linguagem, será possível se comunicar. Levando para o mundo da computação, o que você vai precisar aprender é quais são os comandos disponíveis em uma linguagem específica, como eles são usados e o que eles fazem. Isso nada mais é do que a sintaxe e a semântica da linguagem e com eles você poderá se "comunicar" com o computador.

De agora em diante, para cada nova construção, como declaração de variáveis, comando de repetição, atribuições, entre outras, iremos mostrar a sintaxe (como escrever) e a semântica (o que aquilo faz). O objetivo é você ficar fluente na linguagem, isto é, saber que tipo de instrução você deve usar para resolver cada parte do problema.

5.2 Resolvendo um problema computacional

O que percebi em todos meus anos como professor foi a dificuldade que os alunos têm de conseguir pensar em uma solução computacional para o problema proposto. Muitas vezes, o aluno fica fluente e domina a sintaxe e a semântica da linguagem, mas não consegue resolver os problemas. Para tentar sair desse impasse, eu tenho em mente sempre alguns passos, os quais relaciono a seguir:

1. Como qualquer outro problema, em primeiro lugar você precisa entender o que é que está sendo solicitado. Sem compreender o passo 1, não temos como avançar. Está na dúvida? O texto do problema dá margens a diversas interpretações? Algo não está claro? Vou repetir: não tem como avançar. Entenda o que o problema está pedindo para conseguir resolver.
2. Identifique quais dados estão sendo fornecidos, também conhecidos como dados de entrada. No exemplo que fizemos no capítulo anterior, as três notas do aluno eram os dados de entrada. Lembre-se de que o algoritmo sempre vai processar dados, assim, é importante que você identifique os dados que estão envolvidos no problema.
3. No terceiro passo, você deverá entender como os dados de entrada serão processados para encontrar os resultados esperados. Esse é um passo fundamental, pois é aqui que você realmente resolve o problema.

O item 3 é, de longe, o que requer maior esforço intelectual. O que eu sempre digo aos alunos que estão com dificuldade de resolver um problema é o seguinte: **esqueça o algoritmo, como você resolveria isso manualmente?** Faço isso porque muitas vezes o aluno ainda está com dúvidas no item 1 ou não sabe resolver o item 3. Sobre as dúvidas do item 1, já falamos que precisam ser sanadas. Ponto final.

Sobre o item 3, se você não sabe, por exemplo, como calcular a média aritmética de um conjunto de números, será impossível resolver o problema de forma computacional. Tenha isso sempre em mente. De nada adianta saber a sintaxe e a semântica se você não sabe como se resolve o problema manualmente. Se o algoritmo pede para você aumentar o salário em 10 % e você não sabe como calcular esse aumento, será impossível chegar à solução. Portanto, o passo 3 servirá para você definir como é que o problema será resolvido.

Outra dica importante sobre o passo 3 é que, se o problema for complexo, você deverá quebrá-lo em problemas menores. Particionar o problema permite que você resolva coisas menores, que são mais simples, e a junção das partes resolverá o todo.

5.3 Conhecendo o Portugol Studio

A partir de agora, vamos começar a construir nossos algoritmos. Conforme comentei, a proposta é poder utilizar uma ferramenta para permitir que os algoritmos sejam executados e seus resultados possam ser conferidos. Isso não é obrigatório para quem está começando no mundo da programação. Contudo, eu acredito que ajuda bastante, primeiro porque a solução não fica apenas como uma abstração em papel e segundo porque permite identificar pequenos pontos de erro que passariam despercebidos se a solução não pudesse ser testada e validada.

Para permitir que as suas soluções possam ser executadas, vamos utilizar o Portugol Studio, que é um programa que permite a edição dos nossos algoritmos. Teremos que aprender a sintaxe e semântica da linguagem para que possamos ter sucesso na execução do algoritmo.

A interface inicial do Portugol Studio pode ser vista na Figura 5.1. Os dois botões mais importantes estão no canto superior esquerdo. São eles **Novo Arquivo**, o qual permite que um novo algoritmo seja criado, e **Abrir Arquivo**, que permite ler um algoritmo que foi feito anteriormente para permitir sua edição e execução.

Figura 5.1 Interface inicial do Portugol Studio.

5.4 Estrutura básica de um algoritmo em Portugol

Vamos explorar inicialmente a criação de um novo algoritmo. Assim, clique no botão Novo Arquivo. A interface vai criar um algoritmo com a sua estrutura básica, que pode ser vista na Figura 5.2.

Figura 5.2   Estrutura básica de um algoritmo.

Já é possível notar, olhando a Listagem 2, que o algoritmo básico tem duas estruturas bem definidas. A primeira é a definição do algoritmo que começa com a palavra reservada **programa**. A segunda é a estrutura onde o algoritmo será iniciado, que é na função chamada **inicio()**.

```
1.    programa
2.    {
3.        funcao inicio()
4.        {
5.            escreva("Olá Mundo")
6.        }
7.    }
```
Listagem 2   Algoritmo básico gerado pelo Portugol Studio.

Outro ponto importante é o uso dos símbolos de chaves { e }. Esses símbolos são utilizados para definir escopos. Note que todo o código que está entre a linha 2 e a linha 7 faz parte do escopo **programa**, enquanto tudo que está entre a linha 4 e a linha 6 faz parte do escopo **funcao inicio()**. Um pouco mais à frente, veremos exemplos práticos sobre escopos. Por enquanto, saiba que é obrigatório definir o escopo tanto do **programa** quanto da **funcao inicio()**. Outra observação interessante é a utilização de cores nas palavras para poder ajudar no entendimento da sintaxe. Embora não seja possível observar as cores na Listagem 2, quando você estiver utilizando o Portugol Studio, vai perceber a diferenciação de cores, o que ajuda no aprendizado da sintaxe.

5.5 Executando um programa

Da mesma forma que várias outras ferramentas de programação, o Portugol Studio usa o ícone de *play* para a execução do algoritmo. Ou seja, quando você desejar ver os resultados do seu algoritmo, aperte o *play* e acompanhe o resultado da execução na parte de baixo da ferramenta, chamada de Console, como pode ser visto na Figura 5.3.

5.6 Salvando e carregando um algoritmo

Cada algoritmo que você escrever pode ser salvo no seu computador, bem como você pode abrir um algoritmo que já tenha sido escrito, seja por você mesmo ou por outra pessoa. Para salvar o algoritmo, você pode usar o primeiro símbolo do *pendrive* de cima para baixo.

Ele vai abrir a janela padrão do Windows para salvar um arquivo. A extensão padrão dos arquivos salvos é .por. O outro ícone do *pendrive* é também conhecido em outras ferramentas por **Salvar como**, o qual cria uma cópia do arquivo. Já para abrir um algoritmo, você deverá clicar sobre o ícone da pastinha amarela. O Portugol Studio irá abrir a janela padrão de escolher o arquivo, permitindo que você diga qual o algoritmo que deseja abrir na ferramenta.

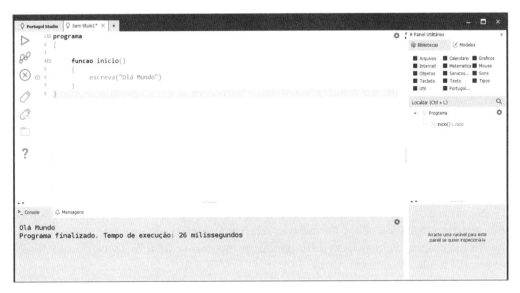

Figura 5.3 Executando um algoritmo.

Existem outras características da ferramenta que veremos posteriormente. Por enquanto, para nossos algoritmos iniciais é o suficiente.

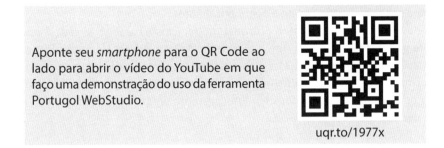

5.7 Tipos de dados

Tanto este tópico (tipos de dados) quanto o seguinte (variáveis) são dois pontos fundamentais para os algoritmos. O motivo é simples: os computadores foram construídos para processar dados. Mas você pode estar se perguntando o que são esses dados. Isso, é claro, depende de cada problema. Se estamos lidando com assuntos bancários, os dados serão nomes de clientes, valores em conta, aplicações etc. Caso o problema seja uma rede social, os dados serão *posts*, fotos, comentários, curtidas, entre outros. O que esses problemas têm em comum é que cada

28   Capítulo 5

dado terá que ser guardado (as variáveis) e terá um tipo específico: alguns serão compostos de números inteiros, outros de números decimais, outros de letras e assim por diante.

Vamos inicialmente falar sobre tipos de dados. Um erro bastante comum entre os alunos é o fato de acreditar que os computadores armazenam somente números. No fundo, mas lá bem no fundo mesmo, o computador só entende números, binários ainda por cima, mas você pode fazer de conta que não sabe disso e acreditar que o computador pode guardar outros tipos de dados. A seguir, veremos os diversos tipos de dados que serão usados nos algoritmos.

5.7.1 *String* ou cadeia de caracteres

O primeiro tipo de dados de que falaremos é mais conhecido no mundo da computação como *string*. A palavra inglesa **string** significa cadeia ou corda e ela representa uma cadeia de caracteres, ou um conjunto de caracteres que é utilizado para armazenar palavras ou frases.

São muitas as situações em que *strings* são utilizados nos sistemas do mundo real que são baseados em algoritmos. Podemos dar como exemplo o seu *login* no Instagram, o endereço cadastrado no seu aplicativo favorito de *delivery*, o assunto do *e-mail*, o título do filme da Amazon, o nome da *playlist* preferida do Spotify. Os exemplos são inúmeros.

Na sintaxe do nosso Português Estruturado, usaremos a palavra reservada **cadeia** para indicar o tipo de dados *string*. Por palavra reservada entenda uma palavra que já tem um significado próprio na linguagem de programação, no nosso caso o Portugol, e assim deverá ser sempre usada no contexto correto.

5.7.2 Caractere

Um subtipo de cadeia de caracteres é o tipo de dados **caracter**, que tem como objetivo armazenar um único caractere. Existem alguns exemplos de uso para caracter, como o sexo M ou F ou o estado civil, no qual podemos guardar apenas a primeira letra de cada estado, como S para solteiro, C para casado e assim por diante.

Você deve estar se perguntando por qual motivo existe caracter se cadeia poderia ser usado para guardar também um único caractere. De fato, parece desnecessário e eu diria que para algoritmos realmente é. Mas essa diferenciação está ligada à forma como caracter e cadeia armazenam os dados na memória. Neste livro, não vamos explorar essa diferença, mas saiba que quando for aprender uma linguagem de programação profissional você terá que entender a diferença.

5.7.3 Inteiro

Chegou a hora de aprender a guardar números. Com o tipo **inteiro** podemos guardar números positivos e negativos. Dados como a idade da pessoa, o número do apartamento de um prédio, a voltagem de uma lâmpada, o saldo de gols de seu time no campeonato (note que neste caso o número pode até ser negativo) são vários exemplos de dados em que o tipo inteiro deve ser utilizado. Vou te perguntar o seguinte: a temperatura da sua cidade poderia ser guardada com o tipo inteiro? A princípio, sim, desde que o termômetro não seja de precisão. Temperaturas como 28 °, 15 ° ou mesmo −3 ° poderiam ser guardadas com o tipo inteiro. Contudo, uma temperatura de 8,7 ° não poderia, pois não é um número inteiro.

5.7.4 Real

O **real** é outro tipo de dado que também permite armazenar números. Não cabe aqui dar uma explicação matemática detalhada dos números reais. De forma simplificada, são os números que possuem vírgulas. Temos dezenas de exemplos, como o saldo do banco, a sua altura, o seu peso, a média em uma disciplina. Todos eles são valores com casas decimais. Esta é a grande diferença para o tipo inteiro. Você pode até ter, por exemplo, 500 reais de saldo na sua conta bancária, entretanto, a representação terá que ser com tipo real, mesmo que depois da vírgula (os centavos) seja zero.

Um ponto que vale a pena comentar é que no Brasil usamos a vírgula para separar o valor inteiro da parte decimal, mas no Portugol Studio, seguindo o estilo adotado na maioria das linguagens de programação, essa separação é feita com o símbolo de ponto. Por exemplo, o valor 50,5 para ser usado no Portugol Studio deve ser 50.5, trocando a vírgula pelo ponto decimal.

5.7.5 Logico

O último tipo de dados do nosso Portugol é o **logico**. Esse tipo armazena dois únicos valores, que são o verdadeiro e o falso. No mundo computacional, dados do tipo logico são bastante utilizados nas estruturas de controle que serão vistas a partir do Capítulo 6.

5.8 Variáveis

Agora que já vimos que existem diferentes tipos de dados, temos que falar sobre o significado das palavras **guardar** ou **armazenar** no contexto dos algoritmos. Já falamos em diversos pontos deste livro que os algoritmos armazenam e processam dados. Você já se perguntou como os algoritmos guardam os dados? A resposta é: usando variáveis.

Uma analogia interessante para uma variável é que você pode pensar nela como uma caixa de sapato onde os dados seriam os diversos pares de sapatos possíveis. Sendo assim, inicialmente teríamos uma caixa vazia, mas você poderia colocar um tênis dentro da caixa. Em outro momento, você poderia substituir o tênis por um sapato social. Note que usei a palavra **substituir**, pois dentro da caixa de sapatos é possível guardar apenas um par de sapatos por vez. Isso vale para as variáveis – nós podemos armazenar um único valor por vez dentro delas.

Os algoritmos usam normalmente um conjunto de variáveis. Muito raramente veremos algoritmos que não utilizam variáveis. Assim, é importante que você entenda bem esse conceito.

Cada variável que você for utilizar terá três partes, como podemos ver na Figura 5.4. O **nome** é dado quando declaramos a variável, bem como o **tipo de dados** que a variável irá armazenar. O **dado** que será colocado dentro da variável virá de um comando de atribuição dentro do algoritmo ou de uma leitura da própria variável.

Com relação ao nome da variável, devemos ter alguns cuidados. O primeiro deles é que não podemos ter duas variáveis com nomes iguais. O segundo é com relação ao nome como a variável será batizada. Não será possível utilizar nomes que já tenham algum significado para a linguagem, ou seja, as palavras que já estão previamente reservadas. Também temos que nos preocupar com o conjunto de regras que definem a criação de nomes de variáveis.

A última preocupação é com a utilização de nomes de variáveis que possam dar sentido para o uso. Por exemplo, se você precisa guardar o endereço de uma pessoa, o nome mais apropriado para a variável é **endereco**. Batizar, por exemplo, com **e**, **en**, **x** ou **teste** não dará uma boa legibilidade ao algoritmo. Muito pelo contrário, quem for tentar entender o que está sendo feito terá bastante trabalho para entender a lógica do problema. Certa vez, em uma das minhas primeiras turmas, um dos alunos batizava as variáveis com nomes de carros. Até certo ponto parece bastante original, mas corrigir os algoritmos dele era sempre bem mais trabalhoso que os outros.

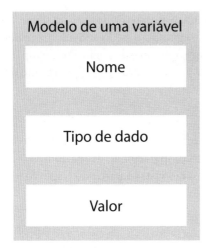
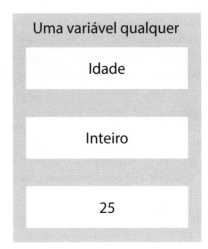

Figura 5.4 Exemplo de variável.

Para o Portugol Studio, não podemos declarar uma variável iniciando com um número e nem podemos usar caracteres especiais, como o ç, por exemplo.

Para declarar as variáveis, usamos a seguinte sintaxe:

tipo_de_Dado variável

Onde: variável por ser uma única variável ou uma lista separada por vírgulas.

Caso você precise de variáveis de tipos diferentes, terá que criar diversas linhas de declaração. Veja o exemplo a seguir, onde todas as declarações são válidas:

cadeia nome, _telefone, telefone2
inteiro idade, num_filhos
real salario

Outro ponto importante é que nomes de variáveis usando letras maiúsculas e minúsculas **são considerados diferentes**. Chamamos a isso de *case sensitive*. Sendo assim, poderíamos ter a seguinte declaração sem nenhum problema:

real salario, Salario, SALARIO

Nesse caso, temos três variáveis diferentes que podem ser utilizadas sem nenhuma restrição. Evidentemente, não é boa prática usar declarações assim. Você mesmo poderá se confundir ao utilizar variáveis que têm nomes iguais.

Para que você comece a praticar, vamos deixar o seguinte exemplo: Danielle quer preencher um anúncio para vender o seu carro. Os seguintes dados são solicitados pelo anunciante: marca, modelo, ano de fabricação, cor, valor solicitado e único dono (que indica se ela foi quem comprou o carro do fabricante). Faça a declaração de variáveis para este problema.

Embora esse enunciado ainda não seja considerado um algoritmo, é importante para que possamos treinar o entendimento do problema e os dados relacionados.

Passo 1 – Identificação do problema
O problema solicita que sejam declaradas as variáveis que estão envolvidas na publicação do anúncio.

Passo 2 – Quais dados estão envolvidos?
Marca do carro. Exemplos: Ford, Peugeot, Toyota.
Modelo do carro. Exemplos: Focus, Cruiser, Corolla.
Ano de fabricação. Exemplos: 2018, 2021, 2022.
Cor. Exemplos: Preto, Prata, Vermelho.
Valor solicitado: Exemplos: 50.000,00, 39.000,00.
Único dono. Exemplos: verdadeiro, falso.

Passo 3 – Como encontrar os resultados esperados?
Neste caso, não temos o passo 3.

Pelos exemplos mostrados para os dados, podemos decidir que tipo será utilizado em cada uma das variáveis. Evidentemente, a solução a seguir é a minha solução e nada impede que a sua seja um pouco diferente.

cadeia marca, modelo, cor
inteiro ano_fabricacao
real valorSolicitado
logico unico_dono

 ## Algoritmo proposto (s01e01)

Você deseja se inscrever para uma corrida de rua que vai acontecer na sua cidade. Para isso, você deverá preencher um cadastro com os seguintes dados: nome, idade, sexo, distância que vai percorrer (5, 10 ou 21 km), tamanho da blusa (P, M ou G) e deve informar se é PNE (portador de necessidades especiais). Faça a declaração de variáveis para este problema.

Aponte seu *smartphone* para o QR Code ao lado para abrir o vídeo do YouTube em que mostro a solução do exercício proposto.

uqr.to/19780

5.9 Comando de atribuição

Acabamos de ver quais tipos de dados podem ser utilizados e como declaramos variáveis. Veremos agora como atribuir valores para as variáveis. Esse é um assunto simples, mas muito importante, já que uma variável tem como real objetivo guardar dados. Para que possamos colocar dados em variáveis que foram declaradas, usamos o comando de atribuição.

No Portugol, é usado o símbolo de igualdade (=) para fazer a atribuição de um valor a uma variável, empregando a seguinte sintaxe:

Variável = valor_a_ser_atribuido

Onde **valor_a_ser_atribuido** pode ser um valor, uma expressão ou ainda outra variável. Vejamos alguns exemplos de atribuição de valores para variáveis:

cadeia login, senha
inteiro idade
logico idoso
login = "lucca"
senha = "123456"
idade = 14
idoso = falso

Vamos imaginar que as mesmas variáveis foram declaradas, mas agora iremos fazer as seguintes atribuições:

login = "lucca"
senha = 123456
idade = 14.3
idoso = sim

Nesse exemplo, a única atribuição correta seria a do *login*. A **senha**, como é do tipo cadeia, não pode receber um número. A **idade** é do tipo inteiro e não pode receber um valor real. A variável **idoso**, por ser do tipo lógico, só pode receber **verdadeiro** ou **falso**.

Para finalizar, vejamos outra possibilidade de atribuição, que é no momento da declaração, como você pode ver no exemplo a seguir:

cadeia nomeCanal = "CODEficando"

Informação importante. Quando apresentei o assunto variáveis, fiz analogia com uma caixa de sapatos. Se não lembra, volte lá e leia novamente. Vamos analisar a seguinte situação:

real nota
nota = 5.0
nota = 9.5
nota = 7.0

A primeira pergunta: temos armazenadas no algoritmo as três notas? A resposta é não. As variáveis só conseguem armazenar um valor de cada vez. Sendo assim, na execução da segunda atribuição nota = 9.0, o valor que estava antes (5.0) vai desaparecer. O mesmo raciocínio vale para a atribuição nota = 7.0, onde o valor 9.5 vai ser sobrescrito. A segunda pergunta é: como faríamos para conseguir guardar as três notas? A solução seria ter três variáveis diferentes.

real nota1, nota2, nota3
nota1 = 5.0
nota2 = 9.5
nota3 = 7.0

5.10 Comandos de entrada e saída

No Capítulo 2, falamos dos conceitos básicos e mostramos que um computador é composto por três partes: a unidade central de processamento, a memória e os dispositivos de entrada e saída. Explicamos que os dispositivos de entrada permitem que dados sejam colocados dentro do sistema e os dispositivos de saída mostrem o resultado do processamento. Fizemos uma boa explicação, contudo, talvez você não tenha relacionado o que foi explicado com os algoritmos propriamente ditos, mas faremos isso a partir de agora.

Para os algoritmos, os comandos de entrada e saída são essenciais. É por meio desses comandos que podemos inserir dados no sistema (comandos de entrada) e mostrar os resultados encontrados (comandos de saída).

Já falamos sobre o comando de atribuição, que permite colocar valores dentro das variáveis inseridas no algoritmo. Vamos analisar o exemplo da Listagem 3.

```
1.      programa
2.      {
3.              funcao inicio()
4.              {
5.                      cadeia nomeLivro = "Simplificando Algoritmos"
6.                      inteiro anoPublicacao
```

34 Capítulo 5

```
7.                    anoPublicacao = 2022
8.              }
9.        }
```

Listagem 3 Exemplo de comando de atribuição.

As atribuições dos dados às variáveis estão sendo feitas diretamente no algoritmo. Caso você deseje mudar os valores, terá que editar o algoritmo e isso não é uma boa prática. Consegue imaginar o motivo?

Imagine que esse algoritmo fosse parte de um programa que cadastra livros, por exemplo, na Amazon. O que aconteceria se você executasse várias vezes esse algoritmo? Você iria cadastrar sempre o mesmo livro. Provavelmente, não é isso que quer (eu sei que meu livro é bom, mas ter ele repetidas vezes na plataforma não faria muito sentido). O que você espera do algoritmo é que ele permita ao usuário digitar os dados do livro que ele deseja inserir.

Note que uma coisa é VOCÊ atribuir dados diretamente para as variáveis. Outra coisa completamente diferente é o USUÁRIO colocar os dados que deseja utilizar. Gostaria que você prestasse muita atenção na explicação que vou fazer agora, pois ela é fundamental para entender o conceito de comandos de entrada.

Vamos iniciar com a explicação do que é um usuário. Na computação, como o nome já diz, é alguém que usa um algoritmo ou um sistema. Então, será alguém que vai executar o sistema, entrar com os dados necessários e receber os resultados. Quando um sistema está pronto, o usuário é alguém externo. Pense, por exemplo, no Spotify. O aplicativo tem milhões de usuários que diariamente entram com dados, por exemplo, escolhendo uma *playlist*, e tem como resultado a execução de uma ou mais músicas. Imagine que você fosse o programador do Spotify e estivesse fazendo e testando o algoritmo para tocar uma *playlist*. Nesse caso, enquanto você não entregou o aplicativo pronto, você e o usuário são a mesma pessoa. Você poderia atribuir diretamente a variável da *playlist* "Minhas preferidas" e executar o algoritmo para poder testá-lo. Entretanto, quando o programa estiver pronto, você não poderá fazer isso, senão todo mundo teria que escutar a mesma *playlist*. Dessa forma, você deve permitir que o usuário diga qual a *playlist* que ele quer ouvir. Como faço isso nos algoritmos? Com os comandos de entrada!

No Portugol, o comando de entrada é bem simples e tem a seguinte sintaxe:

leia(variável)

Vamos refazer o exemplo anterior permitindo que os dados sejam digitados pelo usuário.

```
1.      programa
2.      {
3.            funcao inicio()
4.            {
5.                  cadeia nomeLivro
6.                  inteiro anoPublicacao
7.                  leia(nomeLivro)
8.                  leia(anoPublicacao)
```

Pseudocódigo   35

```
9.                    }
10.     }
```
Listagem 4 Exemplo de comando de leitura.

Ao executar o algoritmo da Listagem 4, você vai perceber que no console, localizado na parte de baixo do Portugol Studio e mostrado na Figura 5.5, o algoritmo ficará esperando que você digite tanto o nome do livro quanto o ano de publicação. O mais importante disso tudo é você entender que o valor digitado é atribuído à variável que foi lida. No exemplo, o primeiro valor digitado vai para a variável **nomeLivro** e o segundo valor vai para **anoPublicacao**. Isso permite que o usuário insira os valores que deseja dar para as variáveis.

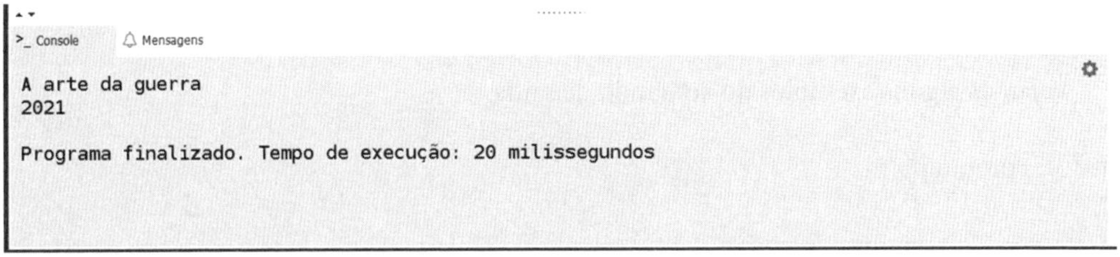

```
>_ Console    △ Mensagens

A arte da guerra
2021

Programa finalizado. Tempo de execução: 20 milissegundos
```

Figura 5.5 Console do Portugol Studio.

Vamos falar um pouquinho de problemas, pois eles podem acontecer com você quando estiver testando seus algoritmos. Já comentamos que as variáveis não podem receber valores que não sejam do tipo que foi definido. Ainda no exemplo anterior, a variável **anoPublicacao** é do tipo inteiro. O que vai acontecer caso o usuário entre com uma palavra em vez de um número? Vai dar um erro, pois, pelo que pode ser visto na Figura 5.6, o valor "não sei" está tentando ser atribuído a **anoPublicacao**. Nesse caso, o algoritmo apresenta um erro na execução e é encerrado.

Em aplicações profissionais, esse problema é facilmente controlado, mas para algoritmos é um pouco mais complicado e por este motivo vamos assumir daqui para frente que, ao testarmos o algoritmo, entraremos corretamente com os dados que são necessários.

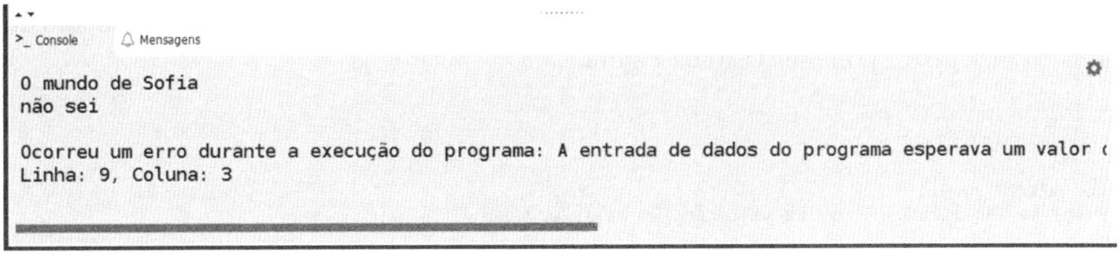

```
>_ Console    △ Mensagens

O mundo de Sofia
não sei

Ocorreu um erro durante a execução do programa: A entrada de dados do programa esperava um valor (
Linha: 9, Coluna: 3
```

Figura 5.6 Erro na leitura de uma variável.

Agora que já falamos do comando de entrada, vamos explicar o comando de saída. Em linguagens de programação, os comandos de saída podem, por exemplo, exibir fotos, gravar arquivos, tocar músicas, enviar texto para impressora, entre várias outras possibilidades.

36 Capítulo 5

Contudo, o comando de saída para os algoritmos tem como objetivo exibir *strings* e resultados que foram encontrados.

A sintaxe para o comando de saída no Portugol é bastante simples, como você pode ver a seguir:

escreva(valores)

Onde **valores** pode ser:

Uma variável.
Uma *string*.
Um conjunto de variáveis e *strings* separadas por vírgulas.

Vejamos alguns exemplos do comando de saída.

```
1.    programa
2.    {
3.            funcao inicio()
4.            {
5.                    cadeia nome = "Lucca"
6.                    cadeia data = "21/08/2006"
7.                    inteiro idade = 14
8.                    escreva(nome)
9.                    escreva(data)
10.                   escreva(idade)
11.           }
12.   }
```

Listagem 5 Primeiro exemplo de comando de saída.

No exemplo mostrado na Listagem 5, vamos exibir o nome, a data de nascimento e a idade. Embora tenhamos colocado cada comando **escreva** em uma linha diferente, teremos uma exibição muito ruim, visto que o Portugol Studio não muda de linha sozinho. O resultado da saída da Listagem 5 pode ser visto na Figura 5.7.

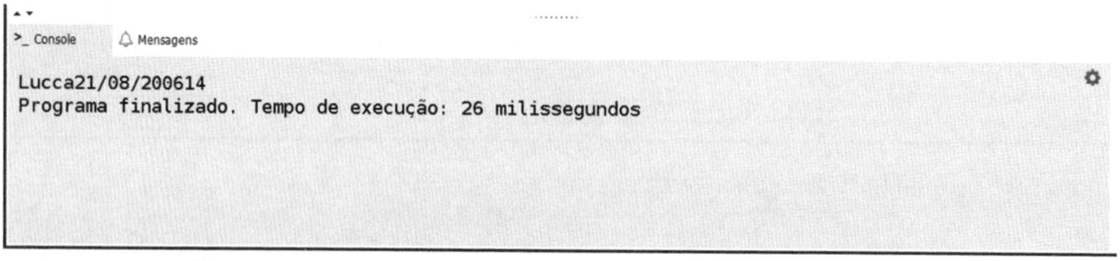

```
>_ Console    △ Mensagens

Lucca21/08/200614
Programa finalizado. Tempo de execução: 26 milissegundos
```

Figura 5.7 Saída do algoritmo da Listagem 5.

Vamos modificar ligeiramente o algoritmo para o que podemos ver na Listagem 6.

Pseudocódigo

```
1.      programa
2.      {
3.              funcao inicio()
4.              {
5.                      cadeia nome = "Lucca"
6.                      cadeia data = "21/08/2006"
7.                      inteiro idade = 14
8.                      escreva("Nome: ",nome, "\n")
9.                      escreva("Data de nascimento: ",data, "\n")
10.                     escreva("Idade",idade, "\n")
11.             }
12.     }
```

Listagem 6   Segundo exemplo de comando de saída.

Agora você pode notar que utilizamos um rótulo antes de cada impressão de variável, bem como adicionei "\n" ao final de cada **escreva**. Esse "comando" \n permite que o cursor pule para a linha seguinte e, dessa forma, a próxima impressão sairá como desejado. Veja também que pulamos uma linha que não seria necessária na impressão do último comando **escreva**. Outro "erro" proposital foi que não coloquei o sinal de dois pontos nem o espaço, causando a junção da *string* "Idade" com o valor. Isso causou uma saída estranha no console, como podemos ver na Figura 5.8.

```
>_ Console    △ Mensagens

Nome: Lucca
Data de nascimento: 21/08/2006
Idade14

Programa finalizado. Tempo de execução: 50 milissegundos
```

Figura 5.8   Console do exemplo de comando de saída.

Uma boa prática na leitura de variáveis é que você indique ao usuário qual dado está sendo esperado. Vamos supor que, em vez de atribuir valores diretamente para as variáveis, como fizemos na Listagem 6, você vai permitir que o usuário digite os dados da pessoa. Uma possível solução pode ser vista na Listagem 7.

```
1.      programa
2.      {
3.              funcao inicio()
4.              {
5.                      cadeia nome, data
6.                      inteiro idade
7.                      escreva("Digite o nome: ")
8.                      leia(nome)
```

9.		escreva("Digite a data de nascimento: ")
10.		leia(data)
11.		escreva("Digite a idade: ")
12.		leia(idade)
13.		escreva("Nome: ",nome, "\n")
14.		escreva("Data de nascimento: ",data, "\n")
15.		escreva("Idade: ",idade, "\n")
16.	}	
17.	}	

Listagem 7   Terceiro exemplo de comando de saída.

Coloque o exemplo da Listagem 7 para rodar no Portugol Studio e você vai verificar que para cada variável o algoritmo indica o que o usuário deve informar. Na Figura 5.9, você pode ver o resultado do algoritmo no console.

```
Digite o nome: Túlio
Digite a data de nascimento: 09/08/2008
Digite a idade: 12
Mome: Túlio
Data de nascimento: 09/08/2008
Idade: 12

Programa finalizado. Tempo de execução: 64 milissegundos
```

Figura 5.9   Console da Listagem 7.

Vejamos alguns exercícios para praticar os conteúdos apresentados.

 Lógica do algoritmo

Suponha que o usuário digitou 10 e 20 para os valores de **a** e **b**, respectivamente. Quais os valores impressos e como ficaria o enunciado desse algoritmo?

1.	programa	
2.	{	
3.		funcao inicio()
4.		{
5.		inteiro a, b, aux
6.		escreva("Digite o 1º número: ")
7.		leia(a)
8.		escreva("Digite o 2º número: ")
9.		leia(b)
10.		aux = a
11.		a = b
12.		b = aux

13.   escreva(a, " ", b)
14.   }
15. }

Listagem 8 Exercício de lógica de algoritmo.

A operação mostrada por esse algoritmo é muito mais comum do que parece. Quer ver um exemplo? Imagine que você abriu o Google Maps e quer ver o percurso, por exemplo, de Salvador para Recife. Na Figura 5.10, podemos ver essa opção. Com certeza, você já notou as setas que ficam do lado direito. Elas servem para que você troque a origem com o destino. Como você acha que é feita essa troca?

Figura 5.10 Rota usando Google Maps.

 Algoritmo proposto (s01e02)

Propondo concorrer a uma vaga de estágio, uma empresa disponibilizou um cadastro que contém os seguintes campos: nome, data de nascimento, sexo, grau de instrução, endereço e número de telefone. Faça a declaração de variáveis e a leitura de cada uma delas.

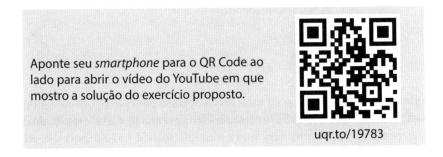

40   Capítulo 5

5.11 Operadores

Em qualquer linguagem de programação, um dos pontos que precisamos aprender rapidamente são os operadores. Com eles, podemos, por exemplo, realizar cálculos matemáticos ou fazer comparações entre dados. Existem três tipos principais de operadores. São eles: operadores aritméticos, operadores relacionais e operadores lógicos. A seguir, veremos cada um deles.

5.11.1 Operadores aritméticos

Os operadores aritméticos são nossos velhos conhecidos da matemática. Eles permitem que façamos expressões matemáticas trazendo como resultado sempre valores numéricos, sejam inteiros ou reais. Na Tabela 5.1, temos os operadores aritméticos no Portugol.

Tabela 5.1 Operadores aritméticos

Operação	Símbolo	Prioridade
Adição	+	1
Subtração	-	1
Multiplicação	*	2
Divisão	/	2
Resto	%	2

Você pode estar se perguntando o que é a coluna **Prioridade** mostrada na tabela. Ela serve para definir a precedência de um operador sobre outro, ou seja, qual dos dois deve ser feito primeiro. Vejamos um exemplo bem prático sobre prioridade na Listagem 9.

```
1.      programa
2.      {
3.              funcao inicio()
4.              {
5.                      inteiro valor
6.                      valor = 3 + 2 * 3
7.                      escreva("O resultado é: ", valor)
8.              }
9.      }
```

Listagem 9 Exemplo de prioridade de operadores.

A pergunta que faço a você é: qual valor será impresso por esse algoritmo? A dúvida que estou colocando neste exemplo é se primeiro será feita a soma (3 + 2) e o resultado disso será multiplicado por 3, ou se primeiro será feita a multiplicação (2 * 3) e depois será adicionado o 3. Os resultados para essas duas opções são diferentes e é exatamente para isso que serve a prioridade. Aquele operador que tiver **maior prioridade** será feito primeiro. Nesse caso, o operador de multiplicação tem prioridade maior que o da soma. Assim, o resultado que vamos encontrar é 9, como pode ser visto na Figura 5.11. O que acontece se dois operadores tiverem a mesma prioridade? Nesse caso, primeiro será feita a operação mais à esquerda.

```
>_ Console   Mensagens

O resultado é: 9
Programa finalizado. Tempo de execução: 18 milissegundos
```

Figura 5.11 Console da execução do algoritmo da Listagem 8.

Uma observação importante é que você pode utilizar os símbolos de parênteses para definir a prioridade da operação desejada. Imagine que no exemplo anterior você quisesse executar primeiro a operação de soma. Essa operação poderia ser colocada dentro de parênteses, como mostrado no código da Listagem 10, cujo resultado, em vez de 9, será 15, já que a operação de soma será feita primeiro.

1. programa
2. {
3.   funcao inicio()
4.   {
5.   inteiro valor
6.   valor = (3 + 2) * 3
7.   escreva("O resultado é: ", valor)
8.   }
9. }

Listagem 10 Exemplo do uso de parênteses em expressões.

Só para reforçar, gostaria que você olhasse novamente para o código e percebesse que o resultado da expressão aritmética é atribuído para a variável valor.

Outro ponto de que não posso deixar de falar é que as expressões aritméticas podem envolver também variáveis.

Algoritmo resolvido

Vamos resolver o seguinte algoritmo: Monique e suas três amigas foram ao barzinho mais descolado do bairro e, depois de se divertirem muito, solicitaram a conta. O garçom trouxe a conta e elas precisam agora descobrir quanto cada uma vai pagar. Faça um algoritmo que entre com o valor total da conta e informe como resultado o valor que cada uma deverá pagar.

Vamos aplicar os três passos que dissemos que são fundamentais:

Passo 1 – Identificação do problema
Passo 2 – Quais dados estão envolvidos?

Passo 3 – Como encontrar os resultados esperados?

Identificação do problema. Temos que calcular quanto cada uma das amigas vai pagar na conta do barzinho.

Quais os dados envolvidos? Temos um total de quatro pessoas e o valor total da conta.

Como encontrar o resultado? Temos que dividir o valor da conta por quatro. Esse resultado é que precisa ser exibido.

Pensando na solução de uma forma de alto nível, poderíamos propor o seguinte:

Obtenha o valor da conta
Faça o cálculo por pessoa
Imprima os resultados

Contudo, essa proposta de alto nível precisa ser refinada para que o algoritmo possa resolver o problema proposto. Inicialmente, podemos fazer a leitura do valor da conta.

real valorTotal
escreva("Qual o valor da conta? ")
leia(valorTotal)

Para encontrarmos o valor por pessoa, temos que declarar uma variável real e dividir o valor que foi lido por quatro.

valorPorPessoa = valorTotal / 4

Finalmente, podemos imprimir o resultado com o comando **escreva**.

escreva("O valor por pessoa é:", valorPorPessoa)

Podemos agora juntar todas as peças para ter a solução completa do algoritmo. Na Listagem 11, temos uma possível solução para o problema proposto.

```
1.     programa
2.     {
3.             funcao inicio()
4.             {
5.                     real valorTotal, valorPorPessoa
6.                     escreva("Qual o valor da conta? ")
7.                     leia(valorTotal)
8.                     valorPorPessoa = valorTotal / 4
9.                     escreva("O valor por pessoa é: R$", valorPorPessoa)
10.            }
11.    }
```

Listagem 11   Algoritmo divisão da conta.

Complete o algoritmo

Faça um algoritmo que leia dois valores e ao final imprima a soma e a multiplicação dos dois números lidos. O algoritmo incompleto pode ser visto na Listagem 12. Você precisará trocar os símbolos de ??? pelo código necessário.

```
1.      programa
2.      {
3.              funcao inicio()
4.              {
5.                      inteiro a, b
6.                      leia(a)
7.                      ???
8.                      inteiro soma ???
9.                      ???
10.                     escreva("A soma dos valores é: ", ???)
11.                     escreva("A multiplicação dos valores é: ", multiplicacao)
12.             }
13.     }
```
Listagem 12   Primeiro exercício de operadores aritméticos.

 Lógica do algoritmo

Imaginando que o valor lido para a variável **num** seja 196, qual o resultado do algoritmo? Lembre-se também de criar um enunciado do problema para a Listagem 13.

```
1.      programa
2.      {
3.              funcao inicio()
4.              {
5.                      inteiro num
6.                      escreva("Digite um número: ")
7.                      leia(num)
8.                      inteiro x = num % 2
9.                      escreva(x)
10.             }
11.     }
```
Listagem 13   Segundo exercício de operadores aritméticos.

 Algoritmo proposto (s01e03)

Quando Felipe foi para a loja de conveniência do posto perto de casa, ele comprou uma Coca-Cola de dois litros, três chocolates e dois pacotes de biscoitos. Faça um algoritmo que leia o valor de cada um dos produtos e calcule o valor que Felipe terá de pagar pelas compras que fez.

Aponte seu *smartphone* para o QR Code ao lado para abrir o vídeo do YouTube em que mostro a solução do exercício proposto.

uqr.to/19785

5.11.2 Operadores relacionais

Desde a nossa infância, estamos acostumados a fazer comparações entre coisas. Estou usando a palavra **coisa**, pois, de fato, podemos sempre comparar qualquer tipo de coisa. Até aquelas que nem deveriam ser comparadas, como banana com laranja, por exemplo. Entretanto, para direcionarmos mais ao interesse do assunto, vamos pensar na comparação de duas pessoas. Imagine inicialmente a altura. Podemos dizer que João é maior (mais alto) do que Carlos. Também é possível dizer que o peso de Carlos é menor ou igual ao peso de João. Ainda poderíamos dizer que a idade dos dois é igual, ou ainda o ano em que João nasceu é diferente do ano em que Carlos nasceu. Para fazermos todas essas comparações, usamos os operadores relacionais.

Faço uma pergunta a você, meu caro aluno. Quais os possíveis resultados para uma operação relacional? Acertou, se você disse **verdadeiro** ou **falso**. Qualquer expressão usando operadores relacionais sempre vai retornar a um desses dois valores.

Para resolvermos a maioria dos algoritmos propostos deste ponto em diante, usaremos operadores relacionais, pois eles serão sempre utilizados nas estruturas de controle que veremos no Capítulo 6. Temos, na Tabela 5.2, os operadores relacionais para o Portugol Studio.

Tabela 5.2   Operadores relacionais

Operação	Símbolo
Igual	==
Diferente	!=
Maior	>
Menor	<
Maior ou igual	>=
Menor ou igual	<=

Importa observarmos que o símbolo de igualdade não é o igual (=), já que esse é o comando de atribuição. Para verificarmos a igualdade de dois valores, utilizamos dois símbolos

Pseudocódigo   45

de igual juntos (==). Esse é um erro muito comum quando estamos iniciando a construção de algoritmos. Portanto, fique bem atento para usar o símbolo correto.

Vejamos, na Tabela 5.3, alguns exemplos de utilização de operadores.

Tabela 5.3   Exemplos de operações relacionais

Operação	Resultado
12 > 35	Falso
10 == 11	Falso
6 <= 10	Verdadeiro
5 != 5.0	Falso
22 == 25-3	Verdadeiro
x >= 3	Depende do valor de x

Fiz questão de mostrar, na última linha da Tabela 5.3, que é possível usar variáveis em expressões lógicas, da mesma forma que podemos usar variáveis em expressões aritméticas. No exemplo x >= 3, ele será **verdadeiro** para qualquer número que seja maior ou igual a três e será **falso** quando o valor for menor do que três.

5.11.3 Operadores lógicos

Talvez esse seja o primeiro assunto abordado por este livro que você não conheça, já que é um tema pouco estudado no ensino formal. Portanto, se você não conhece as expressões lógicas, preste bastante atenção, pois é um conhecimento importante e que será usado em vários pontos do restante do livro.

Na seção 5.12.2, falamos sobre as expressões relacionais, as quais, por meio dos operadores relacionais, retornavam como resultado valores **verdadeiro** ou **falso**. A novidade é que podemos combinar expressões relacionais usando operadores lógicos dando como resultado valores **verdadeiro** ou **falso**.

Inicialmente, parece um pouco estranho, mas você com certeza já usou operadores lógicos em algumas situações do cotidiano.

Situação 1 – Domingo de manhã, você tem um treino de corrida de 10 km e amanhece chovendo... Então você se pergunta: fico dormindo OU me levanto e vou para o treino?

Situação 2 – Sexta à noite, a prova de algoritmos é na segunda, seu melhor amigo chama para ir àquela festa top e você diz: NÃO, vou ficar estudando.

Situação 3 – Na próxima semana estreia a continuação daquele filme que você está esperando desde o ano passado e você diz que vai ao cinema se: a prova de algoritmos for adiada E seus amigos prometerem pagar a pipoca.

Nas três situações narradas, utilizamos os três operadores lógicos dentro de expressões que serão avaliadas para saber se o resultado será verdadeiro ou falso. Não quero entrar no

46   Capítulo 5

mérito de se as situações propostas serão verdadeiras ou falsas. Foram colocadas apenas como exemplo de que todos nós usamos expressões lógicas no nosso dia a dia.

Vamos para a parte em que você precisa ter mais atenção. Vejamos, na Tabela 5.4, os operadores lógicos do Portugol.

Tabela 5.4 Operadores lógicos

Operação	Operador	Tipo	Prioridade
Disjunção	ou	Binário	1
Conjunção	e	Binário	2
Negação	nao	Unário	3

Com relação à Tabela 5.4, já falamos da prioridade do operador, que segue o mesmo raciocínio dos operadores aritméticos. O tipo **binário** significa que precisamos de dois operandos para realizar a operação, enquanto o tipo **unário** precisa de apenas um operando.

Para exemplificar o uso de operadores lógicos, montei a Tabela 5.5, que contém duas variáveis lógicas: A e B. Como cada variável pode ter somente dois valores possíveis, então temos quatro possibilidades de combinações. Dessa forma, a tabela possui quatro linhas. As outras colunas são formadas pelo resultado das operações lógicas aplicado aos valores das variáveis.

Tabela 5.5 Exemplo de tabela verdade

A	B	nao A	nao B	A ou B	A e B
V	V	F	F	V	V
V	F	F	V	V	F
F	V	V	F	V	F
F	F	V	V	F	F

Sobre a Tabela 5.5, podemos inferir as seguintes conclusões:

- O operador **nao** é unário e sempre inverte o valor do operando.
- O operador **ou** será verdadeiro caso ao menos um dos operandos seja verdadeiro.
- O operador **e** será verdadeiro somente se os dois operandos forem verdadeiros.

Agora, vejamos, na Tabela 5.6, alguns exemplos de expressões lógicas e seus resultados.

Com os operadores lógicos, finalizamos os tipos de operadores mais comuns do Portugol. Eles serão de grande utilidade na solução dos problemas que serão propostos ao longo dos próximos capítulos. Agora, chegou a sua vez de praticar um pouco. A seguir, temos um conjunto de exercícios em que você pode praticar sobre variáveis, atribuição, comandos de entrada e saída, bem como os operadores. Não deixe de utilizar o ambiente do Portugol Studio para que possa ter certeza de que o seu algoritmo está correto.

Tabela 5.6   Exemplo de operações lógicas

Operação	Resultado
nao (10 > 3)	Falso
nao (5 == 3)	Verdadeiro
(3 == 6) ou (6 >= 5)	Verdadeiro
(10 > 2) ou (8 == 1)	Falso
(2 <= 5) e (7 <= 10)	Verdadeiro
(4 > 8) e (19 != 18)	Falso
nao (3 == 3) e (5 == 5)	Falso

 Aprimore seus conhecimentos

1. A faculdade NerdsPrimeiro utiliza média ponderada em vez de média aritmética. São três notas por período, sendo que as duas primeiras têm peso 3 (três) e a terceira tem peso 4 (quatro). Faça um algoritmo que leia três notas de um aluno e calcule sua média ponderada.
2. Para melhorar sua *performance* na corrida, o treinador do corredor João Bolt aconselhou que ele perdesse alguns quilos. Com uma rigorosa dieta, Bolt conseguiu baixar 6 % do seu peso a cada mês, durante três meses. Faça um algoritmo que leia o peso inicial de Bolt e o peso após os três meses.
3. Para saber se está ganhando bem, a analista de redes Fernanda deseja saber quantos salários-mínimos ela ganha. Para isso, ela precisa fazer um algoritmo que leia o valor do salário-mínimo atual e o seu salário. Ao final, o algoritmo deverá mostrar quantos salários-mínimos ganha Fernanda.
4. Para iluminar espaços residenciais, as normas pedem que se use 18 W para cada m². Faça um algoritmo que receba as duas dimensões de um cômodo (em metros) e calcule qual a potência de iluminação que deverá ser utilizada.
5. Ana Júlia quer passar alguns dias de férias na Espanha. Ela calculou que 100 euros é suficiente para alimentação e passeios em cada um dos dias. Ela precisa saber quantos reais irá gastar nesses dias. Para isso, ela fez um algoritmo que vai ler a cotação atual do euro e a quantidade de dias que vai passar. O algoritmo deverá mostrar a quantidade de reais necessários para a viagem.

As estruturas de controle que passaremos a conhecer no Capítulo 6 nos permitirão resolver um conjunto bem grande de problemas computacionais. Essa talvez seja a hora de uma pequena pausa para mergulhar de cabeça nas estruturas condicionais e de repetição.

6
Estruturas de controle

Na literatura, encontramos que, para resolver um problema computacional com o uso de algoritmos, precisamos de três estruturas básicas:

- Estruturas sequenciais.
- Estruturas de decisão.
- Estruturas de repetição.

Embora não tenhamos escrito sobre estruturas sequenciais, os algoritmos que resolvemos até o momento se utilizaram dessas estruturas para apresentar sua solução, uma vez que ficou subentendido que os comandos são executados em sequência. Olhando a Listagem 14, sabemos que serão executados os comandos que estiverem dentro da **funcao inicio()**, que começa na linha 5 (**inteiro valor**) e será o primeiro comando executado. Em seguida, será executado o comando da linha 6, depois a linha 7 e, assim, sucessivamente até a linha 9, que é onde encerra a **funcao inicio()**. Esta é a característica das estruturas sequenciais.

```
1.      programa
2.      {
3.              funcao inicio()
4.              {
5.                      inteiro valor
6.                      escreva("Digite um número: ")
7.                      leia(valor)
8.                      inteiro dobro = valor * 2
9.                      escreva(dobro)
10.             }
11.     }
```
Listagem 14   Exemplo de estrutura de sequência.

Entretanto, a grande maioria dos algoritmos combina as estruturas sequenciais com estruturas que permitem escolher caminhos diferentes, bem como com estruturas que repetem um conjunto de comandos em determinado número de vezes. Essas duas estruturas são as que veremos neste capítulo.

6.1 Uso de bibliotecas no Portugol Studio

Antes de iniciarmos propriamente as estruturas de controle, eu gostaria de falar um pouco sobre bibliotecas. O conceito de biblioteca no mundo da computação está relacionado com uma coleção de subprogramas para auxiliar a criação de um programa ou sistema. Você deve estar se perguntando o que são subprogramas. É um conceito fácil de entender. Imagine que está desenvolvendo o modelo de um novo carro. Você sabe que, por exemplo, o carro terá pneus, mas você não precisa reinventar a roda. Seria muito desperdício de tempo. Você vai pensar em pneus prontos e usar no modelo do seu carro.

Na computação, é muito comum já existirem subprogramas, também chamados de sub-rotinas, que fazem tarefas corriqueiras, como, por exemplo, arredondar um número, colocar uma *string* em maiúsculo, sortear um número, tirar a raiz quadrada, entre outras. Como falei com relação a reinventar a roda, não faz sentido reescrever um código já resolvido toda vez que você precisar usar na solução do seu algoritmo. O que os programadores fazem? Criam bibliotecas que podem ser adicionadas ao seu algoritmo para que você possa se preocupar com a solução do seu problema em vez de quebrar a cabeça com essas rotinas que já estão prontas e disponíveis.

Como podemos usar as bibliotecas no ambiente do Portugol Studio? Você deve adicionar a biblioteca antes de qualquer tipo de declaração no seu programa, como pode ver a seguir:

inclua biblioteca nomeBiblioteca

ou

inclua biblioteca nomeBiblioteca --> apelido

No Portugol Studio, existem várias bibliotecas e você pode adicioná-las clicando sobre o nome da biblioteca encontrada no Painel Utilitários, visto na Figura 6.1, localizado no canto superior esquerdo.

Figura 6.1 Painel Utilitários do Portugol Studio.

Estruturas de controle

Veja na Listagem 15 um exemplo de código no qual incluímos duas bibliotecas e estamos utilizando a função **caixa_alta** armazenada dentro da biblioteca **Texto**. A biblioteca **Util** foi adicionada, mas não está sendo utilizada. Note, na linha 8, que para usar a função **caixa_alta** colocamos o apelido (t), que temos para a biblioteca na linha 3, seguido de um sinal de ponto (.), para depois chamar a função desejada.

```
1.      programa
2.      {
3.              inclua biblioteca Texto --> t
4.              inclua biblioteca Util --> u
5.
6.              funcao inicio()
7.              {
8.                      cadeia x = t.caixa_alta("Olá mundo")
9.                      escreva(x)
10.             }
11.     }
```
Listagem 15 Exemplo de uso de bibliotecas.

A saída desse algoritmo é a *string* "OLÁ MUNDO", pois a função **caixa_alta** troca todas as letras para maiúsculo.

Não faz parte do escopo deste livro mostrar todas as funções de todas as bibliotecas do Portugol Studio, mas quero te mostrar como você pode pesquisar e entender o funcionamento das funções.

Na tela inicial do Portugol Studio, você pode clicar no ícone Ajuda ou apertar a tecla F1. Será exibida a interface de Ajuda, como mostrado na Figura 6.2. Agora, basta você escolher uma das bibliotecas e clicar no botão de + para que apareçam todas as funções que estão dentro daquela biblioteca.

Figura 6.2 Interface de Ajuda do Portugol Studio.

Na Figura 6.3, pode ver que escolhi a função **arredondar** dentro da biblioteca **Matematica**. Note que na primeira linha temos a declaração da função. A partir dela, podemos saber qual é o nome, quais são seus parâmetros e qual o tipo de valor de retorno.

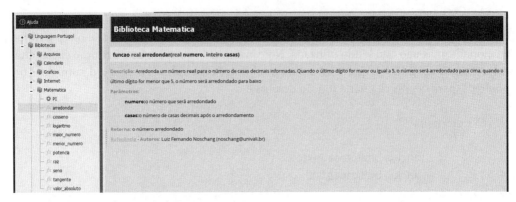

Figura 6.3   Exemplo de função **arredondar**.

A declaração da função **arredondar** pode ser vista a seguir:

funcao real arredondar(real numero, inteiro casas)

Depois da palavra **funcao**, a segunda palavra da declaração é seu tipo de retorno. Nesse caso, será retornado um valor do tipo real. As funções podem retornar todos os tipos que vimos no Capítulo 5, como **cadeia**, **logico** e todos os outros. Em algumas situações, a função não retorna nenhum valor. Nesses casos, você não terá a definição de um tipo logo após a palavra **funcao**.

Após a declaração do tipo de retorno, temos a definição do nome da função. Esse nome é o que vai utilizar para poder chamar a função dentro do seu algoritmo. Por fim, temos uma lista de parâmetros separados por vírgulas. Cada parâmetro define o tipo e o nome. Para você, o relevante é saber o tipo que deve ser passado. No caso da função **arredondar**, temos dois parâmetros, sendo o primeiro um número real e o segundo um número inteiro. O primeiro é o valor que você deseja arredondar e o segundo informa com quantas casas você gostaria que o número ficasse.

Veja o exemplo da Listagem 16. Inclui a biblioteca **Matematica** na linha 3 e chamei a função **arredondar**, na linha 7, passando como primeiro parâmetro o valor de PI com quatro casas decimais e como segundo parâmetro o valor 2 para indicar que desejo arredondar para duas casas. A saída do algoritmo é o valor 3.14, ou seja, arredondou o valor passado para duas casas.

```
1.      programa
2.      {
3.          inclua biblioteca Matematica --> m
4.
5.          funcao inicio()
6.          {
7.              real valor = m.arredondar(3.1415, 2)
8.              escreva(valor)
9.          }
10.     }
```

Listagem 16   Exemplo de uso da função **arredondar**.

Duas observações finais. O valor retornado pela função foi atribuído a uma variável do tipo real, que foi o tipo de retorno definido pela função. O algoritmo apresentaria erro de compilação se eu tentasse atribuir a uma variável do tipo cadeia, por exemplo. A segunda observação é que os parâmetros da chamada da função podem ser variáveis também, em vez de somente valores.

Como dica final, explore algumas bibliotecas para saber quais funções estão prontas para uso. Entretanto, elas serão mais úteis quando você estiver resolvendo problemas mais complexos, como os que veremos a partir das estruturas de repetição.

6.2 Estruturas de decisão

As estruturas de decisão permitem que você direcione o algoritmo para que ele execute ou não um conjunto de comandos. Como disse anteriormente, é uma estrutura básica e posso afirmar que todas as aplicações profissionais utilizam estruturas de decisão, pois sempre temos escolhas para fazer. Vamos ver alguns exemplos, misturando situações que ocorrem em sistemas com situações do cotidiano:

- Situação 1: Você está fazendo *login* em um *site* de *e-commerce* o qual solicita usuário e senha. O *login* será efetuado com sucesso **se** o usuário existir **e** a senha estiver correta.
- Situação 2: Ao inserir seu cartão no caixa eletrônico do banco, você vai poder tirar dinheiro da sua conta **se** você escolher primeiro a opção saque.
- Situação 3: Você vai pagar o seu lanche com o cartão e o caixa te pergunta **se** vai ser no crédito **ou** no débito.
- Situação 4: A caminho da faculdade, seu carro acende a luz da reserva de combustível. Você se pergunta **se** passa no posto para abastecer antes **ou** deixa para o outro dia.

O que todas essas situações têm em comum é a necessidade de tomar uma decisão para que ações possam ser feitas ou não. Em Portugol, temos duas estruturas que permitem tomar decisões. São elas a **se** e a **escolha-caso**. A seguir, veremos em detalhes cada uma delas.

6.2.1 Estrutura SE

Embora na literatura muitos autores indiquem que a estrutura de decisão **se** pode ser dividida em dois tipos, o **se-então** e o **se-então-senão**, eu prefiro pensar no **se** como apenas uma estrutura que permite fazer algumas ações com base em uma condição.

Para exemplificar melhor, veja a Figura 6.4. Temos dois fluxogramas distintos. O da esquerda vai imprimir **Número baixo** caso a variável lida seja menor que 10 e não fará nada caso a condição seja falsa. No algoritmo da direita, estou definindo ações distintas tanto na opção verdadeira quanto na falsa. Contudo, nos dois casos tenho caminhos distintos. A diferença é que no caso do fluxograma da esquerda não tenho ações a serem feitas quando a opção é falsa.

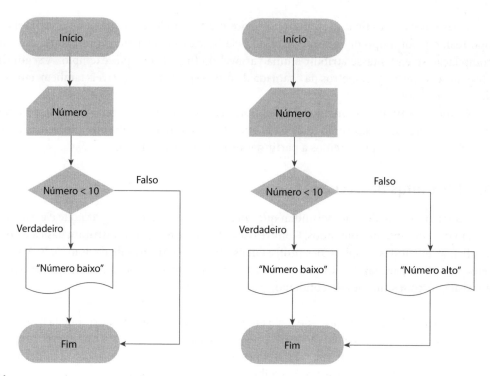

Figura 6.4   Fluxograma exemplo para o comando **se**.

A seguir, gostaria de mostrar tanto a sintaxe simplificada quanto a sintaxe completa do comando **se**.

se (condição)
{
// lista de comandos que serão executados caso a condição
// seja verdadeira
}
se (condição)
{
// lista de comandos que serão executados caso a condição
// seja verdadeira
}
senao
{
// lista de comandos que serão executados caso a condição
// seja falsa
}

Onde **condição** pode ser uma expressão ou uma variável lógica.
Embora esteja escrito como comentário na sintaxe do comando **se**, quero ser mais explícito para não restarem dúvidas. Se a condição for verdadeira, os comandos dentro dos colchetes

serão executados. No caso de a condição ser falsa, ou não vai executar nada ou irá executar os comandos que estiverem dentro dos colchetes do **senao**.

Outros dois pontos importantes para que você reflita sobre a sintaxe. O primeiro é que a condição precisa ser obrigatoriamente do tipo lógico, uma vez que estamos fazendo uma pergunta cuja resposta precisa ser obrigatoriamente verdadeira ou falsa. O segundo é que os colchetes usados na sintaxe servem para delimitar os comandos que fazem parte da opção verdadeira, bem como da opção falsa. Assim, você pode ter mais de um comando sendo executado dentro do que chamamos de **bloco**. Esses blocos são importantes, e um erro muito comum para quem está iniciando é colocar comandos dentro do bloco quando deveria ser fora ou vice-versa.

Vamos abrir aqui um parêntese.

Ainda sobre blocos, gostaria de falar sobre **indentação**. Você já deve ter notado que, usando o Portugol Studio, toda vez que você cria um bloco, os comandos dentro dele ficam alinhados um pouco mais para frente do que os comandos que estão fora do bloco. Isso serve para dar legibilidade ao código, pois, assim que você olha, sabe quais comandos fazem parte de um bloco. No próximo exercício resolvido, vou mostrar como ficaria o código sem indentação (Listagem 20) e você vai entender por que nós, professores, somos chatos ao cobrarmos dos alunos que sempre indentem seus códigos.

Outro ponto interessante a ser comentado sobre algoritmos e programação são os **comentários**. Em muitas situações, a lógica do algoritmo é bem complexa e os comentários têm como objetivo explicar como o autor do algoritmo pensou em resolver determinado problema. Isso é particularmente importante em sistemas grandes, construídos por muitas pessoas e que ao longo do tempo serão modificados. Nem sempre quem fez o algoritmo fará a modificação. Assim, quanto mais fácil o entendimento por parte do modificador, mais rapidamente o algoritmo será alterado ou corrigido. Dessa forma, uma boa prática é que você comente as principais partes do seu algoritmo.

Vamos fechar o parêntese.

Agora, está na hora de resolver alguns problemas usando o comando de decisão. Tenha sempre em mente que você precisa seguir os três passos antes de começar a escrever o algoritmo.

Passo 1 – Identificação do problema
Passo 2 – Quais dados estão envolvidos?
Passo 3 – Como encontrar os resultados esperados?

 Lógica do algoritmo

O que será impresso caso o valor lido for 1200? E se o valor lido for 900?

```
1.    programa
2.    {
3.        funcao inicio()
4.        {
5.            real x
6.            escreva("Digite um número: ")
7.            leia(x)
```

8.		real y = 0
9.		se (x > 1000)
10.		{
11.		y = x * 0.1
12.		}
13.		escreva(x, " ",y)
14.	}	
15.	}	

Listagem 17   Primeiro exercício de comando de decisão.

 Complete o algoritmo

Faça um algoritmo que leia um número e teste se o valor lido é par ou ímpar.

1.	programa	
2.	{	
3.		funcao inicio()
4.		{
5.		inteiro valor
6.		escreva("Digite um número:")
7.		leia(???)
8.		se (???)
9.		{
10.		escreva(valor," é um número ímpar")
11.		} senao
12.		{
13.		???
14.		}
15.	}	
16.	}	

Listagem 18   Segundo exercício de comando de decisão.

 Exercício resolvido

Faça um algoritmo que permita ler um número e imprima o módulo ou valor absoluto desse número. Lembrando que o módulo de -5 é 5, ou seja, basta inverter o sinal quando o número for negativo. Módulo é apresentado colocando o número entre os símbolos de |, por exemplo, |-6|, |10| etc. A impressão do algoritmo deve ser no seguinte formato: O módulo de |-2| é 2.

Passo 1 – Identificação do problema. Precisamos calcular o valor absoluto de um número.
Passo 2 – Quais dados estão envolvidos? O algoritmo vai ler uma variável do usuário.

Estruturas de controle   57

Passo 3 – Como encontrar os resultados esperados? Caso o número seja menor que zero, temos de multiplicar por (–1) para inverter o sinal. Vamos guardar também o valor original que foi lido para poder usar na impressão.

Vamos iniciar declarando as variáveis e fazendo a leitura do valor, como podemos ver no trecho de código a seguir.

```
inteiro valorLido, modulo
escreva("Digite o valor: ")
leia(valorLido)
```

Conforme comentado no Passo 3, iremos guardar o valor original, e para isso, teremos que usar outra variável. Vamos testar se o valor que foi digitado é menor que zero para poder multiplicar por –1 e inverter o sinal.

```
modulo = valorLido
se (modulo < 0)
{
    modulo = modulo * (-1)
}
```

Finalmente, podemos fazer a impressão do resultado no formato que foi solicitado pelo algoritmo.

```
escreva("O módulo de |",valorLido,"| é ", modulo)
```

Na Listagem 19, podemos ver o algoritmo completo para a solução do problema apresentado.

```
1.      programa
2.      {
3.              funcao inicio()
4.              {
5.                      inteiro valorLido, modulo
6.                      escreva("Digite o valor: ")
7.                      leia(valorLido)
8.                      modulo = valorLido
9.                      se (modulo < 0)
10.                     {
11.                             modulo = modulo * (-1)
12.                     }
13.                     escreva("O módulo de |",valorLido,"| é ", modulo)
14.             }
15.     }
```

Listagem 19   Primeiro exercício resolvido de comando de decisão.

Conforme prometido, gostaria que você olhasse o mesmo código da Listagem 19, só que agora sem **indentação** (Listagem 20). Se você colocá-lo para executar, terá o mesmo resultado, ou seja, a solução continuará correta. Entretanto, você deve ter em mente que a escrita do seu algoritmo não é somente para o computador. Você escreve para outras pessoas, inclusive para seu professor, que terá de corrigir a sua solução. É importante você começar a fazer a indentação desde o início do seu aprendizado, pois, além dos fatores **legibilidade de código** e **facilidade de entendimento**, para que o professor corrija seu algoritmo, algumas linguagens usam a indentação como forma de validar a sintaxe do comando, como é o caso da linguagem Python. Se a indentação em Python não for feita de forma correta, seu algoritmo não funcionará.

```
1.     programa
2.     {
3.     funcao inicio()
4.     {
5.     inteiro valorLido, modulo
6.     escreva("Digite o valor:")
7.     leia(valorLido)
8.     modulo = valorLido
9.     se (modulo < 0)
10.    {
11.    modulo = modulo * (-1)
12.    }
13.    escreva("O módulo de |",valorLido,"| é ", modulo)
14.    }
15.    }
```
Listagem 20   Primeiro exercício resolvido de comando de decisão sem indentação.

 Exercício resolvido

Faça um algoritmo que permita ler dois números e imprima o maior deles. Considere que os números lidos serão diferentes.

Passo 1 – Identificação do problema. Temos dois números e precisamos saber qual deles é maior.

Passo 2 – Quais dados estão envolvidos? O algoritmo vai ler os dois valores nas variáveis A e B, por exemplo.

Passo 3 – Como encontrar os resultados esperados? Precisamos perguntar se A é maior que B. Se for verdadeiro, imprimimos A, senão imprimimos B.

Agora, vamos traduzir para o algoritmo. Começamos pela leitura dos valores. Note, no trecho de código, que fiz a declaração das variáveis, bem como a leitura.

Estruturas de controle

```
inteiro a, b
escreva("Digite o 1º valor: ")
leia(a)
escreva("Digite o 2º valor: ")
leia(b)
```

Agora, precisamos perguntar se o valor da variável **a** é maior que o da variável **b**. Se a expressão for verdadeira, temos certeza de que podemos imprimir o valor de **a**. Se a expressão for falsa, podemos imprimir o valor **b**.

```
se (a > b)
{
      escreva("O maior valor lido foi: ", a)
} senao
{
      escreva("O maior valor lido foi: ", b)
}
```

Nesse exemplo, temos apenas um comando em cada bloco, que é o comando **escreva**, mas lembre-se de que é possível ter mais de um comando dentro de cada um dos blocos. Veremos isso em outros exemplos. Na Listagem 21, temos uma possível solução completa para o exercício resolvido.

```
1.     programa
2.     {
3.             funcao inicio()
4.             {
5.                     inteiro a, b
6.                     escreva("Digite o 1º valor: ")
7.                     leia(a)
8.                     escreva("Digite o 2º valor: ")
9.                     leia(b)
10.                    se (a > b)
11.                    {
12.                            escreva("O maior valor lido foi: ", a)
13.                    } senao
14.                    {
15.                            escreva("O maior valor lido foi: ", b)
16.                    }
17.            }
18.    }
```

Listagem 21   Segundo exercício resolvido de comando de decisão.

60 Capítulo 6

Gostaria de propor outra solução para o mesmo algoritmo. Note que na Listagem 22 usei uma variável chamada **maior** para poder guardar o maior valor entre **a** e **b**.

```
inteiro maior
se (a > b)
{
    maior = a
} senao
{
    maior = b
}
```

A impressão, que na Listagem 21 estava dentro do comando **se,** agora foi para fora, ou seja, ela será executada independentemente de a condição ser verdadeira ou falsa.

É importante que você saiba que, na maioria das vezes, o problema tem várias soluções e é por isso que eu sempre escrevo que a solução descrita é **uma possível solução**.

```
1.      programa
2.      {
3.          funcao inicio()
4.          {
5.              inteiro a, b
6.              escreva("Digite o 1º valor:")
7.              leia(a)
8.              escreva("Digite o 2º valor:")
9.              leia(b)
10.             inteiro maior
11.             se (a > b)
12.             {
13.                 maior = a
14.             } senao
15.             {
16.                 maior = b
17.             }
18.             escreva("O maior valor lido foi:", maior)
19.         }
20.     }
```

Listagem 22   Versão 2.0 do segundo exercício resolvido de comando de decisão.

Um ponto em que você deve tirar proveito do Portugol Studio é a possibilidade de colocar seu algoritmo para executar, permitindo que a solução dada seja validada. Esse teste é importante para que você tenha certeza de que o seu algoritmo não contém erros, que, no linguajar da computação, são chamados de *bugs*. Assim, não deixe de rodar e testar sempre o seu algoritmo.

Exercício resolvido

Ao chegar ao posto de combustível, você gostaria de calcular quanto vai gastar ao encher o tanque. Faça um algoritmo que leia quantos litros ainda restam no tanque, qual a capacidade do tanque, também em litros, e qual o tipo de combustível para abastecer ("A" para álcool e "G" para gasolina). O preço na bomba é de R$ 5,10 para gasolina e R$ 4,50 para álcool.

Passo 1 – Identificação do problema. Queremos saber quanto vai ser gasto com o abastecimento.

Passo 2 – Quais dados estão envolvidos? Capacidade do tanque, quantidade de litros que ainda estão no tanque, preço do combustível e tipo de combustível.

Passo 3 – Como encontrar os resultados esperados? Para calcularmos o valor, temos que multiplicar a quantidade de litros pelo valor do combustível. A quantidade de litros é a capacidade do tanque menos a quantidade de litros que ainda tem no tanque. Vamos precisar perguntar qual o tipo de combustível para definirmos o valor.

Vamos iniciar o algoritmo pela leitura das variáveis que, neste caso, são três: a capacidade do tanque, a quantidade de litros que ainda tem no tanque e o tipo de combustível.

```
escreva("Digite a capacidade do tanque: ")
leia(capacidade)
escreva("Digite quantos litros ainda tem no tanque: ")
leia(sobra)
escreva("Digite o tipo de combustível: ")
leia(combustivel)
```

Com base no valor do tipo de combustível digitado pelo usuário é que vamos definir qual o valor do combustível. Para isso, teremos que fazer um teste, como podemos ver no trecho de código a seguir.

```
se (combustivel == "A")
{
    valorCombustivel = 4.5
} senao
{
    valorCombustivel = 5.1
}
```

Agora, faremos o cálculo do valor a ser pago, de acordo com o que definirmos no Passo 3. Note que usamos a função **arredondar** da biblioteca **Matematica** para "formatar" o valor com duas casas decimais.

```
valorPago = m.arredondar((capacidade - sobra) * valorCombustivel, 2)
```

Depois de efetuado o cálculo, podemos mostrar resultado por meio do comando **escreva**.

```
escreva("O valor a ser pago é: ", valorPago)
```

A seguir, na Listagem 23, temos o algoritmo completo de uma possível solução para o algoritmo proposto.

```
1.      programa
2.      {
3.              inclua biblioteca Matematica --> m
4.
5.              funcao inicio()
6.              {
7.                      real capacidade, sobra, valorCombustivel, valorPago
8.                      cadeia combustivel
9.                      escreva("Digite a capacidade do tanque:")
10.                     leia(capacidade)
11.                     escreva("Digite quantos litros ainda tem no tanque:")
12.                     leia(sobra)
13.                     escreva("Digite o tipo de combustível:")
14.                     leia(combustivel)
15.                     se (combustivel == "A")
16.                     {
17.                             valorCombustivel = 4.5
18.                     } senao
19.                     {
20.                             valorCombustivel = 5.1
21.                     }
22.                     valorPago = m.arredondar((capacidade - sobra) * valorCombustivel, 2)
23.                     escreva("O valor a ser pago é:", valorPago)
24.              }
25.      }
```

Listagem 23   Terceiro exercício resolvido de comando de decisão.

Um ponto importante desse algoritmo é que, para que o tipo de combustível seja gasolina, o usuário pode digitar G. Entretanto, se ele digitar D, por exemplo, também será considerado o valor 5.1 para o cálculo. Na realidade, o algoritmo só testa corretamente o valor A. Se qualquer outro valor for digitado, o fluxo será deslocado para o **senao**. Tenha essa restrição em mente, pois uma solução 100 % correta teria que obrigar o usuário a digitar A ou G. Contudo, ainda não vamos nos preocupar com esse nível de detalhe.

Exercício resolvido

Pesquisando na internet, Elisa, que sempre brigou com a balança, encontrou a fórmula para saber o peso ideal:

Para homens: Peso ideal = (72,7 * altura) – 58
Para mulheres: Peso ideal = (62,1 * altura) – 44,7

Elisa calculou manualmente a altura ideal dela, mas, para ajudar outras pessoas, ela decidiu fazer um algoritmo em que devem ser lidos a altura e o sexo de uma pessoa e mostre como resultado o peso ideal. Como seria esse algoritmo?

Passo 1 – Identificação do problema. Queremos saber qual o peso ideal de uma pessoa sabendo o sexo e a sua altura.

Passo 2 – Quais dados estão envolvidos? Os dados que devem ser lidos são o sexo e a altura.

Passo 3 – Como encontrar os resultados esperados? Para calcularmos o peso ideal, precisamos aplicar a fórmula, testando inicialmente o sexo para podermos aplicar a expressão correta do enunciado.

Você já deve ter percebido pelos outros algoritmos que a parte inicial normalmente está reservada para a declaração das variáveis e leitura dos dados. Entretanto, nem todos os algoritmos são assim. Isso vai depender muito do problema que está sendo resolvido. De qualquer maneira, neste exercício vamos iniciar por esta parte, como podemos ver no trecho de código.

```
real altura, pesoldeal
caracter sexo
escreva("Qual o sexo (M/F)? ")
leia(sexo)
escreva("Qual a altura (em metros): ")
leia(altura)
```

Deveremos testar se a variável sexo é M ou F. Note que a variável foi definida como **caracter** e o teste deve ser feito com aspas simples. Isso acontece porque variáveis do tipo **caracter**, diferentemente do tipo **cadeia**, utilizam aspas simples.

```
se (sexo == 'M')
```

Note que vamos calcular o peso ideal aplicando a fórmula definida no problema.

```
se (sexo == 'M')
{
    pesoldeal = 72.7 * altura - 58
} senao
{
    pesoldeal = 62.1 * altura - 44.7
}
```

Ao final, podemos imprimir o resultado encontrado.

escreva("O seu peso ideal é:", pesoldeal)

O algoritmo completo pode ser visto na Listagem 24.

```
1.   programa
2.   {
3.        funcao inicio()
4.        {
5.             real altura, pesoldeal
6.             caracter sexo
7.             escreva("Qual o sexo (M/F)? ")
8.             leia(sexo)
9.             escreva("Qual a altura (em metros): ")
10.            leia(altura)
11.            se (sexo == 'M')
12.            {
13.                 pesoldeal = 72.7 * altura - 58
14.            } senao
15.            {
16.                 pesoldeal = 62.1 * altura - 44.7
17.            }
18.            escreva("O seu peso ideal é:", pesoldeal)
19.       }
20.  }
```

Listagem 24 Quarto exercício resolvido de comando de decisão.

Normalmente, utilizamos o peso com até uma casa decimal. Modifique o algoritmo da Listagem 24 para aplicar essa formatação antes de imprimir.

 Exercício resolvido

Todos os anos, Marcela fica em dúvida se o ano vai ter 28 ou 29 dias no mês de fevereiro. Você resolveu ajudar Marcela e fez um algoritmo que lê um valor que representa o ano e identifica se ele é bissexto ou não. Um ano é bissexto se ele for divisível por 400 ou se ele for divisível por 4 e não por 100.

Passo 1 – Identificação do problema. Desejamos saber se determinado ano é bissexto ou não.

Passo 2 – Quais dados estão envolvidos? O ano é o único dado necessário e será digitado pelo usuário.

Passo 3 – Como encontrar os resultados esperados? O próprio enunciado já informa como é que podemos verificar se o ano é bissexto. Só precisamos lembrar que, para sabermos se é divisível, temos de verificar se o resto da divisão é zero.

Estruturas de controle

Vamos começar mais uma vez pela leitura das variáveis, como pode ser visto no trecho de código a seguir.

```
inteiro ano
escreva("Digite o ano: ")
leia(ano)
```

O mais complicado nesta questão é realmente construir uma expressão que consiga definir se o ano é bissexto. Vamos separar este trecho do enunciado em três partes: "Um ano é bissexto se ele for divisível por 400 ou se ele for divisível por 4 e não por 100".

Primeira parte: *ano % 400 == 0*, isto indica que o ano é divisível por 400.
Segunda parte: *ano % 4 == 0*, isto indica que o ano é divisível por 4.
Terceira parte: *ano % 100 != 0*, isto indica que o ano não é divisível por 100.

Agora, basta combinar essas três partes para conseguir descobrir se o ano é bissexto. Veja que criei uma variável lógica que recebeu a expressão.

```
logico bissexto = (ano % 400 == 0) ou
(ano % 4 == 0 e (ano % 100 != 0))
```

Essa variável deve ser usada como teste do comando **se**, como podemos ver no trecho de código:

```
se (bissexto)
{
      escreva(ano, " é um ano bissexto")
} senao
{
      escreva(ano, " não é um ano bissexto")
}
```

A Listagem 25 mostra uma possível solução completa para o exercício que foi proposto.

```
1.      programa
2.      {
3.            funcao inicio()
4.            {
5.                  inteiro ano
6.                  escreva("Digite o ano: ")
7.                  leia(ano)
8.                  logico bissexto = (ano % 400 == 0) ou (ano % 4 == 0 e (ano % 100 != 0))
9.                  se (bissexto)
10.                 {
```

11.		escreva(ano, " é um ano bissexto")
12.		} senao
13.		{
14.		escreva(ano, " não é um ano bissexto")
15.		}
16.	}	
17.	}	

Listagem 25   Quinto exercício resolvido de comando de decisão.

Gostou dos exemplos iniciais? Vamos tentar complicar um pouco mais. Conforme comentei anteriormente, é possível que dentro de um bloco, ou seja, dentro dos símbolos de chaves { e } tenhamos mais de um comando. Poderia ser outro comando **se**? Caso a resposta seja sim, teríamos um **se** dentro de outro **se**, percebe?

O que você me diz? Pode ou não pode? A resposta é sim. A beleza dos algoritmos está nisso. Podemos combinar comandos oferecendo alta flexibilidade para a solução dos problemas. Vou te propor outros algoritmos e você vai perceber que, se não pudéssemos ter um **se** dentro de outro, não teríamos como resolvê-los.

 Exercício resolvido

Ao final do brasileirão deste ano, deseja-se saber quem foi o artilheiro do campeonato. Faça um algoritmo que leia o nome e o número de gols dos três jogadores com mais gols no brasileirão e mostre o nome do artilheiro.

Passo 1 – Identificação do problema. Desejamos saber quem é o artilheiro do campeonato.

Passo 2 – Quais dados estão envolvidos? Serão lidos três nomes de jogadores e o respectivo número de gols.

Passo 3 – Como encontrar os resultados esperados? Para sabermos quem fez mais gols, temos que testar se a quantidade de gols do primeiro jogador é maior que a do segundo e o do terceiro. Se isso for verdadeiro, o primeiro será o artilheiro. Se for falso, o artilheiro será ou o segundo ou o terceiro jogador. Para descobrir quem é, basta comparar os dois últimos.

Inicialmente, vamos declarar as variáveis que serão utilizadas. Note que já declarei também uma variável que vai guardar o nome do artilheiro do campeonato.

cadeia jogador1, jogador2, jogador3, artilheiro
inteiro numGols1, numGols2, numGols3

Para cada jogador eu devo ler o nome e a quantidade de gols que ele fez.

escreva("Digite o nome do jogador: ")
leia(jogador1)
escreva("Quantos gols ", jogador1, " fez? ")
leia(numGols1)
escreva("Digite o nome do jogador: ")
leia(jogador2)

Estruturas de controle

```
escreva("Quantos gols ", jogador2, " fez? ")
leia(numGols2)
escreva("Digite o nome do jogador: ")
leia(jogador3)
escreva("Quantos gols ", jogador3, " fez? ")
leia(numGols3)
```

Se fizermos o teste a seguir e a condição for verdadeira, podemos garantir que quem fez mais gols é o **jogador1**, uma vez que ele fez mais gols que o **jogador2** e que o **jogador3**.

```
se (numGols1 > numGols2 e numGols1 > numGols3)
```

Assim, já poderia imprimir que o **jogador1** é o artilheiro. Contudo, como estou utilizando uma variável auxiliar, posso fazer a atribuição para ela como mostrado no trecho de código:

```
se (numGols1 > numGols2 e numGols1 > numGols3)
{
      artilheiro = jogador1
}
```

Caso o **jogador1** não seja o artilheiro, terei que descobrir se o artilheiro é o **jogador2** ou o **jogador3**. Para isso, devo fazer um novo teste dentro do **senao** usando o teste anterior.

```
se (numGols1 > numGols2 e numGols1 > numGols3)
{
      artilheiro = jogador1
} senao
{
      se (numGols2 > numGols3)
      {
              artilheiro = jogador2
      } senao
      {
              artilheiro = jogador3
      }
}
```

Depois dos testes, já posso imprimir quem foi o artilheiro do campeonato.

```
escreva("O artilheiro do campeonato foi: ", artilheiro)
```

Na Listagem 26, temos uma possível solução para o problema que foi proposto.

```
1.      programa
2.      {
3.              funcao inicio()
4.              {
5.                      cadeia jogador1, jogador2, jogador3, artilheiro
6.                      inteiro numGols1, numGols2, numGols3
7.                      escreva("Digite o nome do jogador: ")
8.                      leia(jogador1)
9.                      escreva("Quantos gols ", jogador1, " fez? ")
10.                     leia(numGols1)
11.                     escreva("Digite o nome do jogador: ")
12.                     leia(jogador2)
13.                     escreva("Quantos gols ", jogador2, " fez? ")
14.                     leia(numGols2)
15.                     escreva("Digite o nome do jogador: ")
16.                     leia(jogador3)
17.                     escreva("Quantos gols ", jogador3, " fez? ")
18.                     leia(numGols3)
19.                     se (numGols1 > numGols2 e numGols1 > numGols3)
20.                     {
21.                             artilheiro = jogador1
22.                     } senao
23.                     {
24.                             se (numGols2 > numGols3)
25.                             {
26.                                     artilheiro = jogador2
27.                             } senao
28.                             {
29.                                     artilheiro = jogador3
30.                             }
31.                     }
32.                     escreva("O artilheiro do campeonato foi: ", artilheiro)
33.             }
34.     }
```

Listagem 26   Sexto exercício resolvido de comando de decisão.

 Exercício resolvido

Na Escola Estudantes Nerds, a média para passar direto é 7,0 – que deve ser obtida em duas notas. Se o aluno passar direto, deve ser exibida a mensagem "Aluno aprovado por média". Porém, a escola oferece uma chance de recuperação na qual o aluno faz outra prova, recalculando a média com as três notas. Caso essa nova média seja maior que 6,0, deve ser exibida uma mensagem "Aluno aprovado na recuperação", caso contrário o aluno reprova e será exibida a mensagem "Aluno reprovado".

Estruturas de controle

Passo 1 – Identificação do problema. Desejamos saber se o aluno foi aprovado ou reprovado.

Passo 2 – Quais dados estão envolvidos? Os dados são as notas do aluno. Com as notas, podemos calcular a média para saber se o aluno foi aprovado.

Passo 3 – Como encontrar os resultados esperados? Primeiro, deve ser calculada a média com duas notas. O aluno será considerado aprovado se essa média for maior ou igual a 7,0. Se for menor, uma nota deve ser lida e a média precisa ser recalculada agora com as três notas. Caso essa nova média seja maior ou igual a 6,0, o aluno será considerado aprovado. Se for menor, vai estar reprovado.

Teremos de iniciar a solução do problema lendo as duas notas do aluno, como podemos ver no seguinte trecho de código:

```
real nota1, nota2
escreva("Digite a 1ª nota: ")
leia(nota1)
escreva("Digite a 2ª nota: ")
leia(nota2)
```

Para calcularmos a média do aluno, temos que somar as duas notas e dividir por 2, como podemos ver no trecho de código:

```
real media = (nota1 + nota2) / 2
```

Caso a média seja maior que 7,0, o aluno está aprovado e podemos imprimir o resultado.

```
se (media >= 7)
{
    escreva("Aprovado por média \n")
}
```

Mas se o aluno não conseguiu atingir a média 7,0, uma nova nota deve ser lida e devemos recalcular a média, dessa vez com três notas. Note que isso está sendo feito no **senao** da média >= 7. Importante prestar atenção que teremos de adicionar uma declaração para **nota3**, mas isso não está exibido no trecho de código.

```
se (media >= 7)
{
    escreva("Aprovado por média \n")
} senao
{
    escreva("Digite a nota da recuperação: ")
    leia(nota3)
    media = (nota1 + nota2 + nota3) / 3
}
```

70   Capítulo 6

Agora, devemos adicionar o teste da média >= 6 para saber se o aluno foi aprovado na recuperação ou se foi reprovado.

```
se (media >= 7)
{
    escreva("Aprovado por média \n")
} senao
{
    escreva("Digite a nota da recuperação: ")
    leia(nota3)
    media = (nota1 + nota2 + nota3) / 3
    se (media >= 6)
    {
            escreva("Aprovado na recuperação \n")
    } senao
    {
            escreva("Reprovado \n")
    }
}
```

No final, podemos imprimir a média do aluno. Importante enfatizar que deve ser colocada fora do primeiro **se**, uma vez que temos de imprimir a média em qualquer situação.

```
escreva("A média foi: ", m.arredondar(media, 1))
```

Veja uma possível solução completa do problema na Listagem 27. Importante notar que o bloco do **senao** da **media** >= 7 vai da linha 16 até a linha 27 e é composto de vários comandos.

```
1.      programa
2.      {
3.      inclua biblioteca Matematica --> m
4.          funcao inicio()
5.          {
6.                  real nota1, nota2, nota3
7.                  escreva("Digite a 1ª nota: ")
8.                  leia(nota1)
9.                  escreva("Digite a 2ª nota: ")
10.                 leia(nota2)
11.                 real media = (nota1 + nota2) / 2
12.                 se (media >= 7)
13.                 {
14.                         escreva("Aprovado por média \n")
15.                 } senao
16.                 {
```

Estruturas de controle 71

```
17.                        escreva("Digite a nota da recuperação: ")
18.                        leia(nota3)
19.                        media = (nota1 + nota2 + nota3) / 3
20.                        se (media >= 6)
21.                        {
22.                                escreva("Aprovado na recuperação \n")
23.                        } senao
24.                        {
25.                                escreva("Reprovado \n")
26.                        }
27.                    }
28.                    escreva("A média foi: ", m.arredondar(media, 1))
29.                }
30.        }
```

Listagem 27 Sétimo exercício resolvido de comando de decisão.

Veja que os últimos algoritmos resolvidos mostraram que é possível ter um comando **se** fazendo parte do bloco de outro comando **se**. Existe uma pequena variação do comando **se** no qual, logo após o **senao**, colocamos outro **se**. Na literatura, você vai encontrar que eles são chamados de **SEs aninhados** ou **SEs indentados**.

A seguir, trago essa nova sintaxe:

```
se (condição1)
{
// lista de comandos que serão executados caso a condição1
//seja verdadeira
} senao se (condição2)
{
// lista de comandos que serão executados caso a condição2
// seja verdadeira
} senao
{
// lista de comandos que serão executados caso a condição2
// seja falsa
}
```

Este recurso é utilizado normalmente para testarmos faixas de valores, como podemos ver na Listagem 28. Embora eu não tenha escrito o enunciado desse algoritmo, fica claro que queremos identificar como foi o desempenho de um aluno avaliando a sua nota.

```
1.        programa
2.        {
3.                funcao inicio()
4.                    {
```

```
5.          real nota
6.          escreva("Digite a nota: ")
7.          leia(nota)
8.          se (nota >= 9)
9.          {
10.             escreva("O aluno teve ótimo desempenho")
11.         } senao se (nota >= 7)
12.         {
13.             escreva("O aluno teve bom desempenho")
14.         } senao se (nota >= 5)
15.         {
16.             escreva("O aluno teve desempenho regular")
17.         } senao
18.         {
19.             escreva("O aluno teve desempenho ruim")
20.         }
21.     }
22. }
```

Listagem 28 Exemplo de SEs indentados.

Se desejássemos fazer uma "engenharia reversa" do algoritmo, ou seja, a partir do código criar o enunciado da questão, a parte que identifica a faixa de valores para a nota poderia ser como mostrada na Tabela 6.1. A solução dada na Listagem 28 foi feita testando das notas maiores para as notas menores, mas poderia ser feito de forma contrária.

Tabela 6.1 Faixa de valores do exercício de SEs aninhados

Nota	Avaliação
Menor do que 5.0	O aluno teve mau desempenho
Maior ou igual a 5.0 e menor que 7.0	O aluno teve desempenho regular
Maior ou igual a 7.0 e menor que 9.0	O aluno teve um bom desempenho
Maior ou igual a 9.0	O aluno teve um ótimo desempenho

 Algoritmo proposto (s01e04)

Refaça o algoritmo da Listagem 28 para que o primeiro teste seja com (nota < 5).

Estruturas de controle

Aponte seu *smartphone* para o QR Code ao lado para abrir o vídeo do YouTube em que mostro a solução do exercício proposto.

uqr.to/19798

 Lógica do algoritmo

Verifique o que é impresso se o valor lido for 10 e faça o enunciado dessa questão.

```
1.   programa
2.   {
3.       funcao inicio()
4.       {
5.           inteiro valor
6.           escreva("Digite um valor: ")
7.           leia(valor)
8.           se (valor < 0)
9.           {
10.              escreva("O número é negativo")
11.          } senao se (valor > 0)
12.          {
13.              escreva("O número é positivo")
14.          } senao
15.          {
16.              escreva("O número é zero")
17.          }
18.      }
19.  }
```

Listagem 29   Primeiro exercício de lógica do algoritmo de SEs indentados.

 Complete o algoritmo

A Escola Estudantes Nerds faz o pagamento de seus professores com base em hora/aula. Faça um algoritmo que leia o nível e a quantidade de horas dadas pelo professor para poder calcular seu salário. Sabe-se que o valor da hora/aula pode ser visto a seguir:

Professor Nível 1 – R$ 30,00 por hora/aula
Professor Nível 2 – R$ 37,50 por hora/aula
Professor Nível 3 – R$ 45,00 por hora/aula

```
1.      programa
2.      {
3.              funcao inicio()
4.              {
5.                      inteiro ???
6.                      inteiro horas
7.                      escreva("Qual o nível do professor:")
8.                      leia(nivel)
9.                      escreva("Quantidade de horas trabalhadas:")
10.                     leia( ??? )
11.                     ??? salario = 0
12.                     se ( ??? )
13.                     {
14.                             salario = horas * 30
15.                     } senao ???
16.                     {
17.                             salario = ???
18.                     } senao
19.                     {
20.                             salario = horas * 45
21.                     }
22.                     ???
23.              }
24.     }
```

Listagem 30   Primeiro exercício resolvido de SEs indentados.

 Exercício resolvido

Faça um algoritmo que leia dois valores inteiros e depois permita escolher qual a operação que se quer realizar (soma, subtração, multiplicação ou divisão).

Passo 1 – Identificação do problema. Desejamos fazer uma operação entre dois valores lidos.

Passo 2 – Quais dados estão envolvidos? Os dados são a operação (soma, subtração, multiplicação ou divisão) que precisa ser feita e os dois valores.

Passo 3 – Como encontrar os resultados esperados? Precisamos testar cada uma das possíveis operações. Em cada teste, executo a operação. Por exemplo, se a operação for igual a + vou somar os valores lidos.

Vamos iniciar pela leitura dos dois valores inteiros. Note no trecho de código que também fiz a declaração das variáveis que serão lidas.

```
inteiro a, b
escreva("Digite o 1º valor:")
leia(a)
escreva("Digite o 2º valor:")
leia(b)
```

Estruturas de controle

Agora, conforme definido pelo problema, temos que ler qual a operação que deve ser feita.

```
escreva("Qual a operação quer fazer (+ - * /)?")
caracter operacao
leia (operacao)
```

Vejamos no trecho de código para quando a operação desejada seja a de soma.

```
real resultado
se (operacao == '+')
{
     resultado = a + b
}
```

Agora, temos o teste completo para todas as operações usando o **senao se**.

```
se (operacao == '+')
{
     resultado = a + b
} senao se (operacao == '-')
{
     resultado = a - b
} senao se (operacao == '*')
{
     resultado = a * b
} senao
{
     resultado = a / b
}
```

Depois dos testes e do cálculo, podemos fazer a impressão do resultado.

```
escreva("O resultado da operação é: ", resultado)
```

Na Listagem 31, temos uma possível solução para o exercício proposto.

```
1.    programa
2.    {
3.         funcao inicio()
4.         {
5.              inteiro a, b
6.              escreva("Digite o 1º valor: ")
7.              leia(a)
8.              escreva("Digite o 2º valor: ")
```

```
9.              leia(b)
10.             escreva("Qual a operação quer fazer (+ - * /)?")
11.             caracter operacao
12.             leia (operacao)
13.             real resultado
14.             se (operacao == '+')
15.             {
16.                     resultado = a + b
17.             } senao se (operacao == '-')
18.             {
19.                     resultado = a - b
20.             } senao se (operacao == '*')
21.             {
22.                     resultado = a * b
23.             } senao
24.             {
25.                     resultado = a / b
26.             }
27.             escreva("O resultado da operação é:", resultado)
28.     }
29. }
```

Listagem 31   Segundo exercício resolvido de SEs indentados.

O que acontece se você digitar zero no segundo valor e escolher a operação de divisão? Como você resolveria esse problema?

 Algoritmo proposto (s01e05)

Faça alteração do algoritmo da Listagem 31 para que, quando o usuário digitar um símbolo que não represente uma das operações, seja impressa a mensagem "A operação não é válida".

Aponte seu *smartphone* para o QR Code ao lado para abrir o vídeo do YouTube em que mostro a solução do exercício proposto.

uqr.to/1979a

Exercício resolvido

No período da *Black Friday*, as lojas Sulamericanas sempre fazem promoção para seus clientes dando descontos baseados no valor da compra. Você trabalha no setor de TI da loja e precisa fazer um algoritmo que calcule o desconto de uma compra efetuada obedecendo aos seguintes percentuais:

- 5 % de desconto se a compra for menor ou igual que R$ 2.000,00.
- 10 % de desconto se a compra for maior que R$ 2.000,00 e menor ou igual a R$ 3.000,00.
- 15 % de desconto se for maior que R$ 3.000,00.

Passo 1 – Identificação do problema. Desejamos calcular o valor de desconto aplicado em uma compra.

Passo 2 – Quais dados estão envolvidos? Os dados são o valor da compra, as três faixas de preços e os valores de desconto em cada faixa.

Passo 3 – Como encontrar os resultados esperados? O valor de desconto é calculado multiplicando o valor da compra por 0.05 no caso de 5 %, 0.1 no caso de 10 % e 0.15 no caso de 15 %. Precisamos testar cada uma das faixas para aplicarmos o desconto correto.

Vamos, inicialmente, fazer a leitura do valor da compra. Note que declarei, além da variável **valor**, a variável que será usada para calcular o desconto.

```
real valor, desconto
escreva("Qual o valor da compra? ")
leia(valor)
```

Agora, temos que testar cada uma das faixas para aplicarmos o desconto correto, conforme foi discutido no Passo 3.

```
se (valor <= 2000)
{
    desconto = valor * 0.05
} senao se (valor <= 3000)
{
    desconto = valor * 0.1
} senao
{
    desconto = valor * 0.15
}
```

No fim, podemos imprimir os resultados encontrados, como pode ser visto no trecho de código:

```
escreva("O desconto para a compra de R$ ",valor," é de R$ ", desconto)
```

Na Listagem 32, temos uma possível solução completa do problema apresentado.

```
1.      programa
2.      {
3.              funcao inicio()
4.              {
5.                      real valor, desconto
6.                      escreva("Qual o valor da compra? ")
7.                      leia(valor)
8.                      se (valor <= 2000)
9.                      {
10.                             desconto = valor * 0.05
11.                     } senao se (valor <= 3000)
12.                     {
13.                             desconto = valor * 0.1
14.                     } senao
15.                     {
16.                             desconto = valor * 0.15
17.                     }
18.                     escreva("O desconto para a compra de R$ ",valor," é de R$ ", desconto)
19.              }
20.     }
```

Listagem 32   Terceiro exercício resolvido de SEs indentados.

6.2.2 Estrutura escolha-caso

Outra estrutura de decisão é o comando **escolha-caso**. Ela é uma solução parecida com os SEs aninhados, porém com sintaxe mais elegante. Uma diferença é que no comando **escolha-caso** não podemos testar faixas de valores, como mostramos, por exemplo, na Listagem 32. Em vez disso, temos o teste de uma variável junto a um conjunto de valores predeterminados. Seria algo semelhante a perguntas do tipo múltipla escolha, em que você pode escolher apenas uma delas. A seguir, temos a sintaxe do comando **escolha-caso**:

```
escolha (variavelTeste)
{
caso valor1:
// bloco de comandos
pare
caso valor2:
// bloco de comandos
pare
caso valorN:
// bloco de comandos
pare
}
```

O comando **escolha-caso** se comporta da seguinte forma. O valor de **variavelTeste** é comparado com cada um dos valores dos casos. Se encontrado um valor igual, será executado o bloco de comandos correspondente. O fluxograma para a sintaxe do comando **escolha-caso** pode ser visto na Figura 6.5.

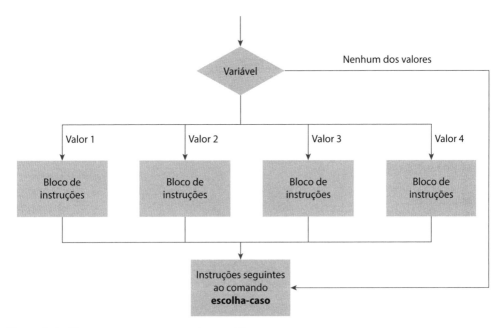

Figura 6.5 Fluxograma para comando **escolha-caso**.

Na Listagem 33, temos um exemplo de uso do comando **escolha-caso**. Você pode ver que um valor foi lido do teclado e esse valor foi comparado com os números 1, 2 e 3. Se o usuário digitou um desses valores, será executado o bloco correspondente. Contudo, se o usuário digitar outro número, **nada será feito**.

```
1.      programa
2.      {
3.          funcao inicio()
4.          {
5.              inteiro n
6.              escreva("Digite um número: ")
7.              leia(n)
8.              escolha (n)
9.              {
10.                 caso 1:
11.                     escreva("O valor digitado foi 1")
12.                     pare
13.                 caso 2:
14.                     escreva("O valor digitado foi 2")
```

```
15.                       pare
16.                       caso 3:
17.                           escreva("O valor digitado foi 3")
18.                       pare
19.                }
20.            }
21.        }
```

Listagem 33 Exemplo de comando **escolha-caso**.

Alternativamente, podemos utilizar **caso contrario** se desejamos executar um bloco de comandos quando nenhum dos valores do **caso** corresponder à variável. Vejamos como fica a sintaxe:

```
escolha (variavelTeste)
{
caso valor1:
// bloco de comandos
pare
caso valor2:
// bloco de comandos
pare
caso valorN:
// bloco de comandos
pare
caso contrario:
// bloco de comandos
}
```

Na Figura 6.6, podemos ver o fluxograma quando utilizamos **caso contrario** como alternativa aos valores de cada caso.

Ao contrário da primeira sintaxe, se nenhum dos valores for igual a **variavelTeste**, o bloco de comandos do **caso contrario** será executado. Na Listagem 34, temos um exemplo de uso. Veja que, se o usuário digitar um valor diferente de 1, 2 ou 3, o bloco de comandos do **caso contrario** será executado.

Estruturas de controle

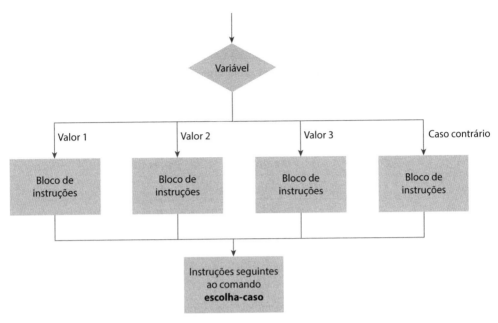

Figura 6.6   Fluxograma da sintaxe de **escolha-caso** com **caso contrario**.

```
1.      programa
2.      {
3.              funcao inicio()
4.              {
5.                      inteiro n
6.                      escreva("Digite um número: ")
7.                      leia(n)
8.                      escolha (n)
9.                      {
10.                             caso 1:
11.                                     escreva("O valor digitado foi 1")
12.                             pare
13.                             caso 2:
14.                                     escreva("O valor digitado foi 2")
15.                             pare
16.                             caso 3:
17.                                     escreva("O valor digitado foi 3")
18.                             pare
19.                             caso contrario :
20.                                     escreva("O valor digitado é diferente de 1, 2 ou 3")
21.                     }
22.             }
23.     }
```
Listagem 34   Exemplo de uso com **caso contrario**.

Exercício resolvido

A empresa Super Construções Ltda. concederá um aumento de salário aos seus funcionários, que será variável de acordo com o cargo, conforme a tabela a seguir. Faça um algoritmo que leia o salário e o código do cargo de um funcionário e calcule o novo salário. Se o cargo do funcionário não estiver na tabela, ele deverá receber 40 % de aumento. Mostre o salário antigo, o novo salário e a diferença.

Código	Cargo	Percentual
101	Gerente	10 %
102	Engenheiro	20 %
103	Técnico	30 %

Passo 1 – Identificação do problema. Desejamos calcular o novo salário de um funcionário baseado no cargo.

Passo 2 – Quais dados estão envolvidos? Os dados são o código do cargo, o salário atual, o percentual de reajuste e o salário novo.

Passo 3 – Como encontrar os resultados esperados? O valor de reajuste é aplicado conforme o cargo. Assim, é necessário testar cada código para utilizar o percentual correto. Para aumentar 10 % multiplicamos por 1.1, para 20 % multiplicamos por 1.2, para 30 % multiplicamos por 1.3 e para 40 % multiplicamos por 1.4. Com o salário novo calculado, é possível calcular a diferença diminuindo do salário atual.

A primeira coisa que você deve estar se perguntando é se precisa ou não ler a descrição do cargo do funcionário. Pelo enunciado do problema, não precisa. Para calcular o percentual do reajuste, o problema pede para ler o código e não a descrição do cargo. Sempre preste atenção ao que está sendo solicitado para não utilizar dados desnecessários ou calcular valores sem necessidade.

O que temos que fazer inicialmente é ler o código do cargo e o salário atual, como podemos ver no trecho de código. Note que já estou declarando também uma variável para o novo salário.

```
real salario, salarioNovo
inteiro cargo
escreva("Digite o código do cargo: ")
leia(cargo)
escreva("Digite o salário: ")
leia(salario)
```

Depois disso, precisamos calcular o novo salário a partir do reajuste dado para cada cargo. O comando **escolha-caso** é a melhor opção neste cenário. Foi utilizada a opção **caso contrario**, visto que, se o código do cargo for diferente do mostrado na tabela do enunciado, o reajuste será de 40 %.

Estruturas de controle

```
escolha (cargo){
    caso 101:
            salarioNovo = salario * 1.1
    pare
    caso 102:
            salarioNovo = salario * 1.2
    pare
    caso 103:
            salarioNovo = salario * 1.3
    pare
    caso contrario:
            salarioNovo = salario * 1.4
    pare
}
```

Por fim, temos que fazer a impressão dos valores calculados. O problema pede para imprimir o salário atual, o salário novo e a diferença.

```
escreva("Salário atual: R$ ", salario, "\n")
escreva("Salário novo: R$ ", salarioNovo, "\n")
escreva("Diferença: R$ ", salarioNovo-salario, "\n")
```

Um último detalhe do problema é a dúvida sobre se você precisa criar uma variável para calcular a diferença. Pela solução da Listagem 35, você pode ver que não precisa. Se você criar, tem algum problema? Para esse caso, não. Talvez você ache até mais legível o uso de outra variável. Mas é bom ter em mente **que toda variável é um espaço de memória** a mais que você utiliza do seu equipamento. Assim, faça como dizem os consultores financeiros: "economize quanto puder".

```
1.      programa
2.      {
3.              funcao inicio()
4.              {
5.                      real salario, salarioNovo
6.                      inteiro cargo
7.                      escreva("Digite o código do cargo: ")
8.                      leia(cargo)
9.                      escreva("Digite o salário: ")
10.                     leia(salario)
11.                     escolha (cargo){
12.                             caso 101:
13.                                     salarioNovo = salario * 1.1
14.                             pare
15.                             caso 102:
```

16.	salarioNovo = salario * 1.2
17.	pare
18.	caso 103:
19.	salarioNovo = salario * 1.3
20.	pare
21.	caso contrario:
22.	salarioNovo = salario * 1.4
23.	pare
24.	}
25.	escreva("Salário atual: R$ ", salario, "\n")
26.	escreva("Salário novo: R$ ", salarioNovo, "\n")
27.	escreva("Diferença: R$ ", salarioNovo-salario, "\n")
28.	}
29.	}

Listagem 35   Primeiro exercício resolvido de **escolha-caso**.

Altere o algoritmo da Listagem 35 para arredondar os valores calculados para duas casas decimais.

 Complete o algoritmo

Faça um algoritmo que leia um caractere S, C ou D, que representa o estado civil de uma pessoa, e mostre Solteiro, Casado ou Divorciado, respectivamente. Caso o usuário digite um valor diferente, deverá ser impresso "Outro".

1.	programa
2.	{
3.	funcao inicio()
4.	{
5.	???
6.	escreva("Digite a sigla do estado civil: ")
7.	leia(sigla)
8.	???
9.	{
10.	caso ???
11.	escreva("Solteiro")
12.	pare
13.	???
14.	escreva("Casado")
15.	pare
16.	caso 'D':
17.	escreva("Divorciado")
18.	pare
19.	???

Estruturas de controle

20.		escreva("Outro")
21.		pare
22.		}
23.	}	
24.	}	

Listagem 36   Segundo exercício resolvido de **escolha-caso**.

Estamos encerrando a primeira parte do capítulo. Nas estruturas de repetição que veremos a seguir, vamos utilizar, em quase todos elas, tanto a estrutura **se** quanto a estrutura **escolha-caso**. Você terá muitos exercícios para praticar. É hora de dar uma respirada, pois as estruturas de repetição é que normalmente causam mais dúvidas para quem está começando.

 Aprimore seus conhecimentos

1. Faça um algoritmo que leia a sigla de um dos estados do Brasil e informe a qual região ele pertence.
2. Para ajudar o TRE, você fez um algoritmo que lê a idade de uma pessoa e informa a condição do eleitor conforme a tabela a seguir.

Idade	Condição
Menor de 16 anos	Não está apto a votar
Entre 18 e 64 anos	Obrigatório
Maior ou igual a 16 e menor que 18 OU maior ou igual a 70	Facultativo

3. Na loja de material de construção de Seu Marcos, ele aplicou a seguinte lógica de lucro sobre os produtos: se o valor da compra do produto for menor que R$ 10,00, o lucro deve ser de 30 %, caso contrário o lucro deve ser de 20 %. Faça um algoritmo que leia o valor de um produto e calcule o preço final e o valor do lucro obtido com a venda dele.
4. O BancoDigital oferece empréstimos que são baseados no rendimento do cliente. Contudo, o valor máximo da prestação não pode ser maior que 15 % da renda. Faça um algoritmo que permita digitar o salário bruto, o valor total do empréstimo e o número de parcelas. O algoritmo deverá informar se o empréstimo pode ser concedido ou não.
5. Faça um algoritmo que leia um número inteiro e tenha como saída uma das seguintes opções:
   - Par e positivo.
   - Par e negativo.
   - Ímpar e positivo.
   - Ímpar e negativo.
6. Na área de segurança da informação, a senha é um ponto importante e normalmente existem algumas regras que devem ser seguidas para a construção de senhas mais seguras.

86   Capítulo 6

Faça um algoritmo que leia uma senha e indique se ela poderá ser usada ou não. As regras para essa senha são as seguintes:
- Deve ter exatamente quatro dígitos.
- Não pode repetir o mesmo número em nenhuma das quatro posições. Ex.: 2222 não pode!

6.3 Estruturas de repetição

Você provavelmente já ouviu falar que os computadores são bons para executar tarefas repetitivas. São mesmo. Para nós humanos, é entediante executar tarefas que se repetem e em muitas situações cometemos erros justamente porque perdemos o interesse na atividade. Os computadores, ao contrário de nós, irão executar as tarefas sem se entediar, as realizarão muito mais rápido que qualquer ser humano e, se bem programados, sem nenhum tipo de erro. Dessa forma, faz todo o sentido deixar esse trabalho duro para os computadores. Contudo, até este momento não vimos problemas envolvendo ações que devam ser repetidas. Já resolvemos dezenas de problemas, mas sempre utilizando fluxo sequencial e alternativo, nunca repetição.

Acredito que você já deva estar convencido de que executar ações repetidas é importante, mesmo assim gostaria de dar alguns exemplos para que perceba a importância do que iremos estudar.

Imagine como é o funcionamento do sistema acadêmico de onde você estudou ou está estudando. Em algum momento, as notas serão processadas para aferir se os alunos da turma estão aprovados ou reprovados. Como você acha que é esse processamento agora que conhece um pouco sobre algoritmos? O sistema vai pegar determinado aluno, somar as suas notas, calcular a média e, baseado na definição do valor mínimo de aprovação, vai definir o *status* final do aluno. É simples, você já fez um algoritmo semelhante. A pergunta agora é: cada turma tem somente um aluno? É muito provável que não. Nesse caso, o sistema precisa fazer a mesma coisa para cada um dos **n** alunos das dezenas (ou centenas) de turmas. Note que você precisará executar exatamente os mesmos comandos, o que muda são os dados (o aluno e as notas). É exatamente nesta situação que utilizamos as estruturas de repetição.

Pense agora naquela sua *playlist* em que você passou horas para escolher as músicas. Quando você coloca para tocar, o seu aplicativo vai dar *play* na primeira música, assim que terminar ele pegará a segunda música, depois a terceira e continuará nessa repetição até que a *playlist* acabe ou você aperte o *pause*.

Quando você está no caixa de um supermercado com seu carrinho de compras, cada produto vai sendo lido e adicionado para que ao final possa ser definido o valor total da compra. Mas, para que isso ocorra, você deve entender que a lógica (o algoritmo) por trás da caixa registradora é fazer repetidamente a leitura do produto e somar o valor individual com o valor total.

Eu poderia deixar outros vários exemplos, mas isso não é necessário, pois você já entendeu. O importante é saber que todas as aplicações profissionais executarão em algum momento repetições. Dessa forma, preciso que você aprenda muito bem para que servem e em que momento você deve usar as estruturas de repetição dentro dos seus algoritmos.

Na literatura, as estruturas de repetição são chamadas também de **laços** ou ***loops***. Elas podem ser divididas em dois tipos:

- **Laços contados**: são utilizados quando conhecemos previamente a quantidade de vezes que o bloco de comandos será executado.
- **Laços condicionais**: são utilizados quando não se sabe quantas vezes o bloco de comandos será executado, uma vez que o controle da repetição está vinculado a uma condicional que é modificada dentro desse mesmo bloco.

No Portugol Studio, temos três comandos de repetição que são o **enquanto**, o **faça-enquanto** e o **para**. A seguir, veremos a sintaxe, os detalhes, exemplos e exercícios de cada um deles.

6.3.1 Estrutura de repetição enquanto

A estrutura de repetição usando o comando **enquanto** permite que você possa definir um bloco de comandos que serão executados várias vezes. A quantidade de repetições depende de uma condição. Enquanto a condição for verdadeira, o laço será executado mais uma vez. Sendo assim, é importante que dentro do laço, em algum momento, um dos comandos torne essa condição falsa para que o laço seja interrompido. Um erro muito comum quando estamos aprendendo algoritmos é criar *loops* infinitos, ou seja, uma repetição que não acaba nunca.

Vejamos a sintaxe do comando **enquanto**:

enquanto (condição)
{
// bloco de comandos que serão repetidos
}

Você pode achar a sintaxe simples demais. Eu também acho, mas é uma estrutura fundamental para resolver a grande maioria dos algoritmos. Assim, é importante que você entenda em quais situações deverá usar. Antes de começar os exemplos do comando **enquanto**, gostaria que você olhasse para a Figura 6.7.

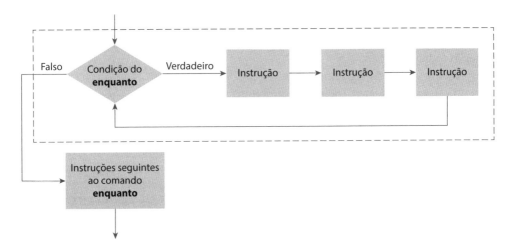

Figura 6.7 Fluxograma para a sintaxe do comando **enquanto**.

O comando **enquanto** é o que está dentro da linha tracejada. Note que a primeira coisa a ser feita é o teste da condição. Se a condição for verdadeira, todas as instruções dentro do bloco serão executadas. Após a execução da última instrução, o fluxo retorna para o teste da condição. Caso a condição seja verdadeira, o bloco será executado mais uma vez. Se a condição for falsa, o fluxo será deslocado para a primeira instrução fora do bloco. Na literatura da computação, cada execução do bloco de comandos da repetição é chamada de **iteração**.

Vamos iniciar os nossos exemplos do comando **enquanto** com um problema bem simples. Imagine que o problema a ser resolvido seja imprimir a tabuada de um número que é lido pelo usuário. Imaginando que o número lido foi 5, o resultado tem que ser no seguinte formato:

$5 \times 1 = 5$
$5 \times 2 = 10$
$5 \times 3 = 15$
$5 \times 4 = 20$
$5 \times 5 = 25$
$5 \times 6 = 30$
$5 \times 7 = 35$
$5 \times 8 = 40$
$5 \times 9 = 45$
$5 \times 10 = 50$

Eu poderia dar, de primeira, a solução usando o comando **enquanto**, mas é nesse ponto que muitas vezes nós professores erramos. Para quem conhece algoritmos, a solução deste problema é simples, mas para quem está em processo de aprendizado, como você, é melhor aprender com passos menores. Sendo assim, prefiro fazer duas versões diferentes, sem usar a repetição, para depois chegar à solução com o comando **enquanto**.

Como qualquer outro algoritmo, temos que responder os três passos:

Passo 1 – Identificação do problema. Queremos imprimir a tabuada de 1 a 10.

Passo 2 – Quais dados estão envolvidos? O número digitado pelo usuário.

Passo 3 – Como encontrar os resultados esperados? Para imprimir a tabuada, é necessário multiplicar o número lido por cada valor entre 1 e 10. Temos que formatar a saída e pular de linha após cada impressão.

A primeira versão do algoritmo pode ver vista na Listagem 37. Nas linhas 5 a 7, temos a leitura do valor pelo usuário. Da linha 8 até a linha 17, temos a impressão da tabuada exatamente no formato que foi solicitado pelo problema. Vamos analisar, por exemplo, a linha 13:

```
escreva(num, " × 6", " = ", num * 6, "\n")
```

Essa instrução vai ser executada da seguinte forma: primeiro vai imprimir o valor de **num**, depois imprime a *string* "× 6", a seguir outra *string* "=", depois ela vai imprimir o resultado da multiplicação de **num** vezes 6 e por último ela pula de linha com o comando "\n". Se o valor de **num** for 4, o resultado da linha **escreva** será o seguinte:

$4 \times 6 = 24$

Estruturas de controle

89

É exatamente isso que não queremos. Então, estamos no caminho certo.

```
1.      programa
2.      {
3.              funcao inicio()
4.              {
5.                      inteiro num
6.                      escreva("Digite um número: ")
7.                      leia(num)
8.                      escreva(num, " × 1", " = ", num * 1, "\n")
9.                      escreva(num, " × 2", " = ", num * 2, "\n")
10.                     escreva(num, " × 3", " = ", num * 3, "\n")
11.                     escreva(num, " × 4", " = ", num * 4, "\n")
12.                     escreva(num, " × 5", " = ", num * 5, "\n")
13.                     escreva(num, " × 6", " = ", num * 6, "\n")
14.                     escreva(num, " × 7", " = ", num * 7, "\n")
15.                     escreva(num, " × 8", " = ", num * 8, "\n")
16.                     escreva(num, " × 9", " = ", num * 9, "\n")
17.                     escreva(num, " × 10", " = ", num * 10, "\n")
18.             }
19.     }
```

Listagem 37   Resolução da tabuada versão 1.0.

A solução da Listagem 37 está perfeita, porém, não é uma boa solução, já que tivemos que repetir a mesma linha muitas vezes, mudando apenas o número a ser multiplicado. Agora, imagine que, em vez de ir apenas de 1 até 10, a tabuada fosse de 1 a 100. O número de linhas repetidas no algoritmo seria dez vezes maior, inviabilizando totalmente essa solução da Listagem 37.

Antes de "melhorarmos" a solução, vamos deixar ela um pouco menos legível. Você pode até estranhar, mas o objetivo é chegar até a solução ideal. Vamos olhar a linha 8 da Listagem 37:

```
escreva(num, " × 1", " = ", num * 1, "\n")
```

Eu posso utilizar uma variável no lugar desse número 1. Veja como fica:

```
inteiro cont = 1
escreva(num, " × ", cont, " = ", num * cont, "\n")
```

Nos dois casos anteriores, eu tenho o mesmo resultado. Também posso mudar o valor de **cont** para 2 e depois para 3, como podemos ver a seguir:

```
cont = 2
escreva(num, " × ", cont, " = ", num * cont, "\n")
cont = 3
```

90   Capítulo 6

escreva(num, " × ", cont, " = ", num * cont, "\n")

Supondo que o valor de **num** seja 7, teríamos a seguinte impressão:

```
7 × 1 = 7
7 × 2 = 14
7 × 3 = 21
```

Então, estamos no caminho certo, mas agora quero analisar somente estas três linhas:

```
inteiro cont = 1
cont = 2
cont = 3
```

O que estamos fazendo? Claro que você percebeu que estamos contando de 1 em 1. O que vou mostrar agora é o que conhecemos na computação como **contador**. Inicialmente, o valor de **cont** é atribuído para 1, depois o valor de **cont** é incrementado para 2 e, finalmente, o valor de **cont** é incrementado para 3. **Contadores são constantemente utilizados** na solução de problemas computacionais. Veja o exemplo:

```
inteiro cont = 1
cont = cont + 1
cont = cont + 1
```

Dessa forma, as três primeiras impressões da tabuada poderiam ser feitas da seguinte forma:

```
inteiro cont = 1
escreva(num, " × ", cont, " = ", num * cont, "\n")
cont = cont + 1
escreva(num, " × ", cont, " = ", num * cont, "\n")
cont = cont + 1
escreva(num, " × ", cont, " = ", num * cont, "\n")
```

Veja, na Listagem 38, como fica a solução completa do exemplo usando essa abordagem que acabamos de discutir. Ficou com mais linhas de código e tenho certeza de que muito menos legível. Contudo, gostaria que você olhasse a partir da linha 9. O que você vê? Espero que me diga o seguinte: professor, a cada duas linhas temos o mesmo código! Se você consegue ver isso, temos que comemorar… Bravo, bravo, bravo!!!

```
1.      programa
2.      {
3.              funcao inicio()
4.              {
5.                      inteiro n
```

Estruturas de controle

6.	escreva("Digite um número: ")
7.	leia(n)
8.	inteiro cont = 1
9.	escreva(n, " × ", cont, " = ", n * cont, "\n")
10.	cont = cont + 1
11.	escreva(n, " × ", cont, " = ", n * cont, "\n")
12.	cont = cont + 1
13.	escreva(n, " × ", cont, " = ", n * cont, "\n")
14.	cont = cont + 1
15.	escreva(n, " × ", cont, " = ", n * cont, "\n")
16.	cont = cont + 1
17.	escreva(n, " × ", cont, " = ", n * cont, "\n")
18.	cont = cont + 1
19.	escreva(n, " × ", cont, " = ", n * cont, "\n")
20.	cont = cont + 1
21.	escreva(n, " × ", cont, " = ", n * cont, "\n")
22.	cont = cont + 1
23.	escreva(n, " × ", cont, " = ", n * cont, "\n")
24.	cont = cont + 1
25.	escreva(n, " × ", cont, " = ", n * cont, "\n")
26.	cont = cont + 1
27.	escreva(n, " × ", cont, " = ", n * cont, "\n")
28.	}
29.	}

Listagem 38 Resolução da tabuada versão 2.0.

As linhas 9 e 10 repetem-se nas linhas 11 e 12, nas 13 e 14 e assim por diante até as linhas 26 e 27. Então, poderíamos pensar algo assim:

```
Isto aqui é uma repetição
{
escreva(num, " × ", cont, " = ", num * cont, "\n")
cont = cont + 1
}
```

Pronto. Agora, podemos substituir **Isto aqui é uma repetição** pelo comando **enquanto** e teremos exatamente o que queremos. Lembre que o **enquanto** precisa de uma condição para que não criemos um *loop* infinito. Assim, precisamos definir qual é a **condição de parada**. Chamamos de condição de parada o acontecimento que encerra a repetição. Para nosso exemplo, essa condição é o número ser maior do que 10.

O oposto da condição de parada é condição que permite repetir o laço e essa condição pode ser vista pelo comando a seguir:

```
enquanto (cont <=10)
```

Isso quer dizer que o laço será feito enquanto a variável **cont** for menor ou igual a 10 e, consequentemente, o laço será encerrado quando **cont** for maior que 10. Vejamos como ficaria o **enquanto** e seu bloco de comandos:

```
enquanto (cont <= 10)
{
    escreva(n, " × ", cont, " = ", n * cont, "\n")
    cont = cont + 1
}
```

Para completar o raciocínio, você precisa definir o valor inicial da variável **cont,** pois no nosso problema ela deve começar pelo valor 1. Dessa forma, além de declarar a variável, podemos atribuir o valor inicial, como no seguinte trecho:

```
inteiro cont = 1
enquanto (cont <= 10)
{
    escreva(n, " × ", cont, " = ", n * cont, "\n")
    cont = cont + 1
}
```

Essa é uma solução elegante para o problema apresentado. A Listagem 37, que podemos chamar de versão 1.0, pode até ser de mais simples entendimento e nos dar o mesmo resultado, mas não é dessa forma que os programadores profissionais trabalham. Repetir código nunca é uma boa solução. A Listagem 39, ou a versão 3.0, tem a solução completa para o problema apresentado utilizando o comando **enquanto**. Além de ser muito mais enxuta que as Listagens 37 e 38, ela pode ser facilmente adaptada para uma tabuada de 1 a 20. Para isso, você deve apenas trocar a condição de parada de 10 para 20. Vou te fazer uma proposta: faça essa alteração (tabuada até 20) também para os algoritmos das versões 1.0 e 2.0. Depois que você fizer isso, vai entender o quanto os comandos de repetição são importantes.

```
1.     programa
2.     {
3.          funcao inicio()
4.          {
5.               inteiro n
6.               escreva("Digite um número: ")
7.               leia(n)
8.               inteiro cont = 1
9.               enquanto (cont <= 10)
10.              {
11.                   escreva(n, " × ", cont, " = ", n * cont, "\n")
12.                   cont = cont + 1
13.              }
```

```
14.            }
15.    }
```
Listagem 39   Resolução da tabuada versão 3.0.

Antes de seguir, gostaria de adicionar mais um passo na nossa lista de verificações do problema que vamos resolver. Tínhamos definido três passos, mas agora estou adicionando o Passo 4, no qual você irá pensar na condição de parada, ou seja, qual a situação que encerra a repetição.

Passo 1 – Identificação do problema.
Passo 2 – Quais dados estão envolvidos?
Passo 3 – Como encontrar os resultados esperados?
Passo 4 – Qual a condição de parada?

 Lógica do algoritmo

O que será impresso se o número digitado for 17? E se for digitado o valor –5?

```
1.     programa
2.     {
3.            funcao inicio()
4.            {
5.                   inteiro x, cont
6.                   escreva("Digite um número: ")
7.                   leia(x)
8.                   cont = 1
9.                   enquanto (cont <= x)
10.                  {
11.                         escreva(cont, " ")
12.                         cont = cont + 1
13.                  }
14.           }
15.    }
```
Listagem 40   Primeiro exercício de lógica do algoritmo para **enquanto**.

 Complete o algoritmo

Faça um programa que leia um conjunto de números e some todos aqueles que forem múltiplos de 3. A condição de parada é a leitura do valor zero.

```
1.     programa
2.     {
3.            funcao inicio()
4.            {
```

```
5.               inteiro num
6.               escreva("Digite um número:")
7.               leia(num)
8.               inteiro ???
9.               enquanto (???)
10.              {
11.                    se (num % 3 == 0)
12.                    {
13.                              ???
14.                    }
15.                    ???
16.                    ???
17.              }
18.              escreva("A soma dos múltiplos de 3 é:", soma)
19.      }
20.  }
```
Listagem 41   Primeiro exercício de complete o algoritmo para **enquanto**.

 Exercício resolvido

Danielle, mãe de dois filhos, tem um problema para resolver. Ela sabe que hoje Lucca tem 1,20 m e cresce 2 centímetros por ano. Túlio tem 1,10 m e cresce 3 centímetros por ano. Construa um algoritmo que ajude Danielle a descobrir em quantos anos Túlio será maior que Lucca.

Passo 1 – Identificação do problema. Precisamos descobrir em quantos anos Túlio ficará mais alto do que Lucca.

Passo 2 – Quais dados estão envolvidos? A altura atual e quantos centímetros cada filho cresce por ano.

Passo 3 – Como encontrar os resultados esperados? Precisamos calcular ano após ano a altura de cada um. Também precisamos contar quantos anos estão se passando.

Passo 4 – Qual a condição de parada? A altura de Túlio tem que ser maior que a altura de Lucca.

Temos que declarar as variáveis que representarão a altura de cada um dos irmãos. Além disso, a altura inicial deve ser atribuída, como podemos ver no trecho de código:

```
real lucca = 1.2
real tulio = 1.1
```

A parte mais importante desse algoritmo é descobrir como deve ser criado o laço. Você tem que pensar mais uma vez como seria calculado manualmente. Você teria, por exemplo, a tabela na qual, a cada ano, você coloca a idade de cada um:

Estruturas de controle

Anos	Lucca	Túlio
Ano 1	1,20 + 0,02 = 1,22	1,10 + 0,03 = 1,13
Ano 2	1,22 +, 0,02 = 1,24	1,13 + 0,03 = 1,16
Ano 3	1,26 +, 0,02 = 1,26	1,16 + 0,03 = 1,19
...	...	...

Isso indica que teremos uma repetição, cuja condição de parada é a altura de Túlio ser menor que a altura de Lucca.

```
enquanto (tulio < lucca) {
}
```

Dentro da repetição, teremos o ajuste da altura, como definimos na tabela, e o contador para descobrir a quantidade de anos.

```
inteiro anos = 0
enquanto (tulio < lucca) {
    lucca = lucca + 0.02
    tulio = tulio + 0.03
    anos = anos + 1
}
```

Após o laço, podemos imprimir o resultado encontrado, como vemos no trecho de código:

```
escreva("Túlio ficará maior que Lucca em ", anos, " anos")
```

Na Listagem 42, temos uma possível solução completa para o exercício proposto.

```
1.      programa
2.      {
3.              funcao inicio()
4.              {
5.                      real lucca = 1.2
6.                      real tulio = 1.1
7.                      inteiro anos = 0
8.                      enquanto (tulio < lucca) {
9.                              lucca = lucca + 0.02
10.                             tulio = tulio + 0.03
11.                             anos = anos + 1
12.                     }
13.                     escreva("Túlio ficará maior que Lucca em ", anos, " anos")
14.             }
15.     }
```

Listagem 42 Primeiro exercício resolvido de **enquanto**.

Antes de começar a resolução do próximo exercício, gostaria de mostrar um recurso do Portugol Studio o qual permite que possamos executar passo a passo o algoritmo, inclusive verificando o valor das variáveis em determinado ponto do problema. Esse é um recurso presente em todas as principais ferramentas de desenvolvimento e ajuda muito a encontrar pequenos problemas de lógica nos algoritmos que criamos.

Aponte seu *smartphone* para o QR Code ao lado para abrir o vídeo do YouTube em que ensino como utilizar a ferramenta de debbug do Portugol Studio.

uqr.to/1979b

 Exercício resolvido

A faculdade UniEstudo precisa de algumas informações referentes à sua folha de pagamento. A diretoria de Finanças solicitou para o setor de Tecnologia da Informação criar um algoritmo que leia o nome e o salário de todos os funcionários da UniEstudo. O que interessa para a diretoria de Finanças é a média de salários dos funcionários e o nome do funcionário que ganha mais. Use como condição de parada a leitura do nome "fim".

Passo 1 – Identificação do problema. Precisamos encontrar a média de salário dos funcionários e o funcionário que ganha mais.

Passo 2 – Quais dados estão envolvidos? Nome e salário de todos os funcionários.

Passo 3 – Como encontrar os resultados esperados? Para calcularmos a média de salário, precisamos somar todos os salários e dividir pela quantidade de funcionários. Para encontrarmos o maior salário, temos que perguntar a cada funcionário lido se o salário é maior que uma variável auxiliar. Se for maior, guardamos esse novo valor na variável auxiliar.

Passo 4 – Qual a condição de parada? A leitura do nome "fim".

Como teremos muitos algoritmos com esse estilo, é preciso que você entenda bem como é a lógica de construção deles. Olhar a solução da Listagem 43 vai te dar a visão geral do algoritmo, mas quase ninguém o constrói de uma vez. A técnica para construir algoritmos maiores é construir as partes básicas e ir incrementando parte por parte. Com a prática, você vai começar a fazer isso instintivamente. Nós já fazíamos os algoritmos dessa forma, mas eles eram relativamente pequenos em termos de linhas de código.

Já sabemos que teremos uma repetição e que ela será encerrada com a leitura do nome do funcionário "fim". Assim, vamos começar por essa parte.

```
escreva("Digite o nome do funcionário: ")
leia(nome)
enquanto (nome != "fim")
{
    ...
```

Estruturas de controle

```
        escreva("Digite o nome do funcionário:")
        leia(nome)
}
```

É exatamente assim que podemos começar. Evidentemente, está faltando a declaração da variável nome, que você pode fazer agora. Tirando os três pontinhos que coloquei para indicar que existirá código dentro do **enquanto**, esse algoritmo já pode ser testado e você vai ver que ele ficará lendo o nome do funcionário até que o nome "fim" seja digitado.

```
cadeia nome
escreva("Digite o nome do funcionário:")
leia(nome)
enquanto (nome != "fim")
{
        ...
        escreva("Digite o nome do funcionário:")
        leia(nome)
}
```

Vamos adicionar a leitura do outro dado, que é o salário do funcionário. Para isso, teremos que declarar uma variável do tipo real e fazer a leitura dela. A única coisa com que você precisa se preocupar é se a leitura será dentro ou fora do laço. O que me diz? Claro que tem de ser dentro, senão o salário seria lido somente uma vez. Veja como fica o algoritmo adicionando a leitura do salário:

```
cadeia nome
real salario
escreva("Digite o nome do funcionário:")
leia(nome)
enquanto (nome != "fim")
{
        escreva("Digite o salário do funcionário:")
        leia(salario)
        escreva("Digite o nome do funcionário:")
        leia(nome)
}
```

Vamos agora pensar em como calcular a média dos salários. Na verdade, já fizemos isso quando descrevemos o Passo 3. O que escrevemos lá foi: **Para calcular a média de salário, preciso somar todos os salários e dividir pela quantidade de funcionários.**

Nesse caso, preciso do que na computação chamamos de **acumulador**. Os acumuladores não são nada mais do que variáveis que vão acumulando valores ao longo do processamento do algoritmo. Eles são encontrados sempre em repetições e normalmente são usados para calcular médias.

98   Capítulo 6

Para resolvermos nosso exercício, precisamos acumular todos os salários lidos, além disso temos que ter também um contador (já falamos sobre ele anteriormente) para conseguir fazer a conta. Pensando de trás para frente, você precisa de uma expressão como essa:

```
real mediaSalario = totalSalario / cont
```

É claro que essa expressão deve ser feita após o laço, concorda? Por que depois do laço? Porque somente depois de ler todos os funcionários é que você sabe quantos são e quanto foi acumulando com o salário deles. Veja que tive que declarar e inicializar tanto a variável **maiorSalario** quanto a variável **cont**. Além disso, dentro do laço é preciso acumular o salário e incrementar o contador.

```
cadeia nome
real salario, totalSalario
inteiro cont = 0
totalSalario = 0
escreva("Digite o nome do funcionário: ")
leia(nome)
enquanto (nome != "fim")
{
     escreva("Digite o salário do funcionário: ")
     leia(salario)
totalSalario = totalSalario + salario
cont = cont + 1
     escreva("Digite o nome do funcionário: ")
     leia(nome)
}
real mediaSalario = totalSalario / cont
```

Conseguimos com o trecho de código anterior resolver 50 % do problema proposto. Agora temos que mostrar o nome do funcionário que recebe o maior salário. Você vai resolver muitos algoritmos que solicitam o maior e/ou o menor valor de um conjunto de dados. Esse é problema clássico na computação. O que temos de fazer nessas situações é, para cada novo valor lido, perguntar se ele é até aquele momento o maior/menor valor encontrado. Se não for, o valor é descartado, mas se for teremos que guardar esse novo dado como sendo o maior/menor. Para fazermos isso, temos que ter sempre uma variável auxiliar. Vejamos especificamente para nosso caso como encontrar o maior salário:

```
real maiorSalario
aqui temos o laço
{
     ...
     se (salario > maiorSalario)
     {
```

Estruturas de controle

```
            maiorSalario = salario
    }
    ...
}
```

Uma preocupação que você deve ter em mente é que problemas que envolvem maior e menor valor precisam que as **variáveis auxiliares sejam inicializadas corretamente**. Para os casos em que temos faixas de valores bem conhecidas, podemos usar o menor valor possível para quando desejamos encontrar o maior valor. No nosso caso, o menor valor possível para salário poderia ser o valor zero. Assim, a variável **maiorSalario** deve ser inicializada com zero. Vejamos a seguir como fica o nosso exercício. Coloquei em negrito o que adicionamos agora.

```
cadeia nome
real salario, totalSalario
inteiro cont = 0
totalSalario = 0
real maiorSalario = 0
escreva("Digite o nome do funcionário: ")
leia(nome)
enquanto (nome != "fim")
{
    escreva("Digite o salário do funcionário: ")
    leia(salario)
    totalSalario = totalSalario + salario
    cont = cont + 1
    se (salario > maiorSalario)
    {
            maiorSalario = salario
    }
    escreva("Digite o nome do funcionário: ")
    leia(nome)
}
real mediaSalario = totalSalario / cont
```

Estamos quase lá. Na verdade, o que o problema solicita é que seja exibido o nome do funcionário que ganha mais. O que nós fizemos foi encontrar o salário e não o nome. Como podemos resolver isso? Fácil. Quando encontrarmos o maior salário até o momento, não vamos guardar apenas o salário, vamos guardar também o nome dele. Assim, teremos outra variável que também será trocada dentro do **se**. Vejamos como fica esse trecho do algoritmo:

```
cadeia funcionarioMaiorSalario = ""
real maiorSalario
aqui temos o laço
{
    ...
```

```
        se (salario > maiorSalario)
        {
                maiorSalario = salario
                funcionarioMaiorSalario = nome
        }
        ...
}
```

Vejamos agora o algoritmo quase completo, após a inserção do trecho de armazenamento do nome do funcionário com o maior salário.

```
cadeia nome, funcionarioMaiorSalario = ""
real salario, totalSalario
inteiro cont = 0
totalSalario = 0
real maiorSalario = 0
escreva("Digite o nome do funcionário: ")
leia(nome)
enquanto (nome != "fim")
{
    escreva("Digite o salário do funcionário: ")
    leia(salario)
    totalSalario = totalSalario + salario
    cont = cont + 1
    se (salario > maiorSalario)
    {
            maiorSalario = salario
            funcionarioMaiorSalario = nome
    }
    escreva("Digite o nome do funcionário: ")
    leia(nome)
}
real mediaSalario = totalSalario / cont
```

A Listagem 43 mostra o algoritmo completo com a impressão do que foi solicitado. Contudo, o mais importante é você entender todo o caminho que percorremos até chegar à solução proposta. Como disse no início da explicação deste exercício, é muito raro alguém que resolva o problema escrevendo a linha 5, depois a linha 6, depois a linha 7 e assim sucessivamente até o final do algoritmo.

Programadores experientes montam as principais estruturas e depois adicionam o comportamento que desejam. Foi isso que fizemos ao longo deste exercício. Olhar a solução pronta pode ser reconfortante e assustadora ao mesmo tempo. Está todo o código listado e funcionando corretamente, mas como foi que chegamos a todos esses comandos? Fomos adicionando trechos de código aos poucos. Se estiver com tempo, leia novamente como

Estruturas de controle

chegamos à solução deste exercício e perceba como adicionamos novas linhas ao algoritmo em busca da solução final.

Antes de passar para o próximo exercício, queria que você olhasse o comando que está na linha 16. É o comando **limpa()**. Na verdade, é uma função que tem como objetivo limpar a tela do console. Coloquei nesse ponto, pois já tínhamos lido o nome e o salário do funcionário. Antes de começar a ler os dados do outro funcionário, limpei a tela. É apenas estética, mas o algoritmo fica mais "agradável" para quem está usando.

```
1.      programa
2.      {
3.              funcao inicio()
4.              {
5.                      cadeia nome, funcionarioMaiorSalario = ""
6.                      real salario, totalSalario, maiorSalario
7.                      escreva("Digite o nome do funcionário: ")
8.                      leia(nome)
9.                      inteiro cont = 0
10.                     maiorSalario = 0
11.                     totalSalario = 0
12.                     enquanto (nome != "fim")
13.                     {
14.                             escreva("Digite o salário do funcionário: ")
15.                             leia(salario)
16.                             limpa()
17.                             totalSalario = totalSalario + salario
18.                             se (salario > maiorSalario)
19.                             {
20.                                     maiorSalario = salario
21.                                     funcionarioMaiorSalario = nome
22.                             }
23.                             cont = cont + 1
24.                             escreva("Digite o nome do funcionário: ")
25.                             leia(nome)
26.                     }
27.                     real mediaSalario = totalSalario / cont
28.                     escreva("A média dos salários foi: R$ ", mediaSalario, "\n")
29.                     escreva("Funcionário com maior salário: ", funcionarioMaiorSalario)
30.             }
31.     }
```

Listagem 43   Segundo exercício resolvido de **enquanto**.

Gostaria que você fizesse duas pequenas modificações neste exercício. A primeira é formatar com duas casas decimais a média de salários e a segunda é resolver um pequeno problema na condição de parada. O que acontece se o usuário digitar FIM ou Fim no nome do funcionário? Tem como resolver isso transformando a *string* toda para maiúscula ou minúscula. Que tal você fazer isso?

 Exercício resolvido

Faça um algoritmo que leia vários números inteiros positivos e mostre a soma dos números pares e a média dos números ímpares. O programa encerra quando for digitado um número maior que 1000.

Vamos aqui abrir um parêntese.

Este enunciado, como muitos outros que você pode encontrar na internet, não foi bem trabalhado, contando uma história e te colocando dentro de um contexto para você se sentir motivado a resolver. Contudo, posso te garantir que o problema apresentado é muito parecido com o exercício anterior. Possui características muito semelhantes e, consequentemente, soluções com o mesmo estilo. Você deve estar se perguntando o motivo de eu ter adicionado este exercício e outros parecidos aqui no livro. A resposta é simples: a prática fará com que você consiga resolver 99 % dos algoritmos propostos. Por mais exercícios que este livro proponha, você deverá resolver o máximo de problemas que puder e, para isso, vai ter que procurar outros problemas na internet. Os enunciados dos algoritmos que vai encontrar talvez não estejam tão bem trabalhados, mas você poderá resolvê-los mesmo assim.

Com certeza, você deve estar pensando no 1 % dos algoritmos que não vai conseguir resolver, não é? Talvez até se sinta desafiado, mas saiba que existem problemas que são bem complexos de resolver e que não são, com certeza, para quem está começando a programar. Quer ver um antes de começar a resolver o nosso exercício?

Homens, cocos e macacos

Por conta de um naufrágio, cinco homens e um macaco encontraram-se sozinhos em uma ilha. Eles passaram o primeiro dia colhendo cocos e foram dormir à noite, após terem colhido uma pilha de cocos para dividirem no dia seguinte.

No meio da noite, um dos homens acordou e decidiu separar sua parte. Ele dividiu a pilha de cocos em cinco partes iguais, tendo sobrado um coco. O homem deu o coco restante ao macaco, escondeu sua parte e voltou a dormir. Pouco tempo depois, um segundo homem acordou e decidiu também separar sua parte. Ele dividiu a pilha de cocos que encontrou em cinco partes iguais, tendo sobrado um coco. Esse segundo homem deu o coco restante ao macaco, escondeu sua parte e voltou a dormir. Esse mesmo procedimento foi repetido no meio da noite pelo terceiro, pelo quarto e pelo quinto homem: cada um acordou, decidiu separar sua parte, dividiu os cocos que encontrou em cinco partes iguais, escondeu sua parte, deu o coco restante ao macaco e voltou a dormir.

No dia seguinte, os homens acordaram e dividiram os cocos em cinco partes iguais, não havendo sobras desta vez.

Uma questão que poderia ser feita é: quantos cocos eles colheram inicialmente? Existem infinitas respostas para essa questão, a menor delas é 3.121. Entretanto, o problema que deve ser resolvido é o seguinte:

QUESTÃO DO PROBLEMA: Dado que foram colhidos inicialmente *n* cocos, qual o maior número de pessoas que pode estar na ilha (juntamente com o macaco) para que o procedimento descrito ocorra?

Estruturas de controle

103

> Descrição
> Faça um programa que leia do teclado um número inteiro *n*, representando uma quantidade de cocos, e imprima a resposta à questão do problema, no seguinte formato:
>
> N cocos, P pessoas e 1 macaco
>
> Caso não haja solução para o número lido, seu programa deve imprimir a mensagem:
>
> N cocos, sem solução

Apresentei esse problema para uma turma de programação da universidade, aliás uma das melhores turmas que já tive, com alguns alunos que hoje trabalham na Google, na Amazon e em várias outras grandes empresas, e outros seguiram carreira acadêmica e atualmente têm mestrado ou doutorado em computação. Em resumo, uma excelente turma. Dentro do prazo estabelecido, ninguém conseguiu resolver a questão. Tenho certeza de que hoje todos conseguiriam resolver, mas na época, com pouca experiência, não era possível.

Vamos fechar o parêntese aqui.

E vamos voltar ao nosso problema, lembra dele?

Faça um algoritmo que leia vários números inteiros positivos e mostre a soma dos números pares e a média dos números ímpares. O programa encerra quando for digitado um número maior que 1000.

Vamos iniciar respondendo às nossas perguntas básicas:

Passo 1 – Identificação do problema. Precisamos encontrar a soma dos números pares que foram lidos e a média dos números ímpares.

Passo 2 – Quais dados estão envolvidos? Números que são digitados pelo usuário.

Passo 3 – Como encontrar os resultados esperados? Temos que testar se o número é par. Se for par, acumulamos para poder imprimir ao final. Para encontrar a média dos ímpares, temos que acumular os valores lidos e contar apenas quando for ímpar.

Passo 4 – Qual a condição de parada? A leitura de um valor maior que 1000.

Vamos resolver da mesma maneira que o exercício anterior. Adicionar as estruturas parte por parte. Podemos começar com a estrutura de repetição já garantindo a condição de parada.

```
inteiro n
escreva("Digite um valor: ")
leia(n)
enquanto (n <= 1000)
{
    escreva("Digite um valor: ")
    leia(n)
}
```

Para calcularmos a soma dos pares, teremos que testar se o valor de **n** é par. Para isso, devemos perguntar se o resto de **n** por 2 é igual a zero. Se a condição for verdadeira, precisaremos de um acumulador, algo que pode ser visto no trecho a seguir:

```
se (n % 2 == 0)
{
    somaPares = somaPares + n
}
```

Para acharmos a média dos ímpares, teremos que verificar se o resto da divisão por 2 é diferente de zero, ou seja, o senão do trecho anterior pode ser aproveitado. Além disso, devemos ter um acumulador para os números e um contador, pois a conta ao final da repetição deve ser mais ou menos assim:

```
real mediaImpares = somaImpares / cont
```

Vamos, então, acrescentar na condição o **senao** e o uso do contador e do acumulador:

```
se (n % 2 == 0)
{
    somaPares = somaPares + n
} senao
{
    somaImpares = somaImpares + n
    cont = cont + 1
}
```

Agora, precisamos combinar todos esses trechos e fazer as declarações necessárias das variáveis que foram utilizadas. O exercício completo pode ser visto na Listagem 44. Antes de passar para o próximo exercício, gostaria que você respondesse à seguinte pergunta: o que acontece se a linha 19 for deslocada para a linha 21?

```
1.      programa
2.      {
3.              funcao inicio()
4.              {
5.                      inteiro n
6.                      escreva("Digite um valor: ")
7.                      leia(n)
8.                      inteiro somaPares = 0
9.                      inteiro somaImpares = 0
10.                     inteiro cont = 0
11.                     enquanto (n <= 1000)
12.                     {
13.                             se (n % 2 == 0)
14.                             {
15.                                     somaPares = somaPares + n
16.                             } senao
17.                             {
```

```
18.                              somaImpares = somaImpares + n
19.                              cont = cont + 1
20.                           }
21.                           escreva("Digite um valor: ")
22.                           leia(n)
23.                        }
24.                        escreva("A soma dos pares é: ", somaPares, "\n")
25.                        real mediaImpares = somaImpares / cont
26.                        escreva("A média dos ímpares é: ", mediaImpares)
27.             }
28.     }
```
Listagem 44   Terceiro exercício resolvido de **enquanto**.

 Exercício resolvido

O professor Andrés, da turma de Algoritmos, deseja saber como foi o resultado dos alunos. Para isso, ele pensou em descobrir três coisas:

- A menor média entre todos os alunos.
- A maior média entre todos os alunos.
- A média aritmética da turma.

Para tanto, ele precisa de algoritmo que leia a média de cada um dos alunos da turma e ao final imprima os resultados encontrados. O professor definiu que a leitura de uma média negativa encerra o algoritmo. As médias dos alunos variam de 0,0 a 10,0.

Vamos inicialmente para as perguntas básicas:

Passo 1 – Identificação do problema. Precisamos encontrar a menor média, a maior média e a média aritmética de um conjunto de alunos.

Passo 2 – Quais dados estão envolvidos? A leitura de um conjunto de médias que variam de 0,0 a 10,0.

Passo 3 – Como encontrar os resultados esperados? A cada leitura, temos de testar se a média lida é a maior e a menor média até aquele momento. Além disso, precisamos ir acumulando as médias para podermos encontrar a média aritmética ao final do algoritmo, dividindo a soma das médias pela quantidade de alunos lidos.

Passo 4 – Qual a condição de parada? A leitura de uma média negativa.

Mais uma vez, iremos iniciar pela estrutura de repetição. O **enquanto** deve permitir fazer a leitura da média do aluno e encerrar quando o valor lido for negativo. Vejamos como fica esse trecho:

```
real media
escreva("Digite a média do aluno: ")
leia(media)
enquanto (media >= 0)
{
```

```
escreva("Digite a média do aluno: ")
leia(media)
}
```

Depois da estrutura de repetição, temos que pensar em como encontrar a menor média entre os alunos. O que temos de fazer é perguntar dentro do **enquanto** se a média que está sendo lida é menor que a menor média que temos até o momento. Se for menor, teremos que guardar essa nova média lida como o menor valor. Algo mais ou menos como no seguinte trecho de código:

```
se (media < menorMedia)
{
    menorMedia = media
}
```

Um ponto que merece sua atenção é o valor inicial que você terá de atribuir para a variável **menorMedia**. Se você colocar zero como valor inicial, o seu algoritmo vai ter um sério problema, pois a menor média possível de ser lida é zero. Imagine que dentre todos os alunos a menor média seja 2,5. O que vai acontecer neste caso é que, sendo o valor inicial de **menorMedia** definido como zero, nunca vai entrar na condição **media < menorMedia** e, portanto, zero será a menor média ao final da leitura, em vez de 2,5.

Para resolver esse problema, o valor inicial de **menorMedia** deve ser um valor maior fora da faixa, pois dessa forma fica garantido que qualquer valor lido será menor do que o valor inicial. Assim, a declaração e um possível valor inicial poderia ser:

```
real menorMedia = 11
```

O mesmo raciocínio vale para encontrar a maior média entre os alunos. Podemos definir o valor inicial e fazer o teste para verificar se a média lida é maior que a maior média obtida até aquele momento:

```
real maiorMedia = -1
se (media > maiorMedia)
{
    maiorMedia = media
}
```

Note que já temos uma boa parte do algoritmo resolvida. Basta combinar cada um dos trechos que escrevemos até agora. Perceba que a declaração e os valores iniciais foram colocados antes do **enquanto**:

```
real media
escreva("Digite a média do aluno: ")
leia(media)
```

Estruturas de controle

```
real menorMedia = 11
real maiorMedia = -1
enquanto (media >= 0)
{
    se (media > maiorMedia)
    {
            maiorMedia = media
    }
    se (media < menorMedia)
    {
            menorMedia = media
    }
    escreva("Digite a média do aluno: ")
    leia(media)
}
```

Está faltando o cálculo da média aritmética da turma. Já resolvemos alguns exercícios assim e discutimos que é necessário somar todas as médias e contar quantas médias foram lidas. Dessa forma, dentro do **enquanto** devemos adicionar duas linhas de código para conseguirmos o que desejamos:

```
cont = cont + 1
somaMedias = somaMedias + media
```

Para finalizarmos o algoritmo, temos que definir os valores iniciais de **cont** e **somaMedias**, além de imprimir os resultados encontrados após o **enquanto**. Note que usei a função **arredondar** para deixar a média aritmética com apenas uma casa decimal.

```
real mediaAritmetica = m.arredondar(somaMedias / cont, 1)
escreva("A média aritmética da turma foi: ", mediaAritmetica, "\n")
escreva("A maior média foi: ", maiorMedia, "\n")
escreva("A menor média foi: ", menorMedia, "\n")
```

Na Listagem 45, você tem um possível algoritmo completo para o problema proposto.

```
1.      programa
2.      {
3.              inclua biblioteca Matematica --> m
4.              funcao inicio()
5.              {
6.                      real media
7.                      escreva("Digite a média do aluno: ")
8.                      leia(media)
9.                      real menorMedia = 11
```

10.	real maiorMedia = -1
11.	real somaMedias = 0
12.	inteiro cont = 0
13.	enquanto (media >= 0)
14.	{
15.	se (media > maiorMedia)
16.	{
17.	maiorMedia = media
18.	}
19.	se (media < menorMedia)
20.	{
21.	menorMedia = media
22.	}
23.	cont = cont + 1
24.	somaMedias = somaMedias + media
25.	escreva("Digite a média do aluno: ")
26.	leia(media)
27.	}
28.	real mediaAritmetica = m.arredondar(somaMedias / cont, 1)
29.	escreva("A média aritmética da turma foi: ", mediaAritmetica, "\n")
30.	escreva("A maior média foi: ", maiorMedia, "\n")
31.	escreva("A menor média foi: ", menorMedia, "\n")
32.	}
33.	}

Listagem 45 Quarto exercício resolvido de **enquanto**.

 Algoritmo resolvido

A série de Fibonacci é formada pela sequência:

1, 1, 2, 3, 5, 8, 13, 21, 34, 55, ...

Escreva um algoritmo que gere a série de Fibonacci até o enésimo termo.

Este é um algoritmo clássico no aprendizado de algoritmos. Aliás, comentei sobre ele no Capítulo 1 e falei que problemas como esse não geram empatia entre os alunos. Continuo achando isso, mas vamos resolvê-lo para aprimorar nosso raciocínio computacional.

Não vamos deixar de responder aos nossos passos:

Passo 1 – Identificação do problema. Precisamos imprimir os **n** primeiros termos da série definida pelo problema. O valor de **n** será lido.

Passo 2 – Quais dados estão envolvidos? O valor de **n** lido.

Passo 3 – Como encontrar os resultados esperados? Qualquer termo da série de Fibonacci é calculado somando os dois termos anteriores, com exceção dos dois primeiros. Temos que fazer um laço para que dentro dele possamos calcular e imprimir o próximo termo.

Passo 4 – Qual a condição de parada? O algoritmo deve imprimir **n** termos. Então, temos que contar de 1 em 1 até chegar ao valor de **n**.

Estruturas de controle

Vamos, mais uma vez, começar pela estrutura de repetição. Note que fizemos a leitura do valor **num** e definimos a variável **cont** que vai controlar quantas vezes o laço será efetuado.

```
inteiro num
escreva("Digite um número: ")
leia(num)
inteiro cont = 0
enquanto (cont < num)
{
    cont = cont + 1
}
```

Conforme descrevemos no Passo 3, o cálculo de um termo da série é a soma dos dois anteriores. Suponha que temos duas variáveis **ant** e **atual** que armazenam os termos n-2 e n-1, respectivamente. Por exemplo, o 5º termo, que tem o valor 8, é a soma do 4º termo, que tem o valor 5, com o 3º termo, cujo valor é 3. Sendo assim, podemos definir a seguinte expressão para calcular o próximo termo da sequência:

```
inteiro prox = ant + atual
```

Dessa forma, poderemos colocar tanto essa expressão quanto a impressão da variável, como mostrado no código a seguir:

```
inteiro num
escreva("Digite um número: ")
leia(num)
inteiro cont = 0
enquanto (cont < num)
{
inteiro prox = ant + atual
    escreva(prox, " ")
    cont = cont + 1
}
```

O que está faltando dentro do laço é a atualização das variáveis para podermos calcular o próximo termo na próxima iteração. Vamos imaginar o seguinte cenário:

- **Prox** que acabou de ser calculado tem o valor 21;
- **Atual** terá o valor 13; e
- **Ant** terá armazenado o valor 8.

O que devemos fazer? Precisamos atualizar tanto a variável **ant** quanto a variável **atual**. Pensando no próximo passo, o valor de **ant** precisa ser ajustado para 13 e o valor do **atual** precisa ser agora 21, concorda? Isso vai permitir que no retorno do laço o próximo termo possa ser calculado corretamente. Como fazer isso em código? O valor de **ant** tem que receber o valor de **atual** e o valor de **atual** tem que receber **prox**.

```
ant = atual
atual = prox
```

O laço agora está completo, como pode ser visto a seguir:

```
inteiro num
escreva("Digite um número: ")
leia(num)
inteiro cont = 0
inteiro ant = 1
inteiro atual = 1
enquanto (cont < num)
{
inteiro prox = ant + atual
     escreva(prox, " ")
ant = atual
atual = prox
     cont = cont + 1
}
```

De forma geral, o algoritmo está bem próximo da solução correta. Note que já colocamos os valores iniciais para as variáveis **ant** e **atual**, mas, se você testar, vai perceber que há alguns ajustes para fazer. O que acontece se você digitar 1 ou 2 na variável **num**? Esse é um ajuste necessário no algoritmo. Precisamos dar uma solução para os dois primeiros termos, pois eles são **exceção** e não conseguem ser calculados dentro do laço. Muitas vezes, você precisará ser bastante criativo, bem como ter muito cuidado com as exceções para que seu algoritmo não apresente erros.

Aqui, a sugestão é você tratar diferentemente os dois casos. Se o usuário digitar 1 para a variável **num**, bastaria imprimir "1", já que é o primeiro termo da série. Se o usuário digitar 2, pode imprimir "1 1", pois são os dois primeiros termos. Caso ele digite um valor maior que 2, usará o laço que definimos anteriormente. Contudo, um pequeno ajuste deverá ser feito com a variável **cont,** uma vez que já imprimimos os dois primeiros termos; assim, em vez de iniciarmos a variável com zero, devemos iniciar com 2.

Então, teremos um algoritmo mais ou menos com a seguinte estrutura:

```
inteiro num
escreva("Digite um número: ")
leia(num)
se (num == 1)
{
     escreva(1)
} senao
```

Estruturas de controle

```
{
// aqui entra o laço
}
```

Uma possível solução completa para o problema da série de Fibonacci pode ser vista na Listagem 46. Note que realmente foram definidas exceções para os dois primeiros termos.

```
1.     programa
2.     {
3.         funcao inicio()
4.         {
5.             inteiro num
6.             escreva("Digite um número: ")
7.             leia(num)
8.             escreva("Os ", num, " primeiros termos da série são: \n")
9.             se (num == 1)
10.            {
11.                escreva(1)
12.            } senao
13.            {
14.                inteiro cont = 2
15.                inteiro ant = 1
16.                inteiro atual = 1
17.                escreva("1 1 ")
18.                enquanto (cont < num)
19.                {
20.                    inteiro prox = ant + atual
21.                    escreva(prox, " ")
22.                    ant = atual
23.                    atual = prox
24.                    cont = cont + 1
25.                }
26.            }
27.        }
28.    }
```
Listagem 46   Quinto exercício resolvido de **enquanto**.

 Algoritmo resolvido

Em 2020, teríamos a realização das Olimpíadas em Tóquio, mas a pandemia não permitiu. Independentemente disso, o Comitê Olímpico Internacional (COI) fez o levantamento de todos os atletas que iriam participar do evento. Os dados recolhidos de cada atleta são: nome, sexo, idade e peso. Crie um algoritmo que leia esse conjunto de dados e que responda às seguintes perguntas feitas pelo COI:

- O atleta do sexo masculino mais alto.
- A atleta do sexo feminino mais leve.
- A média de idade dos atletas.

A condição de parada é a leitura do nome fim.

Vamos iniciar respondendo às nossas perguntas básicas:

Passo 1 – Identificação do problema. Precisamos ler os dados de um conjunto de atletas e responder qual o sexo do atleta mais alto, qual é a atleta mais leve e qual é a média de idade dos atletas.

Passo 2 – Quais dados estão envolvidos? Nome, sexo, idade, altura e peso dos atletas.

Passo 3 – Como encontrar os resultados esperados? Para encontrar o atleta masculino mais alto, precisamos testar cada atleta comparando com uma variável que armazenará o mais alto até aquele momento. O mesmo raciocínio vale para a atleta mais leve, só que agora testando se o sexo é "F". Para calcular a média das idades, temos que somar a idade de cada atleta e contar o número de atletas para poder dividir um pelo outro.

Passo 4 – Qual a condição de parada? A leitura do nome "fim" encerra o laço.

Para começar o algoritmo, vamos definir como será a estrutura de repetição. Lembre-se de que temos que ler os dados dos atletas até que o nome digitado seja "fim". Note que no trecho do algoritmo usaremos a função **caixa_alta** que transforma o texto lido para maiúscula para poder fazer a comparação com o nome FIM.

```
cadeia nome
escreva("Digite o nome do atleta: ")
leia(nome)
enquanto (t.caixa_alta(nome) != "FIM")
{
    escreva("Digite o nome do atleta: ")
    leia(nome)
}
```

Agora, temos que adicionar dentro do laço a leitura das outras variáveis que representam os dados dos atletas. Note que usei outra vez o comando **limpa()** para poder limpar o console após a leitura dos dados do atleta.

```
cadeia nome
escreva("Digite o nome do atleta: ")
leia(nome)
enquanto (t.caixa_alta(nome) != "FIM")
{
    caracter sexo
    escreva("Qual o sexo do atleta: ")
    leia(sexo)
    inteiro idade
    escreva("Qual a idade do atleta: ")
    leia(idade)
```

Estruturas de controle

```
        real peso
        escreva("Qual o peso do atleta: ")
        leia(peso)
        real altura
        escreva("Qual a altura do atleta: ")
        leia(altura)
        limpa()
        escreva("Digite o nome do atleta: ")
        leia(nome)
    }
```

Para encontrarmos o atleta masculino mais alto, temos que inicializar a variável **maiorAltura** e verificar se a altura lida é maior do que a maior altura até aquele momento. Podemos ver no trecho a seguir como fazer isso. Perceba também que estou guardando o nome do atleta mais alto e não apenas a maior altura. Outra coisa que precisa de atenção é a inicialização da maior altura com zero. Já falamos sobre isso em outro exercício. Podemos atribuir a menor altura possível para que no primeiro atleta lido a maior altura já seja atualizada.

```
real maiorAltura = 0
...
se (sexo == 'M')
{
    se (altura > maiorAltura)
    {
        maiorAltura = altura
        nomeMaiorAltura = nome
    }
}
```

Para encontrarmos a atleta mais leve, podemos aproveitar o **se** do trecho anterior para no **senao** já perguntarmos se é a mais leve e se a variável peso é menor que o menor peso até aquele momento. Um ponto de atenção é a inicialização da variável **menorPeso**. Note que o valor inicial foi 1000, pois nenhum atleta terá esse peso. Perceba que não posso atribuir zero, pois, com certeza, esse seria o menor peso ao final da leitura, uma vez que todos os atletas têm peso maior que zero.

```
real maiorAltura = 0
real menorPeso = 1000
...
se (sexo == 'M')
{
    se (altura > maiorAltura)
    {
        maiorAltura = altura
```

```
                nomeMaiorAltura = nome
        }
    } senao
    {
        se (peso < menorPeso)
        {
                menorPeso = peso
                nomeMaisLeve = nome
        }
    }
}
```

Um ponto importante para se perguntar é onde colocar esse trecho de código anterior. Antes, dentro ou depois do **enquanto**? A inicialização das variáveis deve ser colocada antes do laço. Se colocar dentro, a cada repetição as variáveis serão inicializadas e o cálculo será feito de forma errada. O teste do sexo tem que ser dentro do laço e logo após a leitura da altura do atleta. Isso garante que tenho todos os dados nas variáveis e que posso executar o teste antes de ler o próximo atleta.

Fica faltando resolver a média de idade dos atletas. Para isso, devemos contar quantos atletas têm e somar a idade de todos eles. Assim, temos que inicializar as variáveis, contar e acumular, como no seguinte trecho de código:

```
inteiro somaIdade = 0
inteiro cont = 0
...
somaIdade = somaIdade + idade
cont = cont + 1
```

A inicialização das variáveis tem que ficar fora do laço e tanto o acúmulo quanto a contagem devem ficar dentro do laço.

Para finalizarmos o algoritmo, temos que imprimir os resultados. Isso deverá ser feito após o laço, ou seja, depois que foram lidos todos os dados dos atletas. A seguir, temos o comando **escreva** para cada um dos itens solicitados.

```
escreva("A média de idade dos atletas é: ",
somaIdade/cont, "\n")
escreva("O atleta mais alto é: ", nomeMaiorAltura, "\n")
escreva("A atleta mais leve é: ", nomeMaisLeve)
```

Na Listagem 47, temos um possível algoritmo completo do exercício. Para o padrão dos algoritmos que criamos até agora, este aqui é um pouco extenso e, portanto, é interessante que você revise todo o código criado. Minha sugestão é que você resolva o algoritmo sozinho no Portugol Studio, sem olhar a solução que apresentei, e verifique o quanto você já evoluiu desde que começou a ler o livro.

Estruturas de controle

```
1.      programa
2.      {
3.              inclua biblioteca Texto --> t
4.              funcao inicio()
5.              {
6.                      cadeia nome
7.                      escreva("Digite o nome do atleta: ")
8.                      leia(nome)
9.                      inteiro somaIdade = 0
10.                     inteiro cont = 0
11.                     real maiorAltura = 0
12.                     real menorPeso = 1000
13.                     cadeia nomeMaiorAltura = ""
14.                     cadeia nomeMaisLeve = ""
15.                     enquanto (t.caixa_alta(nome) != "FIM")
16.                     {
17.                             caracter sexo
18.                             escreva("Qual o sexo do atleta: ")
19.                             leia(sexo)
20.                             inteiro idade
21.                             escreva("Qual a idade do atleta: ")
22.                             leia(idade)
23.                             real peso
24.                             escreva("Qual o peso do atleta: ")
25.                             leia(peso)
26.                             real altura
27.                             escreva("Qual a altura do atleta: ")
28.                             leia(altura)
29.                             limpa()
30.                             somaIdade = somaIdade + idade
31.                             cont = cont + 1
32.                             se (sexo == 'M')
33.                             {
34.                                     se (altura > maiorAltura)
35.                                     {
36.                                             maiorAltura = altura
37.                                             nomeMaiorAltura = nome
38.                                     }
39.                             } senao
40.                             {
41.                                     se (peso < menorPeso)
42.                                     {
43.                                             menorPeso = peso
44.                                             nomeMaisLeve = nome
```

45.		}
46.		}
47.		escreva("Digite o nome do atleta:")
48.		leia(nome)
49.		}
50.		escreva("A média de idade dos atletas é:", somaIdade/cont, "\n")
51.		escreva("O atleta mais alto é:", nomeMaiorAltura, "\n")
52.		escreva("A atleta mais leve é:", nomeMaisLeve)
53.		}
54.	}	

Listagem 47   Sexto exercício resolvido de **enquanto**.

 Algoritmo resolvido

Para promover e melhorar as políticas públicas de educação, uma Universidade Federal coletou de cada aluno os seguintes dados:

- Renda do aluno.
- Renda familiar.
- Total gasto com alimentação.
- Total gasto com outras despesas.

Você, que trabalha na Superintendência de Tecnologia da Informação da universidade, precisa criar um algoritmo que imprima:

- A porcentagem dos alunos que gasta acima de R$ 250,00 com outras despesas.
- O número de alunos com renda pessoal maior que renda familiar.
- A porcentagem gasta com alimentação em relação à renda familiar.

O algoritmo acaba quando se digita 0 (zero) para a renda pessoal do aluno.

Embora o enunciado da questão esteja bastante claro, mais uma vez vamos iniciar respondendo às nossas perguntas básicas.

Passo 1 – Identificação do problema. Precisamos ler os dados de um conjunto de alunos e imprimir as informações solicitadas.

Passo 2 – Quais dados estão envolvidos? Renda do aluno, renda familiar, gasto com alimentação e gasto com outras despesas.

Passo 3 – Como encontrar os resultados esperados? Para calcularmos a porcentagem dos alunos que gasta acima de R$ 250,00 com outras despesas, temos que ter a quantidade total de alunos lidos e a quantidade dos que gastam mais de R$ 250,00. Precisamos também de um contador para calcularmos o número de alunos com renda pessoal maior que renda familiar. Finalmente, para sabermos a porcentagem gasta com alimentação em relação à renda familiar, temos que acumular individualmente as duas rendas para podermos dividir uma pela outra.

Passo 4 – Qual a condição de parada? A leitura da renda 0 (zero) encerra o laço.

Estruturas de controle

117

Assim como nos últimos exercícios resolvidos, iremos fazer a repetição já levando em consideração a condição de parada. Lembrando que você deve colocar uma leitura fora do **enquanto** e outra leitura no final.

```
real rendaAluno
escreva("Digite a renda do aluno: ")
leia(rendaAluno)
enquanto (rendaAluno != 0)
{
    escreva("Digite a renda do aluno: ")
    leia(rendaAluno)
}
```

Agora, podemos ler todos os outros dados que foram solicitados. Usei o **limpa()** para poder limpar o console antes de ler os dados de outro aluno.

```
real rendaAluno
escreva("Digite a renda do aluno: ")
leia(rendaAluno)
enquanto (rendaAluno != 0)
{
    real rendaFamiliar
    escreva("Digite a renda familiar: ")
    leia(rendaFamiliar)
    real alimentacao
    escreva("Digite o valor gasto com alimentação: ")
    leia(alimentacao)
    real outras
    escreva("Digite o valor gasto com outras despesas: ")
    leia(outras)
    limpa()

    escreva("Digite a renda do aluno: ")
    leia(rendaAluno)
}
```

Vamos resolver item por item do enunciado. O primeiro solicita a porcentagem dos alunos que gastam acima de R$ 250,00 com outras despesas. Aqui, temos que perguntar se a variável **outras** é maior que R$ 250,00. Se for, incrementaremos o contador **contOutrasDespesas**. Além disso, temos que ter o total de alunos usando a variável **cont**.

```
real rendaAluno
escreva("Digite a renda do aluno: ")
leia(rendaAluno)
inteiro cont = 0
```

```
inteiro contOutrasDespesas = 0
enquanto (rendaAluno != 0)
{
        real rendaFamiliar
        escreva("Digite a renda familiar:")
        leia(rendaFamiliar)
        real alimentacao
        escreva("Digite o valor gasto com alimentação:")
        leia(alimentacao)
        real outras
        escreva("Digite o valor gasto com outras despesas:")
        leia(outras)
        limpa()
        se (outras > 250)
        {
                contOutrasDespesas = contOutrasDespesas + 1
        }
        cont = cont + 1
        escreva("Digite a renda do aluno:")
        leia(rendaAluno)
}
```

O segundo item solicita o número de alunos com renda pessoal maior que renda familiar. Nesse caso, devemos testar se **rendaAluno** > **rendaFamiliar**. Note que, da mesma forma que o primeiro item, temos que fazer o teste para todos os alunos e isso implica colocar o **se** dentro do **enquanto**. Contudo, a inicialização da variável deve ser feita fora do laço.

```
real rendaAluno
escreva("Digite a renda do aluno:")
leia(rendaAluno)
inteiro cont = 0
inteiro contOutrasDespesas = 0
inteiro contRendaMaior = 0
enquanto (rendaAluno != 0)
{
        real rendaFamiliar
        escreva("Digite a renda familiar:")
        leia(rendaFamiliar)
        real alimentacao
        escreva("Digite o valor gasto com alimentação:")
        leia(alimentacao)
        real outras
        escreva("Digite o valor gasto com outras despesas:")
        leia(outras)
```

Estruturas de controle 119

```
            limpa()
            se (outras > 250)
            {
                        contOutrasDespesas = contOutrasDespesas + 1
            }
            se (rendaAluno > rendaFamiliar)
            {
                        contRendaMaior = contRendaMaior + 1
            }
            cont = cont + 1
            escreva("Digite a renda do aluno: ")
            leia(rendaAluno)
}
```

Para calcularmos o terceiro item, precisamos criar dois acumuladores: **totalAlimentacao** e **totalRendaFamiliar**, que devem ser somados para cada aluno com as variáveis **alimentacao** e **rendaFamiliar**.

```
real rendaAluno
escreva("Digite a renda do aluno: ")
leia(rendaAluno)
inteiro cont = 0
inteiro contOutrasDespesas = 0
inteiro contRendaMaior = 0
real totalAlimentacao = 0
real totalRendaFamiliar = 0
enquanto (rendaAluno != 0)
{
        real rendaFamiliar
        escreva("Digite a renda familiar: ")
        leia(rendaFamiliar)
        real alimentacao
        escreva("Digite o valor gasto com alimentação: ")
        leia(alimentacao)
        real outras
        escreva("Digite o valor gasto com outras despesas: ")
        leia(outras)
        limpa()
        se (outras > 250)
        {
                    contOutrasDespesas = contOutrasDespesas + 1
        }
        se (rendaAluno > rendaFamiliar)
        {
```

```
            contRendaMaior = contRendaMaior + 1
    }
    totalAlimentacao = totalAlimentacao + alimentacao
    totalRendaFamiliar = totalRendaFamiliar + rendaFamiliar
    cont = cont + 1
    escreva("Digite a renda do aluno: ")
    leia(rendaAluno)
}
```

Após a leitura de todos os alunos, devemos calcular e imprimir o que foi solicitado. A seguir, temos o trecho de código que calcula e imprime cada um dos itens. Veja que criei duas variáveis novas para o cálculo dos percentuais. Além disso, utilizei a função **arredondar** para deixar com uma casa decimal.

```
escreva("% alunos que gasta mais de R$ 250 com outras despesas: ")
real percOutras = contOutrasDespesas/cont*100
escreva(m.arredondar(percOutras, 1), "% \n")
escreva("Número de alunos com renda pessoal maior que a familiar: ")
escreva(contRendaMaior, "\n")
escreva("% gasto com alimentação com relação a renda familiar: ")
real percAlimentacao = totalAlimentacao/totalRendaFamiliar*100
escreva(m.arredondar(percAlimentacao, 1), "%")
```

Na Listagem 48, temos o algoritmo completo da solução do problema.

```
1.      programa
2.      {
3.              inclua biblioteca Matematica --> m
4.              funcao inicio()
5.              {
6.                      real rendaAluno
7.                      escreva("Digite a renda do aluno: ")
8.                      leia(rendaAluno)
9.                      inteiro cont = 0
10.                     inteiro contOutrasDespesas = 0
11.                     inteiro contRendaMaior = 0
12.                     real totalAlimentacao = 0
13.                     real totalRendaFamiliar = 0
14.                     enquanto (rendaAluno != 0)
15.                     {
16.                             real rendaFamiliar
17.                             escreva("Digite a renda familiar: ")
18.                             leia(rendaFamiliar)
19.                             real alimentacao
```

Estruturas de controle 121

```
20.                    escreva("Digite o valor gasto com alimentação: ")
21.                    leia(alimentacao)
22.                    real outras
23.                    escreva("Digite o valor gasto com outras despesas: ")
24.                    leia(outras)
25.                    limpa()
26.
27.                    se (outras > 250)
28.                    {
29.                            contOutrasDespesas = contOutrasDespesas + 1
30.                    }
31.                    se (rendaAluno > rendaFamiliar)
32.                    {
33.                            contRendaMaior = contRendaMaior + 1
34.                    }
35.                    totalAlimentacao = totalAlimentacao + alimentacao
36.                    totalRendaFamiliar = totalRendaFamiliar + rendaFamiliar
37.                    cont = cont + 1
38.                    escreva("Digite a renda do aluno: ")
39.                    leia(rendaAluno)
40.            }
41.            escreva("% alunos que gasta mais de R$ 250 com outras
               despesas: ")
42.            real percOutras = contOutrasDespesas / cont * 100
43.            escreva(m.arredondar(percOutras, 1), "% \n")
44.            escreva("Número de alunos com renda pessoal maior que a
               familiar: ")
45.            escreva(contRendaMaior, "\n")
46.            escreva("% gasto com alimentação com relação a renda familiar: ")
47.            real percAlimentacao = totalAlimentacao / totalRendaFamiliar * 100
48.            escreva(m.arredondar(percAlimentacao, 1), "%")
49.       }
50. }
```
Listagem 48   Sétimo exercício resolvido de **enquanto**.

 Algoritmo resolvido

Faça um programa que leia um conjunto de valores inteiros e positivos. Imprima o maior e o menor valores. Considere que:

- Para finalizar a leitura dos valores, será digitado o valor zero.
- Para valores negativos deve ser dada uma mensagem de erro.
- Valores negativos e o próprio valor de parada não devem ser computados.

Este é outro problema cujo enunciado não é tão bem trabalhado, mas estou inserindo no livro para poder mostrar duas coisas importantes. A primeira é o tratamento de erros, já que números negativos não devem ser computados. A segunda é encontrar valores menores ou maiores em uma faixa não definida. Vamos começar respondendo às nossas perguntas básicas.

Passo 1 – Identificação do problema. Precisamos ler um conjunto de números e encontrar o menor e o maior valores.

Passo 2 – Quais dados estão envolvidos? Apenas os valores que são lidos.

Passo 3 – Como encontrar os resultados esperados? Para cada valor lido, precisamos verificar se é o maior valor até aquele momento. Se for maior, deve ser guardado. Isso vale também para o menor valor.

Passo 4 – Qual a condição de parada? A leitura do valor 0 (zero) encerra o laço.

O laço deve ser feito enquanto o valor lido for diferente de zero. Teremos de ler um valor fora do laço e outro dentro. O trecho a seguir mostra como fazer isso.

```
escreva("Digite um número: ")
leia(valor)
enquanto (valor != 0)
{
    escreva("Digite um número: ")
    leia(valor)
}
```

O problema apresentou uma restrição que precisa ser colocada no algoritmo. O enunciado informa que deve ser mostrada uma mensagem de erro para valores negativos. Assim, dentro do laço faremos esse teste e vamos dar a mensagem de erro. Veja o trecho de código a seguir.

```
escreva("Digite um número: ")
leia(valor)
enquanto (valor != 0)
{
se (valor < 0)
    {
            escreva("Erro. O valor tem que ser maior que zero\n")
    }
    escreva("Digite um número: ")
    leia(valor)
}
```

Para encontrarmos o maior e o menor valor entre todos os números digitados, teremos de perguntar se o valor é maior que o maior, bem como se é menor que o menor. Isso terá que ser colocado como **senao** do **se (valor < 0)**. Entende o motivo? Lembre-se de que valores negativos devem ser desconsiderados. Assim, temos o seguinte código:

Estruturas de controle

```
escreva("Digite um número: ")
leia(valor)
enquanto (valor != 0)
{
se (valor < 0)
    {
                escreva("Erro. O valor tem que ser maior que zero\n")
    } senao {

        se (valor > maior)
        {
                maior = valor
        }
        se (valor < menor)
        {
                menor = valor
        }
    }
    escreva("Digite um número: ")
    leia(valor)
}
```

A pergunta que você deve se fazer é: quais os valores iniciais de **maior** e de **menor**? Já falamos anteriormente que uma das formas de resolver esse problema é que **maior** deve receber o menor valor possível e que **menor** deve receber o maior valor possível. Porém, qual seria o maior valor possível a ser atribuído para menor? 100, 200, 500, 1.000? Não tem como definir, uma vez que é o usuário quem digita o valor que desejar.

Outra solução para esse problema é atribuir o primeiro valor lido tanto para a variável **menor** quanto para a variável **maior**. Isso garante que as duas variáveis terão valores válidos. Esta solução deve ser usada todas as vezes que o problema não define uma faixa de valores fixa.

Veja no código a seguir como resolvi o problema. Criei uma variável lógica chamada **primeiro** e atribuí **verdadeiro** como valor inicial. Dentro do laço, coloquei um comando **se** para saber se era a primeira vez que estava entrando. Caso seja a primeira vez, eu atribuo o valor lido para **menor** e para **maior**, além de trocar a variável **primeiro** para **falso**, garantindo que nunca mais entre no comando **se**.

```
escreva("Digite um número: ")
leia(valor)
logico primeiro = verdadeiro
inteiro maior = 0
inteiro menor = 0
enquanto (valor != 0)
{
se (valor < 0)
```

```
        {
                escreva("Erro. O valor tem que ser maior que zero\n")
        } senao {
                se (primeiro)
                {
                        maior = valor
                        menor = valor
                        primeiro = falso
                }
                se (valor > maior)
                {
                        maior = valor
                }
                se (valor < menor)
                {
                        menor = valor
                }
        }
        escreva("Digite um número: ")
        leia(valor)
}
```

Você deve estar se perguntando o motivo pelo qual o valor lido fora do laço não foi atribuído para as variáveis **maior** e **menor**. É uma pergunta muito inteligente e vou responder com outra pergunta. Responder a uma pergunta com outra pergunta faz você pensar mais. Vamos lá... O que acontece se o usuário digitar −5 como primeiro valor?

```
escreva("Digite um número: ")
leia(valor)
inteiro maior = valor
inteiro menor = valor
enquanto (valor != 0)
{
    ...
```

O que vai acontecer é que o menor valor ficará −5 e isso torna errada a solução. É por esse motivo que tivemos de usar a variável **primeiro**. Mas é bom saber que isso não se aplica a todos os casos. Nesse mesmo problema, se não tivesse restrição de valores negativos, a atribuição inicial a **menor** e **maior** poderia ser feita antes do laço.

Para finalizar, temos que imprimir os valores encontrados como no trecho de código a seguir.

```
escreva("O maior valor lido foi: ", maior, "\n")
escreva("O menor valor lido foi: ", menor)
```

Estruturas de controle

No entanto, para verificarmos se tudo está correto no algoritmo, devemos fazer alguns testes importantes. Já falamos sobre o primeiro valor lido ser negativo e isso nos fez mudar a lógica do algoritmo para utilizar a variável **primeiro**. Outro teste importante é: se o primeiro valor digitado for zero, o que vai ser impresso?

A questão é simples. Não temos dados para apresentar se o primeiro valor digitado for zero. Assim, o correto seria dar uma mensagem ao usuário para informar sobre isso.

Na Listagem 49, temos uma possível solução completa. Veja que, na linha 36, estou perguntando se o valor de menor é zero. Se isso for verdade, é por que o usuário digitou somente zero ou valores menores que zero. Execute o algoritmo e teste todas essas possíveis opções que comentei para que você possa ver como o algoritmo se comporta adequadamente nessas situações.

```
1.      programa
2.      {
3.              funcao inicio()
4.              {
5.                      inteiro valor
6.                      escreva("Digite um número: ")
7.                      leia(valor)
8.                      logico primeiro = verdadeiro
9.                      inteiro maior = 0
10.                     inteiro menor = 0
11.                     enquanto (valor != 0)
12.                     {
13.                             se (valor < 0)
14.                             {
15.                                     escreva("Erro. O valor tem que ser maior que zero\n")
16.                             } senao {
17.                                     se (primeiro)
18.                                     {
19.                                             maior = valor
20.                                             menor = valor
21.                                             primeiro = falso
22.                                     }
23.
24.                                     se (valor > maior)
25.                                     {
26.                                             maior = valor
27.                                     }
28.                                     se (valor < menor)
29.                                     {
30.                                             menor = valor
31.                                     }
32.                             }
```

33.		escreva("Digite um número: ")
34.		leia(valor)
35.	}	
36.	se (menor == 0)	
37.	{	
38.		escreva("Nenhum valor foi computado.")
39.	} senao	
40.	{	
41.		escreva("O maior valor lido foi: ", maior, "\n")
42.		escreva("O menor valor lido foi: ", menor)
43.	}	
44.	}	
45.	}	

Listagem 49 Oitavo exercício resolvido de **enquanto**.

 Algoritmo resolvido

Na loja Doces e Salgados, a Sra. Karine utiliza V para transações à vista e P para transações a prazo. Faça um algoritmo que receba um conjunto de transações, cada uma com código e valor, e depois calcule os itens solicitados. A condição de parada é a leitura do código F.

- O valor total arrecadado.
- O percentual do valor das transações à vista.
- O valor da primeira parcela das transações a prazo, sabendo que as compras divididas são sempre em duas vezes.

O que temos de fazer inicialmente? Isso mesmo, responder às nossas perguntas básicas que nos permitem entender qual o problema.

Passo 1 – Identificação do problema. Precisamos ler os dados de vendas da loja e imprimir os três itens que foram solicitados.

Passo 2 – Quais dados estão envolvidos? Um conjunto de dados de vendas composto de código V (à vista) ou P (a prazo) e o valor de cada venda.

Passo 3 – Como encontrar os resultados esperados? Para calcularmos o valor do total arrecadado, temos que acumular o valor de cada venda. O percentual de transações à vista deve ser calculado dividindo o total de transações com esse tipo pelo valor total. Assim, temos que testar se o código é V para acumular o valor. O último item é calculado dividindo o total de vendas a prazo por dois, uma vez que são sempre duas parcelas.

Passo 4 – Qual a condição de parada? A leitura do código F encerra o laço.

Assim como em todos os últimos exercícios resolvidos, iremos escrever o algoritmo por partes. A parte inicial será a repetição que pode ser vista no código a seguir. Note que já estamos lendo tanto o tipo da venda quanto o valor.

```
caracter tipo
escreva("Digite o tipo da venda V/P: ")
```

Estruturas de controle

```
leia(tipo)
enquanto(tipo != 'F')
{
    real valor
    escreva("Digite o valor da venda: ")
    leia(valor)
    escreva("Digite o tipo da venda V/P: ")
    leia(tipo)
}
```

Nas perguntas básicas, definimos que teremos de ter acumuladores para o total geral, o total a prazo e o total à vista. Então, vamos criar três variáveis com esse objetivo e acumular os valores dentro do laço. A variável **total** vai acumular para qualquer tipo de venda, mas **totalAVista** e **totalAPrazo** vai depender do tipo que for lido. Sendo assim, temos que ter um comando **se** com esse objetivo. A seguir, podemos ver o trecho de código que está acumulando os valores.

```
caracter tipo
escreva("Digite o tipo da venda V/P: ")
leia(tipo)
enquanto(tipo != 'F')
{
    real valor
    escreva("Digite o valor da venda: ")
    leia(valor)
    total = total + valor
    se (tipo == 'V')
    {
            totalAVista = totalAVista + valor
    } senao
    {
            totalAPrazo = totalAPrazo + valor
    }
    escreva("Digite o tipo da venda V/P: ")
    leia(tipo)
}
```

Após a leitura de todos os valores, podemos imprimir o que foi solicitado calculando como foi planejado nas respostas às perguntas básicas.

```
escreva("Total de vendas: R$", m.arredondar(total,2), "\n")
real perc = m.arredondar(totalAVista / total * 100, 2)
escreva("Percentual de vendas a vista: ", perc, "% \n")
real vendas = m.arredondar(totalAPrazo/2, 2)
escreva("Valor da primeira parcela das vendas a prazo: R$ ", vendas)
```

Na Listagem 50, temos um possível algoritmo completo da resolução do problema. Note que as variáveis dos acumuladores foram declaradas e inicializadas antes do laço e foi utilizada a função **arredondar** para deixar os valores com duas casas decimais.

```
1.      programa
2.      {
3.              inclua biblioteca Matematica --> m
4.              funcao inicio()
5.              {
6.                      caracter tipo
7.                      escreva("Digite o tipo da venda V/P: ")
8.                      leia(tipo)
9.                      real total = 0
10.                     real totalAVista = 0
11.                     real totalAPrazo = 0
12.                     enquanto(tipo != 'F')
13.                     {
14.                             real valor
15.                             escreva("Digite o valor da venda: ")
16.                             leia(valor)
17.                             total = total + valor
18.                             se (tipo == 'V')
19.                             {
20.                                     totalAVista = totalAVista + valor
21.                             } senao
22.                             {
23.                                     totalAPrazo = totalAPrazo + valor
24.                             }
25.                             escreva("Digite o tipo da venda V/P: ")
26.                             leia(tipo)
27.                     }
28.                     escreva("Total de vendas: R$", m.arredondar(total,2), "\n")
29.                     real perc = m.arredondar(totalAVista / total * 100, 2)
30.                     escreva("Percentual de vendas a vista: ", perc, "% \n")
31.                     real vendas = m.arredondar(totalAPrazo/2, 2)
32.                     escreva("Valor da primeira parcela das vendas a prazo: R$ ", vendas)
33.             }
34.     }
```
Listagem 50 Nono exercício resolvido de **enquanto**.

 Algoritmo proposto (s01e06)

Foi feita uma pesquisa entre os habitantes de uma região. Foram coletados os dados de idade, sexo (M/F) e salário. Faça um programa que calcule e mostre:

- A média dos salários do grupo.
- A maior e a menor idades do grupo.
- A quantidade de mulheres na região.
- A idade e o sexo da pessoa que possui o menor salário.

Finalize a entrada de dados ao ser digitada uma idade negativa.

Aponte seu *smartphone* para o QR Code ao lado para abrir o vídeo do YouTube em que mostro a solução do exercício proposto.

uqr.to/1979c

Uma possível solução desse algoritmo pode ser vista na Listagem 51. Mas lembre-se de que o passo a passo da resolução dos exercícios propostos sempre é feita no YouTube.

```
1.      programa
2.      {
3.              inclua biblioteca Matematica --> m
4.              funcao inicio()
5.              {
6.                      inteiro idade
7.                      escreva("Digite a idade:")
8.                      leia(idade)
9.                      real somaSalarios = 0
10.                     real menorSalario = 0
11.                     inteiro menorIdade = 0
12.                     inteiro maiorIdade = 0
13.                     inteiro contMulheres = 0
14.                     inteiro idadeMenorSalario = 0
15.                     caracter sexoMenorSalario = 'M'
16.                     logico primeiro = verdadeiro
17.                     real cont = 0
18.                     enquanto (idade > 0)
19.                     {
20.                             caracter sexo
21.                             escreva("Digite o sexo (M/F):")
22.                             leia(sexo)
23.                             real salario
24.                             escreva("Digite o salário:")
25.                             leia(salario)
```

```
26.
27.                             se (primeiro)
28.                             {
29.                                     primeiro = falso
30.                                     menorIdade = idade
31.                                     maiorIdade = idade
32.                                     menorSalario = salario
33.                                     idadeMenorSalario = idade
34.                                     sexoMenorSalario = sexo
35.                             }
36.                             somaSalarios = somaSalarios + salario
37.                             se (idade > maiorIdade)
38.                             {
39.                                     maiorIdade = idade
40.                             }
41.                             se (idade < menorIdade)
42.                             {
43.                                     menorIdade = idade
44.                             }
45.                             se (sexo == 'F')
46.                             {
47.                                     contMulheres = contMulheres + 1
48.                             }
49.                             se (salario < menorSalario)
50.                             {
51.                                     menorSalario = salario
52.                                     idadeMenorSalario = idade
53.                                     sexoMenorSalario = sexo
54.                             }
55.                             cont = cont + 1
56.                             limpa()
57.                             escreva("Digite a idade: ")
58.                             leia(idade)
59.                     }
60.                     escreva("Média de salários do grupo: ", m.arredondar(somaSalarios/
                        cont, 2),"\n")
61.                     escreva("A menor idade do grupo: ", menorIdade, "\n")
62.                     escreva("A maior idade do grupo: ", maiorIdade, "\n")
63.                     escreva("Quantidade de mulheres: ", contMulheres, "\n")
64.                     escreva("Idade do menor salário: ", idadeMenorSalario, "\n")
65.                     escreva("Sexo do menor salário: ", sexoMenorSalario)
66.             }
67.     }
```

Listagem 51 Primeiro exercício proposto de **enquanto**.

Estruturas de controle

 Algoritmo resolvido

O seu chefe na concessionária EnergiaBrasil pediu que você fizesse um algoritmo para ler quanto custa 1 kW, bem como ler um conjunto de dados de consumidores. De cada consumidor é lido o valor que foi consumido e o tipo de consumo, que pode ser: 1 – residencial, 2 – comercial, 3 – industrial. Sabe-se que para o tipo comercial o valor do kW sofre um reajuste de 10 % e para o tipo industrial o reajuste é de 18 %.

Ao final, o algoritmo deve mostrar:

- O faturamento geral da empresa.
- Quantidade de consumidores que pagarão entre R$ 300,00 e R$ 700,00.
- Percentual do faturamento com tipo de consumo industrial.

A condição de parada é a leitura do valor consumido zero. Leituras negativas devem ser desconsideradas do cálculo.

Vamos responder às perguntas básicas para tirar todas as dúvidas do problema.

Passo 1 – Identificação do problema. Precisamos ler o valor do kW e um conjunto de dados de consumidores (tipo e valor consumido). Ao final, temos que imprimir as informações solicitadas.

Passo 2 – Quais dados estão envolvidos? Valor de 1 kW e os dados de um conjunto de consumidores contendo tipo e valor consumido.

Passo 3 – Como encontrar os resultados esperados? Para estimarmos o faturamento total, temos que calcular o valor para cada consumidor e acumular o total. No item 2, também temos que calcular o valor a ser pago pelo consumidor e verificar se esse valor está entre R$ 300,00 e R$ 700,00. Se estiver dentro da faixa, vamos contar. Para o último item, temos que verificar se o tipo de consumo é industrial. Se for, teremos que acumular o valor para dividir ao final pelo valor total, encontrando o percentual desejado. Valores negativos não podem ser considerados, assim, teremos que fazer esse teste toda vez que o valor foi lido.

Passo 4 – Qual a condição de parada? A leitura do valor consumido 0 (zero) encerra o laço. Iniciaremos com a montagem da leitura dos dados e da estrutura de repetição.

```
inteiro consumo
escreva("Digite o consumo: ")
leia(consumo)
enquanto (consumo != 0)
{
    escreva("Digite o tipo de consumo\n 1 – residencial",
    " 2 - comercial 3 - industrial: ")
    leia(tipo)
    escreva("Digite o consumo: ")
    leia(consumo)
}
```

Como o enunciado do problema pede para desconsiderar leituras negativas, temos que testar se o consumo é negativo para podermos dar uma mensagem de erro. Veja no trecho a seguir como resolver esse problema.

```
Inteiro consumo
escreva("Digite o consumo: ")
leia(consumo)
enquanto (consumo != 0)
{
        se (consumo < 0)
        {
                escreva("Erro. O consumo deve ser maior do ",
                "que zero.\n")
        } senao
        {
                escreva("Digite o tipo de consumo\n 1 – residencial",
                " 2 – comercial 3 – industrial: ")
                leia(tipo)
        }
        escreva("Digite o consumo: ")
        leia(consumo)
}
```

Antes do laço **enquanto**, precisamos ler qual o valor do kW. Vamos aproveitar também para fazer o cálculo do reajuste para os tipos comercial e industrial. Veja no trecho de código a seguir que foi lida a variável **valor** e foram criadas duas variáveis: **comercial** e **industrial**; **comercial** foi reajustada em 10 % e, por isso, foi multiplicada por 1.1. Já **industrial** tem que ter um reajuste de 18 % e, por esse motivo, foi multiplicada por 1.18.

```
real valor
escreva("Digite o valor do kw em R$: ")
leia(valor)
real comercial = valor * 1.1
real industrial = valor * 1.18
```

Dentro do laço, após a leitura do tipo, devemos calcular o valor a ser pago por aquele consumidor. Para isso, temos que multiplicar o consumo pelo valor do kW, levando em conta o reajuste de acordo com o tipo. Note que utilizei um comando **escolha-caso** para usar a variável correta na multiplicação.

Uma informação importante é que estamos assumindo que qualquer valor diferente de 1 e 2 será do tipo industrial e por isso usei a opção **caso contrario**.

```
escolha (tipo)
{
```

Estruturas de controle

```
        caso 1:
                valorPago = valor * consumo
        pare
        caso 2:
                valorPago = comercial * consumo
        pare
        caso contrario:
                valorPago = industrial * consumo
        pare
}
```

Temos de lembrar que o terceiro item solicitado pede para acumular o valor quando for do tipo industrial. Então, vamos aproveitar e colocar dentro de **caso contrario**. Veja como fica o trecho de código já dentro do laço:

```
inteiro consumo
real consumoIndustrial = 0
escreva("Digite o consumo: ")
leia(consumo)
enquanto (consumo != 0)
{
    se (consumo < 0)
    {
            escreva("Erro. O consumo deve ser maior do que zero.\n")
    } senao
    {
            escreva("Digite o tipo de consumo\n 1 – residencial",
            " 2 - comercial 3 - industrial: ")
            leia(tipo)
            escolha (tipo)
            {
                    caso 1:
                            valorPago = valor * consumo
                    pare
                    caso 2:
                            valorPago = comercial * consumo
                    pare
                    caso contrario:
                            valorPago = industrial * consumo
                            consumoIndustrial = consumoIndustrial +
                            valorPago
                    pare
            }
    }
```

```
escreva("Digite o consumo: ")
leia(consumo)
}
```

Logo após o cálculo do valor a ser pago pelo consumidor, temos que acumular para encontrar o faturamento. Isso implica criar uma variável antes do laço iniciada com zero e que vai acumular o valor calculado para cada consumidor. Vamos aproveitar e testar também se o valor a ser pago está dentro da faixa de R$ 300,00 a R$ 700,00. Fica mais ou menos como mostrado no trecho de código a seguir. Note que também tive de criar uma variável **cont** para fazer o papel de contador.

```
se (valorPago >= 300 e valorPago <= 700)
{
    cont = cont + 1
}
faturamento = faturamento + valorPago
```

Por fim, após o comando **enquanto**, temos a impressão dos resultados esperados como podemos ver no seguinte trecho de código:

```
escreva("Faturamento total: R$ ", m.arredondar(faturamento, 2), "\n")
escreva("Quantidade de consumidores que pagam entre ",
        "R$ 300,00 e R$ 700,00: ", cont, "\n")
real perc = m.arredondar(consumoIndustrial/faturamento*100, 2)
escreva("Percentual de faturamento com o tipo industrial: ", perc, "%\n")
```

Na Listagem 52, temos um possível código completo do algoritmo, incluindo a declaração e a inicialização das variáveis que foram utilizadas.

```
1.      programa
2.      {
3.              inclua biblioteca Matematica --> m
4.              funcao inicio()
5.              {
6.                      real valor
7.                      escreva("Digite o valor do kw em R$: ")
8.                      leia(valor)
9.                      real comercial = valor * 1.1
10.                     real industrial = valor * 1.18
11.                     inteiro consumo
12.                     escreva("Digite o consumo: ")
13.                     leia(consumo)
14.                     inteiro tipo = 0
15.                     real valorPago = 0
16.                     real faturamento = 0
```

Estruturas de controle

```
17.                    real consumoIndustrial = 0
18.                    inteiro cont = 0
19.                    enquanto (consumo != 0)
20.                    {
21.                            se (consumo < 0)
22.                            {
23.                                    escreva("Erro. O consumo deve ser maior do que
                                       zero.\n")
24.                            } senao
25.                            {
26.                                    escreva("Digite o tipo de consumo\n 1 - residencial
                                       2 - comercial 3 - industrial:")
27.                                    leia(tipo)
28.                                    escolha (tipo)
29.                                    {
30.                                            caso 1:
31.                                                    valorPago = valor * consumo
32.                                            pare
33.                                            caso 2:
34.                                                    valorPago = comercial * consumo
35.                                            pare
36.                                            caso contrario:
37.                                                    valorPago = industrial * consumo
38.                                                    consumoIndustrial = consumoIn-
                                                       dustrial + valorPago
39.                                            pare
40.                                    }
41.                                    se (valorPago >= 300 e valorPago <= 700)
42.                                    {
43.                                            cont = cont + 1
44.                                    }
45.                                    faturamento = faturamento + valorPago
46.                            }
47.                            escreva("Digite o consumo:")
48.                            leia(consumo)
49.                    }
50.                    escreva("Faturamento total: R$ ", m.arredondar(faturamento, 2), "\n")
51.                    escreva("Quantidade de consumidores que pagam entre R$ 300,00
                       e R$ 700,00:", cont, "\n")
52.                    real perc = m.arredondar(consumoIndustrial/faturamento*100, 2)
53.                    escreva("Percentual de faturamento com o tipo industrial:",
                       perc, "%\n")
54.            }
55.    }
```

Listagem 52   Décimo exercício resolvido de **enquanto**.

Algoritmo proposto (s01e07)

Faça um algoritmo que leia pares de valores (**m, n**), todos inteiros e positivos, sendo um par de cada vez, e imprima a soma de todos os números entre **m** e **n** (inclusive). O algoritmo encerra quando o valor de **m** for maior que o valor de **n**.

Aponte seu *smartphone* para o QR Code ao lado para abrir o vídeo do YouTube em que mostro a solução do exercício proposto.

uqr.to/1979i

Encerramos aqui a primeira das três estruturas de repetição. A seguir, veremos uma estrutura ligeiramente diferente do **enquanto**.

6.3.2 Estrutura de repetição faça-enquanto

Uma característica que você deve ter notado do comando **enquanto** é que, dependendo da condição que foi definida, o laço pode não ser executado nenhuma vez. Isso acontece porque o teste de repetição no comando **enquanto** é feito no início da estrutura.

O Portugol oferece uma segunda estrutura de repetição, chamada de **faça-enquanto**, muito semelhante à **enquanto**, mas com a diferença de que o teste da repetição é realizado no fim da estrutura. Assim, o bloco de repetição será executado ao menos uma vez. A seguir, temos a sintaxe do **faça-enquanto** para o Portugol Studio:

faca
{
// bloco de comandos
}
enquanto (condição)

Da mesma forma que o comando **enquanto**, o **faça-enquanto** tem uma sintaxe bastante simples. Entre as palavras reservadas **faça** e **enquanto**, temos o bloco de comandos que será repetido. Caso a condição seja verdadeira, o fluxo será deslocado novamente para o **faça**, isto é, para o início da estrutura, e todo o bloco será executado mais uma vez. Esse fluxo se encerra quando a condição for falsa.

Na Figura 6.8, podemos ver o fluxograma para o comando **faça-enquanto**. Dentro da linha pontilhada, temos o bloco de comandos e o teste da condição. Note que, caso a condição seja verdadeira, o fluxo retorna para a primeira instrução do bloco. Se a condição for falsa, o fluxo segue para a próxima instrução após a repetição.

Estruturas de controle

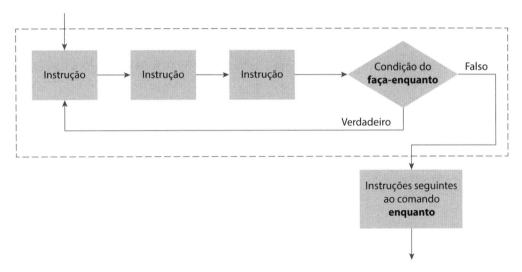

Figura 6.8 Fluxograma do comando **faça-enquanto**.

Em todos esses anos de ensino de programação, o que tenho visto é que os alunos preferem usar o comando **enquanto** em vez do **faça-enquanto**. A impressão que tenho é de que parece mais simples pensar quando o teste da repetição é feito no início. Particularmente, eu prefiro resolver também com **enquanto** e posso afirmar que, dentre os milhares de programas que fiz profissionalmente ao longo da vida, poucos tiveram a estrutura equivalente ao **faça-enquanto** na linguagem de programação que estava utilizando. Contudo, acho importante que você saiba que existe uma alternativa e que ela é tão eficiente quanto o comando **enquanto**.

Para iniciar nosso estudo do comando **faça-enquanto**, vou dar a solução para o próximo exercício resolvido. Nesse exercício, estou apresentando já a solução final. Não estranhe. É somente para que você compare a solução feita com o comando **enquanto** com a solução feita com o **faça-enquanto**. Em todos os outros exercícios continuarei fazendo a explicação do passo a passo da solução criada.

 Exercício resolvido

Faça um algoritmo que permita que o usuário digite um conjunto de valores inteiros e ao final seja impresso o valor da soma de todos os números que foram digitados. O usuário deverá digitar o valor zero caso deseje encerrar a contagem.

Passo 1 – Identificação do problema. Desejamos encontrar o valor da soma de um conjunto de números digitados pelo usuário.

Passo 2 – Quais dados estão envolvidos? Os valores que vão sendo lidos e uma variável que acumula a soma.

Passo 3 – Como encontrar os resultados esperados? Precisamos ter um laço onde cada valor é lido e a variável soma deve acumular o valor para poder imprimir o resultado após o encerramento do laço.

Passo 4 – Qual a condição de parada? O valor zero digitado pelo usuário.

138 Capítulo 6

Na Listagem 53, temos uma possível solução usando o comando **enquanto**. Já resolvemos problemas bastante similares, mas eu não alertei para o fato de que as linhas 6 e 7 são iguais às linhas 12 e 13. Isso acontece porque, como o teste no **enquanto** é feito no início da repetição, precisamos fazer uma leitura fora e outra dentro do laço. Se utilizarmos somente a leitura antes do **enquanto**, teremos um *loop* infinito e, se fizermos a leitura somente dentro do **enquanto**, a repetição não será executada. Portanto, a solução na Listagem 53 está correta e deve ser feita dessa forma.

```
1.      programa
2.      {
3.              funcao inicio()
4.              {
5.                      inteiro n
6.                      escreva("Digite um número:")
7.                      leia(n)
8.                      inteiro soma = 0
9.                      enquanto (n != 0)
10.                     {
11.                             soma = soma + n
12.                             escreva("Digite um número:")
13.                             leia(n)
14.                     }
15.                     escreva("O valor da soma é:", soma)
16.              }
17.     }
```

Listagem 53   Exemplo do comando **faça-enquanto** versão 1.0.

Vejamos agora, na Listagem 54, a solução para o mesmo problema usando o comando **faça-enquanto**. Com certeza, a primeira coisa que você olhou é se repetimos alguma linha de código. A resposta é não. Essa solução, garanto, é bem mais limpa e elegante do que a apresentada na Listagem 53. Este é o exemplo clássico no qual a solução com o **faça-enquanto** fica melhor do que com o comando **enquanto**.

```
1.      programa
2.      {
3.              funcao inicio()
4.              {
5.                      inteiro n
6.                      inteiro soma = 0
7.                      faca
8.                      {
9.                              escreva("Digite um número:")
```

```
10.                          leia(n)
11.                          soma = soma + n
12.                      }
13.                      enquanto (n != 0)
14.                      escreva("O valor da soma é:", soma)
15.              }
16.      }
```

Listagem 54   Exemplo do comando **faça-enquanto** versão 2.0.

Você pode argumentar que a Listagem 53 está correta e que não precisa ser tão perfeccionista a ponto de ter que fazer a Listagem 54. Concordo com você. A questão principal nesse caso é você saber que existe uma alternativa ao comando **enquanto** e que a solução do problema pode ser pensada imaginando os dois cenários.

Vou abrir aqui um parêntese:

Vamos discutir um pouco sobre solução inicial e solução melhorada. Quando estamos aprendendo algoritmos e temos um problema para resolver, o nosso foco maior é encontrar UMA solução e não A MELHOR solução. Eu entendo isso perfeitamente e acredito firmemente que encontrar UMA solução é muito melhor do que não encontrar qualquer solução. Dito isso, para quem está aprendendo a criar algoritmos, a solução da Listagem 53 poderia ser considerada uma solução inicial e a da Listagem 54 seria uma solução melhorada. Normalmente, nem quando estamos aprendendo a programar e nem quando já trabalhamos profissionalmente temos a boa prática de verificar se existe uma versão melhorada do nosso algoritmo. Isso acontece porque o que desejamos é apenas resolver o problema quando estamos aprendendo. Quando já estamos trabalhando, temos contra nós a pressão de tempo para a entrega do produto. O que eu aconselho em qualquer um dos casos é que você sempre deve analisar a solução a fim de verificar se existe como melhorar o seu algoritmo. Incorporando esse pensamento no seu dia a dia, você terá adquirido uma boa prática e, consequentemente, sempre fará ótimos algoritmos/programas/sistemas.

Vou fechar o parêntese.

Veremos a seguir alguns problemas envolvendo o comando **faça-enquanto**.

 Exercício resolvido

Dado um número **n** inteiro e positivo, dizemos que ele é perfeito se for igual à soma de seus divisores positivos diferentes de **n**. Construa um algoritmo que leia um número do usuário e verifica se ele é perfeito ou não.

O número 6 é perfeito, pois os divisores são: 1, 2 e 3, que, somados, têm seis como resultado.

Antes de começar a escrever o algoritmo, vamos responder às nossas perguntas básicas.

Passo 1 – Identificação do problema. Desejamos verificar se um número digitado pelo usuário é perfeito ou não.

Passo 2 – Quais dados estão envolvidos? O valor lido, a soma dos divisores.

Passo 3 – Como encontrar os resultados esperados? Precisamos verificar quais os números de 1 até n – 1 que são divisores de **n**. Para isso, temos que fazer um laço em que vamos testar número por número verificando se o resto de **n** pelo contador é zero. Se for, acumulamos o valor. Ao final do laço, devemos testar se o valor da soma acumulada é igual a **n**.

Passo 4 – Qual a condição de parada? O contador precisa ser menor que **n**.

Da mesma forma que fizemos com os exercícios do comando **enquanto**, vamos criar a solução do algoritmo por partes. Inicialmente, vamos pensar na repetição. Temos de pedir que o usuário digite o número e a seguir uma repetição que vai de 1 até o valor lido menos um. Dessa forma, tenho que criar uma variável e inicializar com 1, e dentro do laço incremento essa variável de 1 em 1 até o n – 1. Isso pode ser visto no trecho de código a seguir. Note que o teste do **faça-enquanto** é **cont** ser menor do que **n**.

```
inteiro n
escreva("Digite um número: ")
leia(n)
inteiro cont = 1
faca
{
      cont = cont + 1
} enquanto(cont < n)
```

Agora, será necessário testar cada valor de **cont** para saber se é divisor de **n**. Caso seja um divisor, temos que acumular a soma em uma variável, como pode ser visto no próximo código. Note que o **se** deve ficar antes do incremento da variável **cont**. Se ficasse depois, teríamos dois problemas: não testaríamos o valor 1 e testaríamos o valor de **n**, ou seja, o algoritmo estaria errado.

```
inteiro n
escreva("Digite um número: ")
leia(n)
inteiro cont = 1
inteiro somaDivisores = 0
faca
{
      se (n % cont == 0)
      {
            somaDivisores = somaDivisores + cont
      }
      cont = cont + 1
} enquanto(cont < n)
```

Após o laço, temos que verificar se a variável **somaDivisores** é igual ao valor de **n**. Se for igual, então encontramos um número perfeito. No trecho de código a seguir, quis fazer um pouco diferente. Em vez de fazer o teste direto no comando **se**, criei uma variável lógica e

Estruturas de controle 141

usei a variável no **se**. Poderia colocar **somaDivisores == cont** no teste do **se**? Sim, poderia. Só estou mostrando que tem outras opções de fazer a mesma coisa.

```
logico perfeito = somaDivisores == cont
se (perfeito)
{
    escreva("O número ", cont, " é perfeito")
} senao
{
    escreva("O número ", cont, " não é perfeito")
}
```

Na Listagem 55, temos uma possível solução completa do algoritmo solicitado.

```
1.      programa
2.      {
3.          funcao inicio()
4.          {
5.              inteiro n
6.              escreva("Digite um número: ")
7.              leia(n)
8.              inteiro cont = 1
9.              inteiro somaDivisores = 0
10.             faca
11.             {
12.                 se (n % cont == 0)
13.                 {
14.                     somaDivisores = somaDivisores + cont
15.                 }
16.                 cont = cont + 1
17.             } enquanto(cont < n)
18.             logico perfeito = somaDivisores == cont
19.             se (perfeito)
20.             {
21.                 escreva("O número ", cont, " é perfeito")
22.             } senao
23.             {
24.                 escreva("O número ", cont, " não é perfeito")
25.             }
26.         }
27.     }
```

Listagem 55 Primeiro exercício resolvido de **faça-enquanto**.

 **Exercício resolvido**

A kryptonita, o material radioativo que torna o Superman mais fraco, perde metade de sua massa a cada 50 segundos. Dada a massa inicial, em gramas, deve-se calcular o tempo necessário para que essa massa se torne menor que 0,5 grama, que é quando não afeta mais os poderes do Superman. Faça um algoritmo para escrever a massa inicial, a massa final e em quanto tempo o Superman ficará fraco, sendo que o tempo deve ser calculado em horas, minutos e segundos.

Vamos responder às nossas perguntas para entender o problema e começar a pensar como será a solução.

Passo 1 – Identificação do problema. Sabendo a massa inicial, desejamos verificar quanto tempo a Kryptonita vai levar para ficar com menos de 0,5 grama.

Passo 2 – Quais dados que estão envolvidos? A massa inicial lida pelo usuário, o tempo que leva para perder metade da sua massa e a condição de parada.

Passo 3 – Como encontrar os resultados esperados? Precisamos fazer um laço que calcule a nova massa e que em cada repetição aumente o tempo total em 50 segundos. Ao final do laço, precisamos converter o tempo total que está em segundos para horas, minutos e segundos.

Passo 4 – Qual a condição de parada? A massa da Kryptonita deve ser menor que 0,5 grama.

Vamos inicialmente pensar na repetição. Lembra que a massa lida vai ser reduzida pela metade a cada 50 segundos. Sendo assim, o laço terá que refletir essa definição dada pelo problema. Imaginando que já temos definidas as variáveis **tempo** e **massa**, o seguinte trecho de código resolveria o que estamos querendo fazer.

```
faca
{
    tempo = tempo + 50
    massa = massa / 2
} enquanto (massa > 0.5)
```

Agora, podemos adicionar a leitura da massa e a inicialização da variável tempo. Note que temos de fazer isso antes de começar a repetição. Vale observar também que usei outra variável para fazer a leitura, pois o problema pede para imprimir tanto a massa inicial quanto a massa final. Se utilizasse a mesma variável, acabaria perdendo o seu valor inicial.

```
real massaInicial
escreva("Digite a massa inicial: ")
leia(massaInicial)
real massa = massaInicial
inteiro tempo = 0
faca
{
    tempo = tempo + 50
    massa = massa / 2
} enquanto (massa > 0.5)
```

Estruturas de controle

Após o laço, podemos fazer a impressão dos resultados, como vemos a seguir.

```
escreva("A massa inicial foi:", massaInicial, "\n")
escreva("A massa inicial é:", massa, "\n")
escreva("O tempo que levou o processo foi:")
```

Claro que você notou que não estou imprimindo o tempo. O que temos de fazer agora é transformar o tempo total que foi calculado em segundos para horas, minutos e segundos. Não custa lembrar das seguintes regras de transformação:

1 h = 3600 segundos
1 min = 60 segundos

Como já comentei anteriormente no livro, antes de começar a escrever o algoritmo, você precisa entender como fazer o cálculo manualmente. Sem esse entendimento, o algoritmo não poderá ser resolvido.

Vamos começar pelo mais simples. Imagine que você tem 130 segundos para transformar em minutos e segundos. Qual conta deve ser feita? Conta de divisão de primário. Vamos lá. Pega a quantidade de segundos total e divide por 60. O quociente são os minutos e o resto são os segundos.

Por exemplo: 130 / 60 = 2 e resto 10, ou seja, 130 s = 2 min e 10 s.

Vamos pensar agora em fazer a conta para horas também. Imagine que temos 3.700 segundos no total. A conta deve ser feita por partes. Primeiro, dividimos por 3.600 para encontrar as horas, como no exemplo a seguir:

3700 / 3600 = 1 de quociente e 100 de resto, ou seja, 1 h e 100 segundos

Já sabemos que 3.700 tem 1 h, mas não sabemos nem os minutos nem os segundos. Quem vai nos dar esse complemento será o resto da divisão por 3.600, ou seja, os 100 segundos que sobraram. Com esses 100, faremos o mesmo cálculo que fizemos antes: dividir por 60.

100 / 60 = 1 min e 40 s

Assim, temos que 3.700 segundos tem 1 h, 1 min e 40 s. Agora, vejamos o código que resolve essa transformação. Note que a variável **horas** terá a quantidade de horas, a variável **minutos** a quantidade de minutos e **tempo** a quantidade de segundos.

```
inteiro horas = tempo / 3600
tempo = tempo % 3600
inteiro minutos = tempo / 60
tempo = tempo % 60
```

A Listagem 56 mostra uma possível solução completa do algoritmo proposto. Note que na parte da impressão do tempo fiz a verificação tanto da hora, quanto do minuto e do segundo

144 Capítulo 6

para ver se era mais que zero. Caso seja zero, não imprime. Por exemplo, em vez de imprimir: 0 h 0 min e 50 s, ele vai imprimir: 50 s.

```
1.     programa
2.     {
3.             funcao inicio()
4.             {
5.                     real massaInicial
6.                     escreva("Digite a massa inicial: ")
7.                     leia(massaInicial)
8.                     real massa = massaInicial
9.                     inteiro tempo = 0
10.                    faca
11.                    {
12.                            tempo = tempo + 50
13.                            massa = massa / 2
14.
15.                    } enquanto (massa > 0.5)
16.                    escreva("A massa inicial foi: ", massaInicial, "\n")
17.                    escreva("A massa inicial é: ", massa, "\n")
18.                    escreva("O tempo que levou o processo foi: ")
19.                    inteiro horas = tempo / 3600
20.                    se (horas > 0)
21.                    {
22.                            escreva(horas, "h ")
23.                    }
24.                    tempo = tempo % 3600
25.                    inteiro minutos = tempo / 60
26.                    se (minutos > 0)
27.                    {
28.                            escreva(minutos, "m ")
29.                    }
30.                    tempo = tempo % 60
31.                    se (tempo > 0)
32.                    {
33.                            escreva(tempo, "s ")
34.                    }
35.            }
36.    }
```

Listagem 56   Segundo exercício resolvido de **faça-enquanto**.

Estruturas de controle 145

 Algoritmo proposto (s01e08)

Vamos fazer o inverso do algoritmo anterior. Suponha que você é Lex Luthor e quer deixar o Superman fraco por um tempo determinado. O algoritmo tem que calcular qual a massa, em quilogramas, de kryptonita que você precisa usar. O algoritmo deverá ler separadamente a quantidade de horas, minutos e segundos. Considere que a massa final será de 0,5 grama.

Aponte seu *smartphone* para o QR Code ao lado para abrir o vídeo do YouTube em que mostro a solução do exercício proposto.

uqr.to/197am

 Exercício resolvido

Escreva um algoritmo que leia um valor inicial A e imprima a sequência de valores do cálculo do fatorial de **A!** e o seu resultado.

Por exemplo, imagine que o número lido seja 5 e teremos o seguinte padrão de resposta:

5! = 5 × 4 × 3 × 2 × 1 = 120

Este é mais um problema dos que não animam muito, mas é importante para você desenvolver seu raciocínio além de ter que fazer exatamente o que se pede. Você pode estar se questionando sobre a última frase, pois, na sua cabeça, em todos os algoritmos que resolvemos até o momento entregamos o que se pedia. Você está correto ao pensar assim.

Mas vou abrir um parêntese aqui para explicar melhor a minha frase.

Na internet, existem diversos *sites* com o que chamamos juiz *on-line* de programação. Essas ferramentas têm como objetivo verificar a corretude de algoritmos/programas. Como é que elas conseguem fazer isso se não tem um humano para olhar o algoritmo? O que se faz é comparar a saída do algoritmo para um conjunto de entradas possíveis. Por exemplo, imagine que o algoritmo seja para ler um número e imprimir o dobro. O que a ferramenta faz é pegar alguns números, como, por exemplo, 0, 5 e 100 e para cada um deles testar os valores de saída. Se os resultados encontrados forem 0, 10 e 200, respectivamente, então seu algoritmo está correto.

Agora, imagine que o juiz *on-line* vai testar sua solução para este exercício resolvido que eu estou propondo agora. A saída esperada para o valor de entrada 5 é:

5! = 5 × 4 × 3 × 2 × 1 = 120

146   Capítulo 6

Se você der como saída apenas o valor do fatorial de cinco, que é 120, o juiz *on-line* vai dizer que seu algoritmo está errado, pois comparou o que ele esperava com o que você apresentou. Assim, algoritmos corrigidos com juiz *on-line* devem sempre ter cuidados redobrados.

Fecha parênteses.

Vamos agora voltar para a frase apresentada anteriormente: você vai ter que fazer exatamente o que se pede. É disso que estou falando. Nesses casos, você terá que prestar bastante atenção aos detalhes. Dito tudo isso, vejamos como resolver o problema apresentado, não sem antes responder às perguntas básicas.

Passo 1 – Identificação do problema. Devemos calcular o fatorial de um número lido pelo usuário e exibir a saída exatamente como pede o problema.

Passo 2 – Quais dados estão envolvidos? O valor lido pelo usuário.

Passo 3 – Como encontrar os resultados esperados? Precisamos fazer uma repetição que comece do número lido e vá diminuindo até chegar ao valor um. Em cada iteração do laço, temos que imprimir o contador e fazer a conta do fatorial.

Passo 4 – Qual a condição de parada? O contador chegar ao número 1.

Para fazermos o laço, vamos imaginar que a variável **numero** já foi lida pelo usuário. Assim, teremos um trecho de código da seguinte forma:

```
faca {
    numero = numero - 1
} enquanto (numero > 1)
```

Lembrando sempre que nossa saída tem que seguir exatamente o formato solicitado no enunciado. Assim, o número lido deve ser impresso fora do laço, já que dentro do laço estamos diminuindo o contador. Podemos pensar em uma solução mais ou menos assim:

```
inteiro numero
escreva("Digite um número: ")
leia(numero)
escreva(numero, "! = ", numero)
faca {
    numero = numero - 1
    escreva(" x ", numero)
} enquanto (numero > 1)
```

Imaginando que o usuário digitou o valor 4, a saída do algoritmo vai ser como mostrada a seguir, sendo que o mostrado em negrito foi impresso fora do laço e o restante dentro do laço.

4! $= 4 \times 3 \times 2 \times 1$

Estamos quase lá. O que precisa ser feito agora é o cálculo do fatorial, que é a multiplicação pelo contador, ou seja, a variável **numero**. Fora do laço, precisamos inicializar a variável e dentro do laço realizamos a multiplicação. Veja isso no seguinte trecho de código:

```
inteiro numero
escreva("Digite um número: ")
leia(numero)
escreva(numero, "! = ", numero)
inteiro fatorial = numero
faca {
    numero = numero - 1
    escreva(" x ", numero)
    fatorial = fatorial * numero
} enquanto (numero > 1)
```

Depois do laço, só resta imprimir o símbolo de igual (=) e o valor do fatorial para que tenhamos a saída do algoritmo exatamente como foi solicitada.

```
escreva(" = ", fatorial)
```

Na Listagem 57, podemos ver uma possível solução para o problema proposto.

```
1.   programa
2.   {
3.          funcao inicio()
4.          {
5.                 inteiro numero
6.                 escreva("Digite um número: ")
7.                 leia(numero)
8.                 escreva(numero, "! = ", numero)
9.                 inteiro fatorial = numero
10.                faca {
11.                       numero = numero - 1
12.                       escreva(" x ", numero)
13.                       fatorial = fatorial * numero
14.                } enquanto (numero > 1)
15.                escreva(" = ", fatorial)
16.         }
17.  }
```
Listagem 57 Terceiro exercício resolvido de **faça-enquanto**.

 Algoritmo resolvido

O resto da divisão de dois números já se mostrou muito útil na resolução de diversos exercícios ao longo do livro. Mas vamos supor que na linguagem que você está usando atualmente não exista esse operador. Escreva um algoritmo que calcule o resto da divisão de A por B (números inteiros e positivos) por meio de subtrações sucessivas. Os dois valores são informados pelo usuário.

148   Capítulo 6

Este é um algoritmo simples, mas que ajuda você a desenvolver seu raciocínio lógico para encontrar a solução. Vamos responder às nossas perguntas iniciais.

Passo 1 – Identificação do problema. Devemos calcular o resto da divisão de dois números lidos pelo usuário.

Passo 2 – Quais dados estão envolvidos? Apenas os valores dos números lidos.

Passo 3 – Como encontrar os resultados esperados? Para calcularmos o resto por meio de subtrações sucessivas, devemos fazer um laço no qual vamos subtrair do numerador o valor do denominador. Esse laço repete-se até o que o valor do numerador seja menor que o denominador. O valor que sobrar no numerador é o resto da divisão.

Passo 4 – Qual a condição de parada? Como já foi dito no Passo 3, a condição de parada é o denominador ser maior que o numerador.

Com base no Passo 3, o que temos que fazer é uma repetição que diminua o numerador sucessivas vezes do denominador. Imagine que queremos calcular o resto de 10 por 3. Teríamos um cálculo feito da seguinte forma:

$$10 - 3 = 7$$
$$7 - 3 = 4$$
$$4 - 3 = 1$$
$$1 - 3 \rightarrow \text{finaliza a repetição e 1 é o valor que queremos}$$

Vamos iniciar a solução do algoritmo com a leitura dos valores pelo usuário. O que temos pode ser visto no trecho de código a seguir.

```
inteiro a
escreva("Digite o numerador:")
leia(a)
inteiro b
escreva("Digite o denominador:")
leia(b)
```

Vamos adicionar o laço que vai diminuir o numerador pelo denominador. Note que o laço será repetido enquanto **a** for maior ou igual a **b**.

```
inteiro a
escreva("Digite o numerador:")
leia(a)
inteiro b
escreva("Digite o denominador:")
leia(b)
faca
{
    a = a - b
} enquanto (a >= b)
```

Estruturas de controle

Para completar o algoritmo, basta fazer a impressão do resultado encontrado. Veja que fizemos a impressão de uma parte da resposta antes e outra parte depois do laço.

escreva("O resto de ", a, " por ", b, " = ")
faca
{
    a = a - b
} enquanto (a >= b)
escreva(a)

Na Listagem 58, temos um possível algoritmo completo para a solução do problema. Note que é um algoritmo simples, mas o objetivo, conforme comentei, é que você desenvolva cada vez mais a sua lógica computacional.

```
1.    programa
2.    {
3.        funcao inicio()
4.        {
5.            inteiro a
6.            escreva("Digite o numerador: ")
7.            leia(a)
8.            inteiro b
9.            escreva("Digite o denominador: ")
10.           leia(b)
11.           escreva("O resto de ", a, " por ", b, " = ")
12.           faca
13.           {
14.               a = a - b
15.           } enquanto (a >= b)
16.           escreva(a)
17.       }
18.   }
```
Listagem 58   Quarto exercício resolvido de **faça-enquanto**.

 Algoritmo resolvido

Na Matemática, chamamos de número triangular um número que é o resultado de três números inteiros consecutivos. O número 24, por exemplo, pode ser encontrado a partir da multiplicação de 2 × 3 × 4, sendo, portanto, um número triangular.

Rodrigo, seu professor de Matemática, perguntou se poderia ajudá-lo a descobrir se um número qualquer é triangular ou não e você ficou de fazer um algoritmo para ler um número e imprimir o resultado. Caso o valor lido não seja triangular, seu professor pediu para informar qual era o número triangular anterior mais próximo.

Passo 1 – Identificação do problema. Devemos verificar se um número digitado pelo usuário é triangular.

Passo 2 – Quais dados estão envolvidos? Apenas o número lido.

Passo 3 – Como encontrar os resultados esperados? Para verificarmos se o número é triangular, precisamos de um contador que deve ser multiplicado pelos dois números sucessores. Caso o resultado seja igual ao valor lido, o número é triangular. Se a multiplicação for menor que o valor lido, teremos de incrementar o contador e fazer uma nova interação. Se o resultado da multiplicação for maior que o valor lido, então o número não é triangular e o laço deve ser encerrado.

Passo 4 – Qual a condição de parada? Como já foi dito no Passo 3, a condição de parada é a multiplicação dos três números sucessivos ser maior que o número lido.

Vamos pensar na repetição que deve ser feita para encontrar os números triangulares. No trecho a seguir, você pode ver que criei o contador **n**, o qual é incrementado de 1 em 1 dentro do **faça-enquanto**. Também criei uma variável chamada **multiplica**, que, dentro do laço, recebe o valor da multiplicação de **n**, seu sucessor **n + 1** e seu próximo sucessor **n + 2**. A repetição acaba quando a multiplicação for maior ou igual a **num**, que vai ser a variável lida pelo usuário.

```
inteiro multiplica = 1
inteiro n = 1
faca
{
    multiplica = n * (n+1) * (n+2)
    n = n + 1
} enquanto (multiplica < num)
```

Para descobrirmos se o número lido é triangular, teremos que compará-lo com o resultado da multiplicação. Caso seja igual, é porque encontramos um número triangular. É isso que estou fazendo no trecho a seguir. Note que criei uma variável lógica chamada **achou** e atribuí inicialmente o valor **falso**. Dentro do laço, fiz o teste **multiplica == num** que, se for verdadeiro, troca o valor da variável **achou** para **verdadeiro**.

Ao final da repetição, a variável **achou** terá falso caso dentro do laço ela não tiver sido alterada. Essa é uma técnica muito utilizada por programadores quando se deseja encontrar ou provar alguma coisa.

```
inteiro num
escreva("Digite um número: ")
leia(num)
inteiro multiplica = 1
inteiro n = 1
logico achou = falso
faca
{
    multiplica = n * (n+1) * (n+2)
    n = n + 1
    se (multiplica == num)
```

Estruturas de controle

```
        {
                achou = verdadeiro
        }
} enquanto (multiplica < num)
```

O trecho a seguir pode ser usado após o **faça-enquanto** para perguntar se o número lido é triangular ou não.

```
se (achou)
{
        escreva(num, " é um número triangular")
} senao
{
        escreva(num, " não é um número triangular")
}
```

Você já deve ter percebido que não atendemos e esta parte do problema: "Caso o valor lido não seja triangular, seu professor pediu para informar qual era o número triangular anterior mais próximo."

Este também é um tipo de problema no qual precisaremos armazenar o valor anterior da multiplicação. Já utilizamos uma técnica parecida quando falamos do problema da série de Fibonacci.

No trecho a seguir, criei uma variável chamada **anterior** fora do **faça-enquanto** e dentro do laço, antes de calcular o próximo termo da multiplicação, o valor de **multiplica** é atribuído para **anterior**.

```
inteiro num
escreva("Digite um número: ")
leia(num)
inteiro multiplica = 1
inteiro anterior
inteiro n = 1
logico achou = falso
faca
{
        anterior = multiplica
        multiplica = n * (n+1) * (n+2)
        n = n + 1
        se (multiplica == num)
        {
                achou = verdadeiro
        }
} enquanto (multiplica < num)
```

152   Capítulo 6

Na Listagem 59, podemos ver uma possível solução completa do que foi solicitado pelo exercício. Note que, quando o número não era triangular, fiz a impressão da variável anterior para atender ao enunciado da questão.

```
1.    programa
2.    {
3.         funcao inicio()
4.         {
5.              inteiro num
6.              escreva("Digite um número:")
7.              leia(num)
8.              inteiro multiplica = 1
9.              inteiro anterior
10.             inteiro n = 1
11.             logico achou = falso
12.             faca
13.             {
14.                  anterior = multiplica
15.                  multiplica = n * (n+1) * (n+2)
16.                  n = n + 1
17.                  se (multiplica == num)
18.                  {
19.                       achou = verdadeiro
20.                  }
21.             } enquanto (multiplica < num)
22.
23.             se (achou)
24.             {
25.                  escreva(num, " é um número triangular")
26.             } senao
27.             {
28.                  escreva(num, " não é um número triangular \n")
29.                  escreva(anterior, " é o número triangular anterior mais
                         próximo")
30.             }
31.        }
32.   }
```

Listagem 59   Quinto exercício resolvido de **faça-enquanto**.

Queria deixar para você fazer uma pequena modificação no algoritmo. Suponha que Rodrigo, o seu professor de Matemática, tivesse solicitado o número triangular mais próximo do lido em vez do mais próximo anterior.

Por exemplo, se no algoritmo da Listagem 59 você digitar 22, o número triangular anterior mais próximo será 6. Na proposta que estou fazendo para você modificar, o valor a ser impresso como mais próximo seria 24. Vamos lá, tenho certeza de que você consegue!

 Algoritmo resolvido

A FIFA está fazendo a eleição para melhor jogador do mundo. Os três finalistas desse ano são: Cristiano Ronaldo, Messi e Neymar. Faça um algoritmo que permita ler os votos dados aos jogadores e ao final mostre o percentual de votos de cada um dos finalistas, bem como de votos em branco e nulos. Considere que:

- 1, 2 e 3 são votos para os respectivos candidatos.
- 4 é voto em branco.
- Outra opção é voto nulo.
- O voto zero encerra a votação.

Vamos iniciar respondendo às nossas perguntas básicas.

Passo 1 – Identificação do problema. Devemos permitir ler um conjunto de votos para os jogadores e computar os votos dados para cada um.

Passo 2 – Quais dados estão envolvidos? Os nomes dos jogadores, a quantidade de votos total e quantidade de votos de cada jogador.

Passo 3 – Como encontrar os resultados esperados? Teremos que fazer um laço que vai ler os votos. Para cada voto, teremos um contador individual que deverá ser incrementado quando o voto for para o candidato selecionado. Também temos que contar o total de votos para poder, após o laço, calcular os percentuais de cada um.

Passo 4 – Qual a condição de parada? O valor zero dado como voto encerra a votação.

Mais uma vez, iremos dar a solução do algoritmo passo a passo. Podemos iniciar pela estrutura de repetição e depois vamos incrementando. No trecho a seguir, exibo as opções de candidatos para que o usuário possa fazer sua escolha. A cada voto dado, a tela é limpa e eu somo o total de votos.

```
inteiro total = 0
inteiro voto = 0
faca
{
    escreva("1 - Messi \n2 - Cristiano Ronaldo \n3 - Neymar\n",
"4 – Voto em branco\n")
    escreva("Digite o seu voto: ")
    leia(voto)

    limpa()
    total = total + 1
} enquanto (voto != 0)
```

154   Capítulo 6

Para que possa incrementar corretamente o número de votos de cada jogador, preciso ter uma estrutura de decisão. Poderia usar o comando **se**, mas neste caso é mais adequada a utilização do **escolha-caso**.

Gostaria que você observasse atentamente o comando **escolha-caso**. Alguma coisa chamou a sua atenção? Provavelmente, você notou que no **caso 0** não está fazendo nada. Se não faz nada, por qual motivo ele está colocado lá? Lembre-se de que o valor zero vai ser digitado para encerrar a votação. Agora imagine que o usuário digitou zero para dar fim à votação. Se o **caso 0** não estiver lá o voto será computado para **caso contrario**, ou seja, seria um voto nulo.

Evidentemente, existem outras formas de resolver esse problema. Você poderia ter um teste com **se** dentro de **caso contrario** ou você poderia diminuir de 1 o total de votos nulos. Enfim, existem outras soluções.

```
escolha(voto){
    caso 0:
    pare
    caso 1:
            messi = messi + 1
    pare
    caso 2:
            cr7 = cr7 + 1
    pare
    caso 3:
            neymar = neymar + 1
    pare
    caso 4:
            branco = branco + 1
    pare
    caso contrario:
            nulo = nulo + 1
    pare
}
```

Vamos analisar o seguinte trecho de código. Este é um passo importante, pois você sempre precisa validar as ideias que está colocando no algoritmo. O que acontece se você digitar de primeira o valor zero? Ou, ainda, o que acontece se você digitar um voto para cada jogador e depois votar zero? Para dar uma pista melhor do que eu quero como resposta, qual é o valor da variável **total** após o fim do laço em cada um dos casos? Para o primeiro caso, o valor de **total** seria 1 e para o segundo caso o valor seria 4. Note que o valor da variável **total** está errado. O certo seria 0 e 3, respectivamente. O que temos na solução proposta é um voto a mais no total. Correto? Uma possível solução é você trocar o valor inicial da variável 0 para −1. Coloque na mente que sempre você deve validar a solução imaginando possíveis situações.

```
inteiro total = 0
inteiro voto = 0
```

Estruturas de controle

```
faca
{
    escreva("1 - Messi \n2 - Cristiano Ronaldo \n3 - Neymar\n",
"4 – Voto em branco\n")
    escreva("Digite o seu voto: ")
    leia(voto)
    escolha(voto){
            caso 0:
            pare
            caso 1:
                    messi = messi + 1
            pare
            caso 2:
                    cr7 = cr7 + 1
            pare
            caso 3:
                    neymar = neymar + 1
            pare
            caso 4:
                    branco = branco + 1
            pare
            caso contrario:
                    nulo = nulo + 1
            pare
    }
    limpa()
    total = total + 1
} enquanto (voto != 0)
```

Após o laço, temos que calcular os percentuais de cada um dos votos, como podemos ver no seguinte trecho de código:

```
real percMessi = messi / total * 100
real percCr7 = cr7 / total * 100
real percNeymar = neymar / total * 100
real perBranco = branco / total * 100
real percNulo = nulo / total * 100
escreva("Messi: ", m.arredondar(percMessi,1),"%\n")
escreva("Cristiano: ", m.arredondar(percCr7,1),"%\n")
escreva("Neymar: ", m.arredondar(percNeymar,1),"%\n")
escreva("Brancos: ", m.arredondar(perBranco,1),"%\n")
escreva("Nulos: ", m.arredondar(percNulo,1),"%")
```

156 Capítulo 6

Na Listagem 60, temos uma possível solução completa do algoritmo. Note que inicializamos todas as variáveis de votos com zero e que a variável **total** foi inicializada com −1, pois, como já discutimos, percebemos que teríamos um voto a mais.

```
1.      programa
2.      {
3.              inclua biblioteca Matematica --> m
4.              funcao inicio()
5.              {
6.                      inteiro messi = 0
7.                      inteiro cr7 = 0
8.                      inteiro neymar = 0
9.                      inteiro nulo = 0
10.                     inteiro branco = 0
11.                     real total = -1
12.                     inteiro voto = 0
13.                     faca
14.                     {
15.                             escreva("1 - Messi \n2 - Cristiano Ronaldo \n3 - Neymar\
                                n4 - Voto em branco\n")
16.                             escreva("Digite o seu voto:")
17.                             leia(voto)
18.                             escolha(voto){
19.                                     caso 0:
20.                                     pare
21.                                     caso 1:
22.                                             messi = messi + 1
23.                                     pare
24.                                     caso 2:
25.                                             cr7 = cr7 + 1
26.                                     pare
27.                                     caso 3:
28.                                             neymar = neymar + 1
29.                                     pare
30.                                     caso 4:
31.                                             branco = branco + 1
32.                                     pare
33.                                     caso contrario:
34.                                             nulo = nulo + 1
35.                                     pare
36.                             }
37.                             limpa()
38.                             total = total + 1
39.                     } enquanto (voto != 0)
```

40.		real percMessi = messi / total * 100
41.		real percCr7 = cr7 / total * 100
42.		real percNeymar = neymar / total * 100
43.		real perBranco = branco / total * 100
44.		real percNulo = nulo / total * 100
45.		escreva("Messi:", m.arredondar(percMessi,1),"%\n")
46.		escreva("Cristiano:", m.arredondar(percCr7,1),"%\n")
47.		escreva("Neymar:", m.arredondar(percNeymar,1),"%\n")
48.		escreva("Brancos:", m.arredondar(perBranco,1),"%\n")
49.		escreva("Nulos:", m.arredondar(percNulo,1),"%")
50.	}	
51.	}	

Listagem 60   Sexto exercício resolvido de **faça-enquanto**.

 Algoritmo resolvido

Crie um algoritmo que leia os limites inferior e superior de um intervalo e imprima todos os números pares dentro do intervalo e seu somatório. Não considere que o usuário irá digitar primeiro o menor e depois o maior valor.

Por exemplo, o usuário poderá digitar 13 e 6 e o programa deverá imprimir o seguinte:

Números pares no intervalo: 6 8 10 12
Soma: 36

Passo 1 – Identificação do problema. Devemos permitir ler dois números que representam um intervalo e imprimir todos os números pares dentro do intervalo, bem como a soma.

Passo 2 – Quais dados estão envolvidos? Os limites do intervalo que são lidos pelo usuário.

Passo 3 – Como encontrar os resultados esperados? Primeiro, é necessário definir os limites. Caso o limite inferior seja maior que o limite superior, os valores das variáveis precisam ser trocados. Definidos corretamente os limites, temos de fazer um laço que vai do limite inferior até o limite superior. Dentro do laço, colocamos um contador que será testado, verificando se é par. Caso seja, precisamos imprimir e acumular para calcular a soma ao final.

Passo 4 – Qual a condição de parada? O contador ser maior que o limite superior.

Vamos inicialmente fazer a leitura dos limites. Caso os limites estejam invertidos, faremos a troca dos valores com o auxílio de outra variável, como pode ser visto no código a seguir.

```
inteiro inferior
escreva("Digite um número: ")
leia(inferior)
inteiro superior
escreva("Digite um número: ")
leia(superior)
se (inferior > superior)
{
```

```
        inteiro aux = superior
        superior = inferior
        inferior = aux
}
```

Com os limites definidos corretamente, podemos fazer um **faça-enquanto** usando um contador para controlar a saída do laço. Perceba que a variável **cont** foi inicializada com o limite inferior e está na condição da repetição.

```
inteiro cont = inferior
faca
{
        cont = cont + 1
} enquanto (cont <= superior)
```

Para cada um dos valores de **cont** dentro do laço, é preciso verificar se o número é par perguntando se o resto por 2 é igual a zero, como pode ser visto no seguinte trecho de código. Dentro do **se**, podemos imprimir o **cont**, já que ele será um número par, bem como acumular o valor de **cont** na variável **soma**.

```
inteiro cont = inferior
inteiro soma = 0
faca
{
    se (cont % 2 == 0)
    {
            escreva(cont, " ")
            soma = soma + cont
    }
    cont = cont + 1
} enquanto (cont <= superior)
```

Na Listagem 61, temos uma possível solução completa do algoritmo. Gostaria de propor para você uma alteração nesse algoritmo. Em vez de contar de 1 em 1 e testar se é par, que tal andar de 2 em 2 e já fazer a soma e a impressão?

```
1.    programa
2.    {
3.            funcao inicio()
4.            {
5.                    inteiro inferior
6.                    escreva("Digite um número: ")
7.                    leia(inferior)
8.                    inteiro superior
```

Estruturas de controle 159

```
9.           escreva("Digite um número:")
10.          leia(superior)
11.          se (inferior > superior)
12.          {
13.                  inteiro aux = superior
14.                  superior = inferior
15.                  inferior = aux
16.          }
17.          inteiro cont = inferior
18.          inteiro soma = 0
19.          escreva("Números pares no intervalo:")
20.          faca
21.          {
22.                  se (cont % 2 == 0)
23.                  {
24.                          escreva(cont," ")
25.                          soma = soma + cont
26.                  }
27.                  cont = cont + 1
28.          } enquanto (cont <= superior)
29.          escreva("\nSoma:", soma)
30.      }
31. }
```
Listagem 61   Sétimo exercício resolvido de **faça-enquanto**.

 Lógica do algoritmo

O que será impresso pelo algoritmo da Listagem 62, quando para os seguintes valores de **a** e **b**?

a = 1, b = 3
a = 5, b = 1
a = 6, b = 4

```
1.   programa
2.   {
3.       funcao inicio()
4.       {
5.           inteiro a
6.           escreva("Digite um número:")
7.           leia(a)
8.           inteiro b
9.           escreva("Digite um número:")
10.          leia(b)
```

```
11.            inteiro x = 1
12.            faca {
13.                    inteiro y = 1
14.                    faca{
15.                            escreva("*")
16.                            y = y + 1
17.                    } enquanto(y <= b)
18.                    escreva("\n")
19.                    x = x + 1
20.            } enquanto(x <= a)
21.            }
22.    }
```
Listagem 62 Oitavo exercício resolvido de **faça-enquanto**.

 Algoritmo resolvido

Você está trabalhando na escola Pequenos Nerds e a diretora pedagógica, a Sra. Maria das Graças, pediu para fazer um programa para imprimir todas as tabuadas de 1 a 10. Como todos os meses ela te pede a mesma coisa, você decidiu fazer um algoritmo para facilitar sua vida.

Estou fazendo questão deste exercício, embora seja pequeno no tamanho, porque tem uma pequena complexidade, pois teremos duas repetições envolvidas. Mas inicialmente vamos responder às nossas perguntas.

Passo 1 – Identificação do problema. Devemos imprimir todas as tabuadas de 1 a 10.

Passo 2 – Quais dados estão envolvidos? As tabuadas de 1 a 10

Passo 3 – Como encontrar os resultados esperados? Para imprimir a tabuada de 1, teremos que fazer uma repetição de 1 a 10. Depois disso, para fazer a tabuada do 2 teremos que executar novamente a repetição, a mesma coisa para a tabuada de 3 e, assim, sucessivamente.

Passo 4 – Qual a condição de parada? Quando imprimir a tabuada de 10.

O trecho a seguir imprime a tabuada de 3. Veja que fizemos um **faça-enquanto** que vai de 1 a 10 imprimindo cada linha da tabuada, multiplicando **x** (que fixamos como sendo o número 3) por **y**, que está variando de 1 a 10. Como faríamos para imprimir, por exemplo, a tabuada de 4? Simples, bastaria trocar o **x = 3** por **x = 4**, concorda?

```
inteiro x = 3
escreva("Tabuada de ", x, "\n")
inteiro y = 1
faca {
    escreva(x, " x ", y ," = ", x*y,"\n")
    y = y + 1
} enquanto (y <= 10)
```

Mas e se eu te pedisse para imprimir a tabuada de 3 e de 4, como poderia ser resolvida? Uma forma não muito boa, mas que funciona, pode ser vista no código a seguir. Primeiro, fizemos a tabuada de 3 e depois a de 4.

Estruturas de controle

```
inteiro x = 3
escreva("Tabuada de ", x, "\n")
inteiro y = 1
faca {
    escreva(x, " x ", y ," = ", x*y,"\n")
    y = y + 1
} enquanto (y <= 10)
inteiro x = 4
escreva("Tabuada de ", x, "\n")
inteiro y = 1
faca {
    escreva(x, " x ", y ," = ", x*y,"\n")
    y = y + 1
} enquanto (y <= 10)
```

Vejamos outra solução também não muito boa, mas que serve para o propósito que desejo mostrar. Note que, em vez de colocar diretamente 4 em **x**, eu incrementei o valor da variável. O que temos agora é a possibilidade de incrementar a variável **x** e a repetição do código.

```
inteiro x = 3
escreva("Tabuada de ", x, "\n")
inteiro y = 1
faca {
    escreva(x, " x ", y ," = ", x*y,"\n")
    y = y + 1
} enquanto (y <= 10)
inteiro x = x + 1
escreva("Tabuada de ", x, "\n")
inteiro y = 1
faca {
    escreva(x, " x ", y ," = ", x*y,"\n")
    y = y + 1
} enquanto (y <= 10)
```

Assim, poderíamos fazer outra repetição para a variável **x** e neste caso teríamos um laço dentro de outro laço. O **faça-enquanto** mais interno é para imprimir a tabuada de um número, já o outro **faça-enquanto**, mais externo, serve para imprimir a tabuada do próximo número. Gostaria que você percebesse o poder que tem nas mãos. Com uma estrutura bem pequena, é possível fazer coisas incríveis.

```
inteiro x = 1
faca {
    escreva("Tabuada de ", x, "\n")
    inteiro y = 1
```

```
        faca {
                escreva(x, " x ", y ," = ", x*y,"\n")
                y = y + 1
        } enquanto (y <= 10)
        escreva("\n")
        x = x + 1
} enquanto (x <= 10)
```

Na Listagem 63, podemos ver o exercício completo resolvido. Note que, com poucas linhas de código, conseguimos imprimir todas as tabuadas de 1 a 10.

1.	programa
2.	{
3.	funcao inicio()
4.	{
5.	inteiro x = 1
6.	faca {
7.	escreva("Tabuada de ", x, "\n")
8.	inteiro y = 1
9.	faca {
10.	escreva(x, " x ", y ," = ", x*y,"\n")
11.	y = y + 1
12.	} enquanto (y <= 10)
13.	escreva("\n")
14.	x = x + 1
15.	} enquanto (x <= 10)
16.	}
17.	}

Listagem 63   Nono exercício resolvido de **faça-enquanto**.

 Algoritmo resolvido

O síndico do condomínio Moradas da Praia, o Sr. Amaral, quer fazer um censo com seus condôminos para conhecer a faixa etária e assim conseguir propor algumas mudanças no condomínio. Faça um algoritmo que receba a idade de cada uma das 80 pessoas do Moradas da Praia e, com base na tabela, mostre:

- A quantidade de pessoas em cada faixa etária.
- O percentual de pessoas na última faixa etária com relação ao total de pessoas.

Estruturas de controle

Faixa etária	Idade
1ª	Até 10 anos
2ª	De 11 a 25 anos
3ª	De 26 a 40 anos
4ª	De 41 a 60 anos
5ª	Acima de 60 anos

Passo 1 – Identificação do problema. Devem ser lidas as idades dos 80 moradores do condomínio para contar quantas pessoas há em cada faixa e encontrar o percentual da faixa dos moradores acima de 60 anos com relação ao total.

Passo 2 – Quais dados estão envolvidos? A idade dos 80 moradores.

Passo 3 – Como encontrar os resultados esperados? Precisamos fazer um laço para ler todas as idades. Dentro do laço, precisamos ter contadores para cada faixa. Ao final da repetição, precisamos imprimir os resultados encontrados.

Passo 4 – Qual a condição de parada? Ler todos os 80 moradores do condomínio.

Vamos iniciar a solução do algoritmo pela repetição. Note que é bastante simples. Usei o comando **faça-enquanto** repetindo 80 vezes com o auxílio da variável **cont**.

```
inteiro cont = 1
faca
{
    inteiro idade
    escreva("Digite a idade: ")
    leia(idade)
    cont = cont + 1
} enquanto (cont <= 80)
```

Para saber a quantidade de pessoas em cada faixa, precisaremos de um contador para cada uma e de um comando **se-senao se**, como pode ser visto no trecho de código a seguir. Vale lembrar que os contadores das faixas devem ser declarados e inicializados antes do **faça-enquanto**.

```
faca
{
    inteiro idade
    escreva("Digite a idade: ")
    leia(idade)
    se (idade <= 10)
    {
            faixa1 = faixa1 + 1
    } senao se (idade <= 25)
    {
```

```
                faixa2 = faixa2 + 1
        } senao se (idade <= 40)
        {
                faixa3 = faixa3 + 1
        } senao se (idade <= 60)
        {
                faixa4 = faixa4 + 1
        } senao{
                faixa5 = faixa5 + 1
        }
        cont = cont + 1
} enquanto (cont <= 80)
```

Terminado o laço, é hora de calcular o percentual da última faixa e imprimir os resultados. Vale ressaltar que para o cálculo do percentual poderíamos usar o contador **cont**, mas ele é um inteiro e uma divisão entre inteiros sempre dará um valor inteiro, ou seja, 10 dividido por 3 vai dar 3 em vez de 3,33. Por esse motivo, estou dividindo por 80,0 e não por 80 ou pela variável **cont**. Depois, pense em pouco em como seria a solução se não fosse um número fixo de moradores.

```
escreva("Qtd até 10 anos: ", faixa1, "\n")
escreva("Qtd de 11 até 25 anos: ", faixa2, "\n")
escreva("Qtd de 26 até 40 anos: ", faixa3, "\n")
escreva("Qtd de 41 até 60 anos: ", faixa4, "\n")
escreva("Qtd acima de 60 anos: ", faixa5, "\n")
real perc = m.arredondar(faixa5 / 80.0 * 100, 1)
escreva("Percentual acima dos 60 anos: ", perc)
```

Na Listagem 64, temos uma possível solução para o exercício proposto.

```
1.      programa
2.      {
3.              inclua biblioteca Matematica --> m
4.              funcao inicio()
5.              {
6.                      inteiro cont = 1
7.                      inteiro faixa1 = 0
8.                      inteiro faixa2 = 0
9.                      inteiro faixa3 = 0
10.                     inteiro faixa4 = 0
11.                     inteiro faixa5 = 0
12.             faca
13.             {
14.                             inteiro idade
```

Estruturas de controle

```
15.                           escreva("Digite a idade: ")
16.                           leia(idade)
17.                           se (idade <= 10)
18.                           {
19.                                     faixa1 = faixa1 + 1
20.                           } senao se (idade <= 25)
21.                           {
22.                                     faixa2 = faixa2 + 1
23.                           } senao se (idade <= 40)
24.                           {
25.                                     faixa3 = faixa3 + 1
26.                           } senao se (idade <= 60)
27.                           {
28.                                     faixa4 = faixa4 + 1
29.                           } senao{
30.                                     faixa5 = faixa5 + 1
31.                           }
32.                           cont = cont + 1
33.                    } enquanto (cont <= 80)
34.                    escreva("Qtd até 10 anos: ", faixa1, "\n")
35.                    escreva("Qtd de 11 até 25 anos: ", faixa2, "\n")
36.                    escreva("Qtd de 26 até 40 anos: ", faixa3, "\n")
37.                    escreva("Qtd de 41 até 60 anos: ", faixa4, "\n")
38.                    escreva("Qtd acima de 60 anos: ", faixa5, "\n")
39.                    real perc = m.arredondar(faixa5 / 80.0 * 100, 1)
40.                    escreva("Percentual acima dos 60 anos: ", perc)
41.            }
42.     }
```

Listagem 64   Décimo exercício resolvido de **faça-enquanto**.

6.4 Estrutura para

Na introdução deste capítulo, comentei que as estruturas de repetição poderiam ser divididas em laços condicionais e laços contados. Os laços condicionais são os comandos **enquanto** e **faça-enquanto**, que acabaram de ser explorados. Os laços contados no Portugol Studio são feitos com o comando **para**.

Os laços contados têm como característica definir previamente quantas vezes o bloco de instruções será executado. Dessa forma, o próprio comando já incorpora na sua estrutura a sintaxe que permite efetuar essa contagem. A sintaxe do comando **para** vai parecer um tanto estranha se comparada com as outras estruturas de repetição já vistas. Vejamos:

```
para (inicialização; condição; incremento)
{
 // bloco de comandos
```

}
Onde:

Inicialização: é onde a variável de controle é inicializada
Condição: é a condição para que o laço seja repetido
Incremento: é a alteração da variável de controle
Vejamos um exemplo para cada um desses elementos da sintaxe:

```
//Inicialização de uma variável
inteiro i = 1
//Condição
i <= 10
// Incremento
i++
```

A única instrução diferente nestes três elementos é i++. Essa instrução é equivalente a escrever o seguinte: i = i + 1, que é o incremento da variável **i**.

Vou substituir esses valores do exemplo colocando-os na sintaxe do comando **para**. Veja a forma que toma o comando:

```
para (inteiro i = 1; i <= 10; i++)
{
 // bloco de comandos
}
```

Para poder explicar o que faz esse trecho de código, veja o seguinte trecho de código equivalente, só que agora utilizando o comando **enquanto**:

```
inteiro i = 1
enquanto (i <= 10)
{
    // bloco de comandos
    i = i + 1
}
```

Os pontos que estão em negrito é que tornam o trecho do comando **enquanto** igual ao comando **para**. Note que temos a declaração e inicialização da variável, a condição de controle do laço e a alteração da variável para não deixar o laço em *loop*. A diferença é que, no comando **para**, isso tudo já é colocado como sintaxe do próprio comando. Muito melhor, pois evita que o programador desavisado esqueça alguma coisa.

Como exemplo inicial do comando **para**, vamos fazer o seguinte algoritmo: Maria Eduarda deseja fazer um algoritmo que encontre todos os divisores de um número digitado pelo usuário.

Passo 1 – Identificação do problema. Desejamos imprimir todos os divisores de um número.

Passo 2 – Quais dados estão envolvidos? Todos os números de 1 até o valor lido (contador) e o valor lido.

Estruturas de controle   **167**

Passo 3 – Como encontrar os resultados esperados? Precisa ter um laço no qual para cada número de 1 até o valor lido, seja verificado o resto da divisão. Se esse resto for zero, encontramos um divisor.

Passo 4 – Qual a condição de parada? O contador ser maior que o valor digitado.

Vamos iniciar pela leitura do valor pelo usuário, como podemos ver no trecho de código a seguir:

```
inteiro n
escreva("Digite um valor: ")
leia(n)
```

Como já definimos que teremos um laço de 1 até o valor lido podemos pensar da seguinte forma:

```
para (inteiro divisor = 1; divisor <= n; divisor++)
```

Note que, nesse caso, temos **n** como o valor lido e **divisor** será a variável que vai mudar dentro do laço. Isso nos dá a possibilidade de, para cada um dos valores de **divisor**, verificar se o resto da divisão é zero.

```
se (n % divisor == 0)
```

Com esse teste dentro do laço garantimos que todos os valores de divisor serão testados. Quando o teste for verdadeiro, bastará imprimir o valor. Ao final da execução do laço, teremos todos os divisores.

```
escreva("Os divisores de ",n, " são:\n")
para (inteiro divisor = 1; divisor <= n; divisor++)
{
    se (n % divisor == 0)
    {
        escreva(divisor," ")
    }
}
```

Veja na Listagem 65 o código completo do exemplo.

```
1.     programa
2.     {
3.         funcao inicio()
4.         {
5.             inteiro n
6.             escreva("Digite um valor: ")
7.             leia(n)
```

```
8.                    escreva("Os divisores de ",n," são:\n")
9.                    para (inteiro divisor = 1; divisor <= n; divisor++)
10.                   {
11.                         se (n % divisor == 0)
12.                         {
13.                              escreva(divisor,"")
14.                         }
15.                   }
16.              }
17.       }
```
Listagem 65 Exemplo do comando para.

 Exercício resolvido

Na sua última viagem para o Vale do Silício, na Califórnia, você estava sentindo muito frio, mas quando olhava para o termômetro ele marcava temperaturas bem altas. Depois, você ficou sabendo que lá a temperatura é medida em graus Fahrenheit. Para te auxiliar um pouco com a escala à qual você está acostumado, faça um algoritmo que imprima a tabela de equivalência de graus Fahrenheit para centígrados. Os limites são de 40 a 80 graus Fahrenheit com intervalo de 1 grau.

A fórmula para conversão é: $C = 5 * (F - 32) / 9$

Onde F são os graus em Fahrenheit.

Passo 1 – Identificação do problema. Precisamos imprimir uma tabela de equivalência de graus Fahrenheit para Celsius, variando os graus Fahrenheit de 1 em 1.

Passo 2 – Quais dados estão envolvidos? As temperaturas em Fahrenheit, começando em 40 indo até 80.

Passo 3 – Como encontrar os resultados esperados? Será necessário criar uma repetição que vai de 40 até 80 e em cada iteração deve ser aplicada a fórmula para encontrar o equivalente em graus Celsius.

Passo 4 – Qual a condição de parada? A transformação do grau 80.

Inicialmente, vamos definir a estrutura do laço **para**. A variação é de 1 em 1 e vai de 40 até 80 graus. Vejamos essa definição no trecho a seguir. A variável **fare** é quem vai mudar a cada iteração do laço.

```
para (inteiro fare=40; fare <= 80; fare++) {
}
```

Agora, temos que aplicar a fórmula substituindo o F pela variável **fare** que foi definida no laço. Já aproveitei também e mandei imprimir o valor encontrado.

```
para (inteiro fare=40; fare <= 80; fare++) {
    real celsius = 5 * (fare - 32) / 9.0
    escreva(fare," \t\t",m.arredondar(celsius, 1),"\n")
}
```

Na Listagem 66, temos um possível algoritmo completo do exercício que foi proposto.

```
1.      programa
2.      {
3.          inclua biblioteca Matematica --> m
4.          funcao inicio()
5.          {
6.              escreva("Tabela de conversão de graus \n")
7.              escreva("Fahrenheit \tCelcius \n")
8.              para (inteiro fare=40; fare <= 80; fare++) {
9.                  real celsius = 5 * (fare - 32) / 9.0
10.                 escreva(fare, " \t\t",m.arredondar(celsius, 1), "\n")
11.             }
12.         }
13.     }
```

Listagem 66   Primeiro exercício resolvido do comando **para**.

 Exercício resolvido

Faça um algoritmo que leia um número **n** e imprima separadamente os números pares menores do que **n** e depois os números ímpares também menores do que **n**.

Este é mais outro algoritmo que tem como objetivo treinar o seu raciocínio para resolver problemas computacionais. Embora seja um algoritmo de fácil entendimento, vamos responder às questões básicas.

Passo 1 – Identificação do problema. Precisamos imprimir os números pares menores que o número lido e depois os números ímpares.

Passo 2 – Quais dados estão envolvidos? Apenas valor lido.

Passo 3 – Como encontrar os resultados esperados? Será necessário criar duas repetições separadamente. A primeira para imprimir os pares e a segunda para imprimir os ímpares

Passo 4 – Qual a condição de parada? Nas duas repetições, a condição de parada é o contador ser menor que o número lido.

Supondo que **n** é o número lido pelo usuário, podemos definir a estrutura de repetição como no seguinte trecho de código:

```
para (inteiro i=1; i < n; i++)
{

}
```

Dentro do laço, vamos testar se a variável **i** está com valor par. Isso deve ser feito testando o valor do resto por 2 com o comando **se**.

```
para (inteiro i=1; i < n; i++)
{
```

```
    se (i % 2 == 0)
    {
            escreva(i, " ")
    }
}
```

Vamos analisar o seguinte trecho de código. O que você acha que está errado? Note que estou tentando aproveitar o mesmo laço para poder imprimir os ímpares também. Não vai dar certo, não é? Ele vai acabar imprimindo todos os números e o problema pede que sejam impressos separadamente. Portanto, o trecho abaixo **está errado**. Precisamos fazer outro laço em separado.

```
para (inteiro i=1; i < n; i++)
{
    se (i % 2 == 0)
    {
            escreva(i, " ")
    } senao
    {
            escreva(i, " ")
    }
}
```

Vejamos agora um trecho com dois laços separados, sendo que no primeiro laço é feita a impressão dos números pares e no segundo laço, a dos números ímpares. Embora estejam faltando os detalhes, é a parte principal para resolução do exercício.

```
para (inteiro i=1; i < n; i++)
{
    se (i % 2 == 0)
    {
            escreva(i, " ")
    }
}
para (inteiro i=1; i < n; i++)
{
    se (i % 2 != 0)
    {
            escreva(i, " ")
    }
}
```

Estruturas de controle

Na Listagem 67, temos um algoritmo completo do exercício proposto. Note que inicialmente tem a leitura do número e, antes de cada laço, as mensagens informando que estão sendo impressos os números pares e ímpares.

```
1.   programa
2.   {
3.       funcao inicio()
4.       {
5.           inteiro n
6.           escreva("Digite um valor:")
7.           leia(n)
8.           escreva("Números pares menores que ", n, "\n")
9.           para (inteiro i=1; i < n; i++)
10.          {
11.              se (i % 2 == 0)
12.              {
13.                  escreva(i, " ")
14.              }
15.          }
16.          escreva("\nNúmeros ímpares menores que ", n, "\n")
17.          para (inteiro i=1; i < n; i++)
18.          {
19.              se (i % 2 != 0)
20.              {
21.                  escreva(i, " ")
22.              }
23.          }
24.      }
25.  }
```
Listagem 67   Segundo exercício resolvido do comando **para**.

Exercício resolvido

Seu colega da universidade, que trabalha em uma loja que tira xerox, pediu para você fazer um algoritmo que leia o valor de uma fotocópia e imprima uma tabela de 1 até 200, para que ele possa saber exatamente quando deve cobrar do cliente. Na Figura 6.9, podemos ver um exemplo dessa tabela para o valor da xerox: R$ 0,03.

Passo 1 – Identificação do problema. Precisamos imprimir uma tabela de 1 até 200 multiplicando cada número pelo valor de uma xerox lida pelo usuário.

Passo 2 – Quais dados estão envolvidos? Apenas valor lido.

Passo 3 – Como encontrar os resultados esperados? Será necessário criar um laço de 1 até 200 e multiplicar pelo valor da xerox. É preciso controlar o "pulo de linha", ou seja, de quantos em quantos números deve-se ir para a linha seguinte.

Passo 4 – Qual a condição de parada? Precisa repetir o laço 200 vezes.

```
>_ Console      △ Mensagens

Digite o valor da xerox: 0.03
1 = 0.03          2 = 0.06          3 = 0.09          4 = 0.12          5 = 0.15
6 = 0.18          7 = 0.21          8 = 0.24          9 = 0.27          10 = 0.3
11 = 0.33         12 = 0.36         13 = 0.39         14 = 0.42         15 = 0.45
16 = 0.48         17 = 0.51         18 = 0.54         19 = 0.57         20 = 0.6
21 = 0.63         22 = 0.66         23 = 0.69         24 = 0.72         25 = 0.75
26 = 0.78         27 = 0.81         28 = 0.84         29 = 0.87         30 = 0.9
31 = 0.93         32 = 0.96         33 = 0.99         34 = 1.02         35 = 1.05
36 = 1.08         37 = 1.11         38 = 1.14         39 = 1.17         40 = 1.2
41 = 1.23         42 = 1.26         43 = 1.29         44 = 1.32         45 = 1.35
46 = 1 38         47 = 1 41        48 = 1 44        49 = 1 47        50 = 1 5
```

Figura 6.9   Valores de exemplo de uma tabela de xerox.

A parte mais simples desse algoritmo é criar o laço **para** de 1 até 200. Podemos ver isso no seguinte trecho de código:

```
para (inteiro i=1; i <= 200; i++)
{
}
```

Evidentemente, dentro do laço faremos a multiplicação pelo valor lido do usuário, como temos no trecho a seguir. Note que já aproveitei para ler a variável e imprimir o resultado. Nesse caso, é também importante usar a função **arredondar** para que não apareçam valores com dízimas periódicas, deixando a impressão estranha.

```
real valor
escreva("Digite o valor da xerox: ")
leia(valor)
para (inteiro i=1; i <= 200; i++)
{
        escreva(i, " = ", m.arredondar(valor*i,2),"\t")
}
```

Para pularmos de linha, podemos testar se o valor de **i** é divisível, por exemplo, por cinco. Isso vai fazer com que a cada múltiplo de cinco possamos mudar de linha.

```
para (inteiro i=1; i <= 200; i++)
{
    escreva(i, " = ", m.arredondar(valor*i,2),"\t")
    se (i % 5 == 0)
    {
            escreva("\n")
    }
}
```

Na Listagem 68, podemos ver uma possível solução completa para o problema proposto.

Estruturas de controle 173

```
1.     programa
2.     {
3.              inclua biblioteca Matematica --> m
4.              funcao inicio()
5.              {
6.                      real valor
7.                      escreva("Digite o valor da xerox: ")
8.                      leia(valor)
9.                      para (inteiro i=1; i <= 200; i++)
10.                     {
11.                             escreva(i," = ", m.arredondar(valor*i,2),"\t")
12.                             se (i % 5 == 0)
13.                             {
14.                                     escreva("\n")
15.                             }
16.                     }
17.             }
18.    }
```
Listagem 68   Terceiro exercício resolvido do comando **para**.

 Lógica do algoritmo

O que faz o algoritmo da Listagem 69?

```
1.     programa
2.     {
3.              funcao inicio()
4.              {
5.                      inteiro a
6.                      escreva("Digite um número: ")
7.                      leia(a)
8.                      inteiro b
9.                      escreva("Digite um número: ")
10.                     leia(b)
11.                     real x = 0
12.                     para (inteiro i=1; i <= b; i++)
13.                     {
14.                             x = x + a
15.                     }
16.                     escreva(x)
17.             }
18.    }
```
Listagem 69   Quarto exercício resolvido do comando **para**.

Algoritmo resolvido

Escreva um algoritmo que determine se um número digitado pelo usuário é primo ou não. Um número é chamado de primo quando é divisível somente por um e por ele mesmo.

Passo 1 – Identificação do problema. Precisamos verificar se o número digitado pelo usuário é primo ou não.

Passo 2 – Quais dados estão envolvidos? Apenas valor lido.

Passo 3 – Como encontrar os resultados esperados? Será necessário criar um laço de 1 até o valor lido. Em cada iteração, perguntamos se o valor lido é divisível pela variável. Se for divisível, nós contamos. Ao final do laço, se a contagem for 2, o número será primo. Se for maior que 2 (dois), é porque existem outros divisores e o número não é primo.

Passo 4 – Qual a condição de parada? O contador do laço ser igual ao número lido.

Vamos começar pela leitura do valor pelo usuário e o laço com **para**. Note que é a variável **i** que será incrementada dentro do laço e, consequentemente, ela vai ser utilizada para verificar se é um divisor de **num**.

```
inteiro num
escreva("Digite um número: ")
leia(num)
para (inteiro i=1; i <= num; i++){
}
```

No trecho a seguir, podemos ver o comando **se** sendo utilizado para verificar se **i** é divisor de **num**. Caso seja, a variável **cont** será incrementada.

```
inteiro num
escreva("Digite um número: ")
leia(num)
inteiro cont = 0
para (inteiro i=1; i <= num; i++){
    se (num % i == 0)
    {
        cont = cont + 1
    }
}
```

Após o encerramento do laço, devemos perguntar se a variável **cont** é igual a 2. Nesse caso, temos um número primo. Se for maior que 2, indica que existem outros divisores e podemos concluir que o número não é primo.

```
se (cont == 2)
{
    escreva("O número ",num," é primo")
} senao
```

```
    {
        escreva("O número ",num," não é primo")
    }
```

Na Listagem 70, temos uma possível solução para o problema apresentado.

```
1.  programa
2.  {
3.      funcao inicio()
4.      {
5.          inteiro num
6.          escreva("Digite um número: ")
7.          leia(num)
8.          inteiro cont = 0
9.          para (inteiro i=1; i <= num; i++){
10.             se (num % i == 0)
11.             {
12.                 cont = cont + 1
13.             }
14.         }
15.         se (cont == 2)
16.         {
17.             escreva("O número ",num," é primo")
18.         } senao
19.         {
20.             escreva("O número ",num," não é primo")
21.         }
22.     }
23. }
```
Listagem 70 Quinto exercício resolvido do comando **para**.

 ## Algoritmo proposto (s01e09)

Altere o algoritmo da Listagem 70 para que o usuário possa digitar vários números e, para cada um deles, verifique se é primo ou não. A condição de parada é a leitura do valor zero.

Aponte seu *smartphone* para o QR Code ao lado para abrir o vídeo do YouTube em que mostro a solução do exercício proposto.

uqr.to/197ao

Algoritmo resolvido

Rodrigo, seu professor de Matemática, deixou um dever de casa bem chato de fazer. Ele mostrou o seguinte exemplo:

O número 3025 possui a seguinte característica: 30 + 25 = 55 * 55 = 3025.

Ele pediu para que você encontrasse todos os números de quatro dígitos que tivessem essa característica. Todos seus colegas estão fazendo manualmente, mas você já ouviu que dá muito trabalho. Foi nesse momento que você pensou que poderia fazer um algoritmo que para encontrar esses números.

Passo 1 – Identificação do problema. Precisamos encontrar todos os números de 1000 até 9999 que tenham a característica mostrada pelo problema.

Passo 2 – Quais dados estão envolvidos? Todos os números inteiros que tenham quatro dígitos.

Passo 3 – Como encontrar os resultados esperados? Será necessário criar um laço de 1000 até 9999. Em cada iteração, temos que separar o número em duas partes. A primeira parte terá os dois primeiros dígitos e a segunda, os dois últimos. Para separar o número, podemos dividir por 100. O quociente vai dar o número com os dois primeiros dígitos e o resto dará o número com os dois últimos dígitos. Depois disso, temos que somar as duas partes e multiplicar o resultado por ele mesmo. Se o resultado da multiplicação for igual ao número original, teremos encontrado um número com a característica definida pelo problema.

Passo 4 – Qual a condição de parada? O contador do laço ser maior que 9999.

Mais uma vez, vamos iniciar pela definição do laço. Veja no trecho de código que **i** é quem irá variar de 1000 até 9999, que foi o que definimos no Passo 3.

```
para (inteiro i=1000; i <= 9999; i++)
{
}
```

Dentro do laço, criei duas variáveis, **a** e **b**, que recebem respectivamente o quociente e o resto da divisão de **i** por 100. Também criei uma variável **soma** e atribuí a soma das variáveis **a** com **b**.

```
para (inteiro i=1000; i <= 9999; i++)
{
    inteiro a = i / 100
    inteiro b = i % 100
    inteiro soma = a + b
}
```

O que resta agora é testar se o quadrado da soma é igual ao número original. Isso pode ser visto no trecho a seguir.

```
se (soma*soma == i)
{
```

escreva(i,"")
    }

Na Listagem 71, temos uma possível solução completa que resolve o problema solicitado no dever pelo seu professor Rodrigo.

```
1.   programa
2.   {
3.       funcao inicio()
4.       {
5.           escreva("Os números com a característica buscada são: \n")
6.           para (inteiro i=1000; i <= 9999; i++)
7.           {
8.               inteiro a = i / 100
9.               inteiro b = i % 100
10.              inteiro soma = a + b
11.              se (soma*soma == i)
12.              {
13.                  escreva(i,"")
14.              }
15.          }
16.      }
17.  }
```
Listagem 71   Sexto exercício resolvido do comando **para**.

Abre parênteses.
É claro que o enunciado deste exercício é fictício, mas entenda como é importante você saber programar para poder resolver problemas que levaria muito tempo resolvendo manualmente. Imaginando que se, para cada número entre 1000 e 9999, você levasse 30 segundos para descobrir se ele possui a característica definida, consegue imaginar quanto tempo levaria para verificar todos? Aproximadamente 75 horas ininterruptas, ou seja, mais de três dias. Mesmo se você dividir o problema com alguns colegas, ainda assim levará muito tempo para conseguir chegar à resposta.

Fica muito claro o poder dos algoritmos, não é?
Fecha parênteses.

 Complete o algoritmo

Imprima uma tabela de conversão de polegadas para centímetros, de 1 a 20. Considere que Polegada = Centímetro * 2,54.

```
1.   programa
2.   {
3.       funcao inicio()
```

4.   {
5.   escreva("Tabela de conversão de centímetros para polegadas \n")
6.   escreva("Centimetro Polegada\n")
7.   para (inteiro ???; ???; ???)
8.   {
9.   real ???
10.   escreva(???, "\t\t", ???, "\n")
11.   }
12.   }
13. }

Listagem 72 Sétimo exercício resolvido do comando **para**.

 Algoritmo resolvido

Escreva um programa que leia um número inteiro positivo **n** e em seguida imprima **n** linhas do chamado Triângulo de Floyd.

Para n = 6, temos:

```
1
2 3
4 5 6
7 8 9 10
11 12 13 14 15
16 17 18 19 20 21
```

Passo 1 – Identificação do problema. Precisamos imprimir o Triângulo de Floyd mostrado no enunciado.

Passo 2 – Quais dados estão envolvidos? A leitura do número de linhas pelo usuário.

Passo 3 – Como encontrar os resultados esperados? Precisaremos de um laço que imprima a quantidade de linhas que foi digitada pelo usuário. Em cada linha, temos que imprimir uma quantidade de números que vai aumentando linha a linha, ou seja, na primeira linha imprimo um número, na segunda linha imprimimos dois, na terceira imprimimos três e assim por diante. Desse modo, precisamos de um segundo laço interno para poder imprimir os números por linha.

Passo 4 – Qual a condição de parada? O contador do laço ser maior que o número de linhas lido.

Vamos começar fazendo o seguinte: o usuário vai poder digitar a quantidade de linhas, mas nesse primeiro momento vou imprimir apenas um número por linha. Isso pode ser visto no seguinte trecho de código:

```
inteiro num
escreva("Digite um número: ")
leia(num)
para (inteiro i=1; i <= num; i++)
```

Estruturas de controle

```
{
    escreva(i, "\n")
}
```

Se o usuário digitar 4, por exemplo, teremos o seguinte:

```
1
2
3
4
```

Conforme escrevemos no Passo 3, vamos precisar de outro laço interno para podermos imprimir vários números por linha. No seguinte trecho de código, estou fazendo o segundo comando **para** variando de 1 até **num**, ou seja, será impressa na linha a mesma quantidade de números.

```
inteiro num
escreva("Digite um número: ")
leia(num)
para (inteiro i=1; i <= num; i++)
{
    para(inteiro j=1; j <= num; j++)
    {
            escreva(i, " ")
    }
    escreva("\n")
}
```

Imaginado que no trecho de código anterior o usuário digite 4, teríamos a seguinte saída no console:

```
1 1 1 1
2 2 2 2
3 3 3 3
4 4 4 4
```

Onde você acha que devemos mudar para imprimir assim?

```
1
2 2
3 3 3
4 4 4 4
```

Evidentemente, tem que ser no **para** mais interno.

```
para(inteiro j=1; j <= num; j++)
```

O que devemos mudar? Espero que você tenha respondido que devemos trocar a variável **num**. Mas qual valor devemos colocar no lugar de **num**? Lembre-se: temos que imprimir 1 na primeira linha, 2 na segunda, 3 na terceira... Qual padrão você enxerga nisso? A quantidade de números a ser impresso é igual ao número da linha, correto? Qual é a variável que controla o número da linha do nosso problema? É a variável de controle do primeiro **para**, não é isso mesmo?

Vejamos o código:

```
inteiro num
escreva("Digite um número: ")
leia(num)
para (inteiro i=1; i <= num; i++)
{
    para(inteiro j=1; j <= i; j++)
    {
            escreva(i, " ")
    }
    escreva("\n")
}
```

Falta pouco. O que é que está faltando mesmo para imprimir o Triângulo de Floyd? Em vez de repetirmos o número na linha, temos que pegar sempre o próximo número. Assim, do trecho de código anterior temos que mudar o **escreva(i, " ")**, mas não podemos trocar o **i** por **j**, pois teríamos a seguinte saída:

```
1
1 2
1 2 3
1 2 3 4
```

Nesse caso, precisamos de uma variável que seja incrementada sempre. Vou criar e inicializar antes do primeiro laço e incrementar dentro do segundo laço. Chamei essa variável de **numero**, e uma possível solução final do problema pode ser vista na Listagem 73.

```
1.      programa
2.      {
3.              funcao inicio()
4.              {
5.                      inteiro num
6.                      escreva("Digite um número: ")
7.                      leia(num)
8.                      inteiro numero = 1
```

```
9.                    para (inteiro i=1; i <= num; i++)
10.                   {
11.                       para(inteiro j=1; j <= i; j++)
12.                       {
13.                           escreva(numero," ")
14.                           numero++
15.                       }
16.                       escreva("\n")
17.                   }
18.             }
19.   }
```
Listagem 73   Oitavo exercício resolvido do comando **para**.

 Algoritmo resolvido

No NuBanco, os clientes podem fazer investimentos com rendimentos mensais, como mostrado na tabela a seguir:

Tipo	Descrição	Rendimento mensal
1	Poupança	1,0 %
2	Fundo de renda fixa	2,5 %
3	Tesouro direto	3,0 %

Seu chefe pediu para você, que trabalha na área de TI do NuBanco, fazer um algoritmo que permita ao cliente do banco realizar uma simulação escolhendo o tipo de investimento, o valor a ser aplicado e a quantidade de meses que o dinheiro ficará investido. O algoritmo deverá mostrar uma tabela com o valor mês a mês e, ao final, quanto de juros seria pago pelo investimento.

Passo 1 – Identificação do problema. Precisamos simular os dados de um investimento mostrando, mês a mês, quanto o dinheiro está rendendo e, ao final, o valor total e quanto ganhou de juros.

Passo 2 – Quais dados estão envolvidos? O valor a ser aplicado, a quantidade de meses que ficará investido e o tipo de investimento.

Passo 3 – Como encontrar os resultados esperados? Inicialmente, devemos ler os dados do usuário. Com o tipo de investimento, vamos definir qual será a taxa de juros mensal que vai ser aplicada. Depois disso, precisaremos de um laço que vai repetir a quantidade de vezes igual ao número de meses lido. Dentro do laço, precisamos calcular e imprimir o novo valor baseado na taxa de juros. Finalmente, vamos imprimir os resultados encontrados.

Passo 4 – Qual a condição de parada? O contador do laço ser maior que o número de meses lido.

Dessa vez, vamos começar pela leitura dos dados, como podemos ver no seguinte trecho de código:

```
real valor
escreva("Digite o valor a ser aplicado: ")
leia(valor)
inteiro meses
escreva("Quantos meses ficará aplicado? ")
leia(meses)
inteiro tipo
escreva("Qual vai ser o tipo do investimento? ")
leia(tipo)
```

Depois da leitura das variáveis, podemos definir qual taxa de juros será aplicada com base no tipo de investimento que o usuário digitou. Note que no trecho de código estamos assumindo que o usuário vai digitar um dos três valores possíveis.

```
real taxa = 0
escolha (tipo)
{
    caso 1:
            taxa = 0.01
    pare
    caso 2:
            taxa = 0.025
    pare
    caso 3:
            taxa = 0.03
    pare
}
```

Depois que a taxa de juros foi definida, chegou a hora de calcular os novos valores mês a mês. Para isso, precisaremos de um laço que vai ser repetido com a quantidade de meses que foi digitada, como pode ser visto no código a seguir:

```
para (inteiro i=1; i <= meses; i++)
{
}
```

Como o problema solicita que mostremos separadamente quando vamos ganhar com os juros, teremos que guardar o valor original que foi lido. Assim, antes do **para** vamos criar uma variável e atribuir o valor lido. Dentro do laço, calculamos o novo valor e aproveitamos também para imprimir. Tudo isso pode ser visto no seguinte trecho de código:

```
real valorNovo = valor
para (inteiro i=1; i <= meses; i++)
{
```

Estruturas de controle

```
        valorNovo = valorNovo + (valorNovo*taxa)
        escreva("Mês ", i, " valor = R$ ",
         m.arredondar(valorNovo, 2),"\n")
    }
```

Por fim, vamos imprimir o valor total ao final do período e quanto foi ganho com juros, diminuindo o valor final do valor original.

```
escreva("O valor final será: R$ ",
m.arredondar(valorNovo, 2), "\n")
real juros = m.arredondar(valorNovo - valor, 2)
escreva("O ganho com os juros é de R$ ", juros)
```

Na Listagem 74, temos uma possível solução completa para o exercício proposto.

```
1.      programa
2.      {
3.              inclua biblioteca Matematica --> m
4.              funcao inicio()
5.              {
6.                      real valor
7.                      escreva("Digite o valor a ser aplicado: ")
8.                      leia(valor)
9.                      inteiro meses
10.                     escreva("Quantos meses ficará aplicado? ")
11.                     leia(meses)
12.                     inteiro tipo
13.                     escreva("Qual vai ser o tipo do investimento?\n")
14.                     escreva("1 - Poupança, 2 - Renda fixa, 3 - Tesouro direto: ")
15.                     leia(tipo)
16.                     real taxa = 0
17.                     escolha (tipo)
18.                     {
19.                             caso 1:
20.                                     taxa = 0.01
21.                             pare
22.                             caso 2:
23.                                     taxa = 0.025
24.                             pare
25.                             caso 3:
26.                                     taxa = 0.03
27.                             pare
28.                     }
29.                     real valorNovo = valor
```

```
30.                    para (inteiro i=1; i <= meses; i++)
31.                    {
32.                           valorNovo = valorNovo + (valorNovo*taxa)
33.                           escreva("Mês ", i, " valor = R$ ", m.arredondar(valorNovo,
                              2),"\n")
34.                    }
35.                    escreva("O valor final será: R$ ", m.arredondar(valorNovo, 2), "\n")
36.                    real juros = m.arredondar(valorNovo - valor, 2)
37.                    escreva("O ganho com os juros é de R$ ", juros)
38.            }
39.     }
```

Listagem 74 Nono exercício resolvido do comando **para**.

Algoritmo resolvido

Na estreia do último filme dos Vingadores, cada espectador respondeu a um questionário no qual constavam sua idade e a sua opinião com relação ao filme. As opções eram: 1 – regular, 2 – bom, 3 – ótimo.

Faça um algoritmo que receba a opinião de 20 espectadores e mostre o que se pede:

a. A média de idade de quem respondeu ótimo.
b. A quantidade de pessoas que responderam regular.
c. Percentual dos que acharam o filme bom com relação ao total.

Passo 1 – Identificação do problema. Precisamos ler os dados do questionário do filme e responder aos itens solicitados.

Passo 2 – Quais dados estão envolvidos? A idade e a resposta de um conjunto de espectadores.

Passo 3 – Como encontrar os resultados esperados? Inicialmente, devemos ler os dados dos espectadores. Para a média de idade de quem respondeu ótimo, teremos que contar e acumular as idades para poder encontrar a média. Para a quantidade de pessoas que responderam regular, basta testar a opinião e contar. Para achar o percentual dos que acharam o filme bom, temos de testar a opinião e contar, dividindo pelo total de espectadores ao final do laço.

Passo 4 – Qual a condição de parada? O contador do laço ser maior que 20.

Vamos iniciar pela leitura dos dados. Conforme comentamos nos passos 1 e 4, teremos um laço feito 20 vezes e em cada iteração efetuaremos a leitura, como podemos ver no seguinte trecho de código:

```
para (inteiro i=1; i <= 20; i++)
{
     inteiro idade
     escreva("Digite a idade:")
     leia(idade)
     inteiro opiniao
```

Estruturas de controle

```
        escreva("O que achou do filme?\n 1 - regular 2 - bom ",
        "3 - ótimo: ")
        leia(opiniao)
        limpa()
}
```

Para responder ao item (**a**), vamos testar se a opinião é igual a 3 e, em caso verdadeiro, contar quantas pessoas estão usando a variável **otimo** e acumular a idade utilizando a variável **idadeOtimo**. Evidentemente, teremos que fazer essa condição dentro do laço, como pode ser visto no trecho de código, mas antes da repetição precisamos declarar e inicializar as variáveis.

```
inteiro idadeOtimo = 0
inteiro otimo = 0
para (inteiro i=1; i <= 20; i++)
{
        inteiro idade
        escreva("Digite a idade: ")
        leia(idade)
        inteiro opiniao
        escreva("O que achou do filme?\n 1 - regular 2 - bom ",
        "3 - ótimo: ")
        leia(opiniao)
        limpa()
        se (opiniao == 3)
        {
                idadeOtimo = idadeOtimo + idade
                otimo++
        }
}
```

O item (**b**) solicita apenas que contemos quantas pessoas responderam regular. Assim, testamos se a opinião é igual a 1 e, caso seja, incrementamos a variável **regular**, como você pode ver no seguinte trecho de código:

```
inteiro idadeOtimo = 0
inteiro otimo = 0
inteiro regular = 0
para (inteiro i=1; i <= 20; i++)
{
        inteiro idade
        escreva("Digite a idade: ")
        leia(idade)
        inteiro opiniao
        escreva("O que achou do filme?\n 1 - regular 2 - bom ",
```

```
    "3 - ótimo:")
    leia(opiniao)
    limpa()
    se (opiniao == 3)
    {
            idadeOtimo = idadeOtimo + idade
            otimo++
    } senao se (opiniao == 1)
    {
            regular++
    }
}
```

No item (**c**), temos que calcular o percentual dos que acharam o filme bom. Para isso, devemos perguntar se a opinião foi igual a 2 e, em caso positivo, incrementar a variável **bom**.

```
inteiro idadeOtimo = 0
inteiro otimo = 0
inteiro regular = 0
inteiro bom = 0
para (inteiro i=1; i <= 20; i++)
{
    inteiro idade
    escreva("Digite a idade:")
    leia(idade)
    inteiro opiniao
    escreva("O que achou do filme?\n 1 - regular 2 - bom ",
    "3 - ótimo:")
    leia(opiniao)
    limpa()
    se (opiniao == 3)
    {
            idadeOtimo = idadeOtimo + idade
            otimo++
    } senao se (opiniao == 2)
    {
            bom++
    }senao se (opiniao == 1)
    {
            regular++
    }
}
```

Estruturas de controle

187

Após o término do laço, teremos que fazer os cálculos dos resultados e imprimir o que foi calculado. Para o item (**a**), precisamos calcular a média dividindo a variável **idadeOtimo** pela variável **otimo**. Para calcularmos o item (**b**), temos que dividir a variável regular pelo total de questionários (20) e multiplicar por 100. Note que, no código, a divisão foi por 20,0 para torná-la real.

```
real media = m.arredondar(idadeOtimo/otimo, 2)
real perc = m.arredondar(regular/20.0*100, 2)
escreva("A média de idade de quem achou o filme ótimo: ",
media, "\n")
escreva("Quantidade de pessoas que acharam o filme regular: ",
regular, "%\n")
escreva("Percentual que acharam o filme bom: ", perc)
```

Na Listagem 75, temos um possível código completo do problema apresentado.

```
1.    programa
2.    {
3.            inclua biblioteca Matematica --> m
4.            funcao inicio()
5.            {
6.                    inteiro idadeOtimo = 0
7.                    inteiro otimo = 0
8.                    inteiro bom = 0
9.                    inteiro regular = 0
10.                   para (inteiro i=1; i <= 20; i++)
11.                   {
12.                           inteiro idade
13.                           escreva("Digite a idade: ")
14.                           leia(idade)
15.                           inteiro opiniao
16.                           escreva("O que achou do filme?\n 1 - regular 2 - bom 3 -
                                  ótimo: ")
17.                           leia(opiniao)
18.                           se (opiniao == 3)
19.                           {
20.                                   idadeOtimo = idadeOtimo + idade
21.                                   otimo++
22.                           } senao se (opiniao == 2)
23.                           {
24.                                   bom++
25.                           } senao
26.                           {
27.                                   regular++
```

```
28.                    }
29.                            limpa()
30.                    }
31.                    real media = m.arredondar(idadeOtimo/otimo, 2)
32.                    real perc = m.arredondar(regular/20.0*100, 2)
33.                    escreva("A média de idade de quem achou o filme ótimo: ", media,
                               "\n")
34.                    escreva("Quantidade de pessoas que acharam o filme regular: ",
                               regular, "%\n")
35.                    escreva("Percentual que acharam o filme bom: ", perc)
36.            }
37.    }
```
Listagem 75   Décimo exercício resolvido do comando **para**.

 Aprimore seus conhecimentos

1. Marcel, seu professor de Matemática, deixou como desafio saber quantos números são múltiplos de 3, 5 e 7 ao mesmo tempo na faixa de 1 a 10000. Faça um algoritmo que responda à pergunta do professor Marcel.
2. A taxa de natalidade da cidade de Alto da Vista Boa é de 6 % ao ano. A população atual é de 2500 habitantes. O prefeito da cidade te contratou para você fazer um algoritmo a fim de saber em quantos anos a população irá dobrar de tamanho.
3. A avaliação de um quesito de uma escola de samba é composta de 10 notas com valores entre 5 e 10, das quais se descarta a maior e a menor nota. Faça um algoritmo que apresente a média obtida por uma escala em um dos quesitos avaliados.
4. Você pediu para Alexa, a assistente da Amazon, falar 10 números primos, mas não tem certeza se todos os números que foram ditos eram primos mesmo. Faça um algoritmo que leia dez números e, ao final, indique qual foi o percentual de números que eram realmente primos ditos por Alexa.
5. Já resolvemos o exercício de imprimir a tabuada de um número. Crie um algoritmo que, em vez de imprimir a tabuada inteira, indique a partir de que número deve ser impressa. O algoritmo deverá ler dois valores: qual tabuada deve ser impressa e a partir de qual número. Por exemplo: tabuada de 7 a partir do número 5 terá a seguinte saída:
   7 × 5 = 35
   7 × 6 = 42
   7 × 7 = 49
   7 × 8 = 56
   7 × 9 = 63
6. Escreva um algoritmo que leia um conjunto de números e informe se um deles é um quadrado perfeito. Um número é quadrado perfeito quando tem um número inteiro como raiz quadrada. A condição de parada é a leitura do valor zero.
7. Para calcular o número de vacinas que uma cidade deverá receber, o prefeito terá de fazer um cadastro no qual cada morador informará a sua idade. O grupo prioritário é composto de idosos acima de 60 anos que devem tomar duas doses da vacina. Crianças abaixo de

cinco anos não devem tomar vacina. O restante da população é o grupo normal e tomará apenas uma dose da vacina. Faça um algoritmo que leia a idade de um conjunto de pessoas e indique quantas pessoas são do grupo prioritário, quantas são do grupo normal, quantas são crianças e quantas doses são necessárias para vacinar 100 % da população.

7

Estruturas de dados homogêneas

Na computação, estruturas de dados são um caso à parte, e dá até para escrever um livro sobre isso. Durante muitos anos, fui professor da disciplina de Estrutura de Dados. Quem sabe ainda eu escreva um livro sobre esse assunto um dia. Para simplificar, podemos pensar em estruturas de dados como formas de armazenar um conjunto de dados. Neste livro, você já aprendeu que para guardar dados são utilizadas as variáveis. Porém, as variáveis não são estruturas de dados, pois elas conseguem guardar apenas um valor de cada vez.

Vamos fazer uma analogia. Imagine que você tem uma única casa. Essa casa consegue abrigar apenas uma família por vez. Para colocar outra família na mesma casa, os moradores atuais deverão se mudar para que os novos integrantes possam ocupar o mesmo espaço. Mas, e se você precisar que as duas famílias tenham onde morar ao mesmo tempo? É claro que você terá de construir outra casa. Nesse novo cenário, é possível cada família ter seu lugar para morar. Suponha agora que você tenha de ter moradia para 50 famílias. A solução é ter 50 casas, não é isso?

Com essa comparação em mente, pense que as famílias são os dados e que as variáveis são as casas. Ter uma, duas ou três variáveis para guardar as famílias dentro das casas ainda é viável dentro de um algoritmo. Entretanto, para guardar dez, 20 ou 50 famílias, isso se torna inviável, pois a quantidade de variáveis ficaria grande demais. É exatamente nesse ponto que entram as estruturas de dados. Voltando à comparação, é como se criássemos um prédio com 50 apartamentos e, para acessar cada um deles, bastasse especificar qual o número do apartamento. Sendo assim, em vez de ter 50 variáveis diferentes, eu posso ter uma única variável (o prédio) que consiga guardar até 50 valores diferentes. Esse é o grande diferencial das estruturas de dados.

Embora existam estruturas de dados bastante sofisticadas e algumas para fins muito específicos, neste livro vamos abordar apenas os vetores e as matrizes, pois são estruturas de dados de uso mais geral.

7.1 Vetores

Acabamos de dar o exemplo das casas e das famílias para você poder entender o conceito de estruturas de dados. Vamos ver um exemplo que será resolvido apenas com os assuntos que

192   Capítulo 7

vimos até este ponto. Essa vai ser a nossa motivação para ver outro conjunto de problemas
que devem utilizar vetores a serem resolvidos.

Na última prova de algoritmos, somente cinco alunos compareceram. Leia a nota de cada
aluno e imprima quantos deles ficaram acima da média.

Passo 1 – Identificação do problema. Desejamos saber quantos alunos ficaram acima da
média de um conjunto de cinco alunos.

Passo 2 – Quais dados estão envolvidos? As notas dos cinco alunos.

Passo 3 – Como encontrar os resultados esperados? Precisamos ler todas as notas e calcular
a média das notas somando todos os valores. Porém, não podemos sobrescrever a nota, pois
só se consegue calcular a média depois de ler todos os valores; ou seja, precisamos guardar
as notas em variáveis diferentes.

Passo 4 – Qual a condição de parada? A leitura das cinco notas.

A solução mostrada na Listagem 76 é um pouco extensa, mas isso é por conta da natureza
do problema. Note que temos de preservar os valores lidos e por isso foram criadas cinco
variáveis para as notas.

```
1.      programa
2.      {
3.              funcao inicio()
4.              {
5.                      real nota1, nota2, nota3, nota4, nota5, media
6.                      escreva("Digite a 1ª nota:")
7.                      leia(nota1)
8.                      escreva("Digite a 2ª nota:")
9.                      leia(nota2)
10.                     escreva("Digite a 3ª nota:")
11.                     leia(nota3)
12.                     escreva("Digite a 4ª nota:")
13.                     leia(nota4)
14.                     escreva("Digite a 5ª nota:")
15.                     leia(nota5)
16.                     media = (nota1+nota2+nota3+nota4+nota5)/5
17.                     inteiro contador = 0
18.                     se (nota1 > media)
19.                     {
20.                             contador = contador + 1
21.                     }
22.                     se (nota2 > media)
23.                     {
24.                             contador = contador + 1
25.                     }
26.                     se (nota3 > media)
27.                     {
28.                             contador = contador + 1
```

Estruturas de dados homogêneas 193

```
29.                }
30.                se (nota4 > media)
31.                {
32.                        contador = contador + 1
33.                }
34.                se (nota5 > media)
35.                {
36.                        contador = contador + 1
37.                }
38.                escreva("A média foi: ", media, "\n")
39.                escreva("Tivemos ", contador, " notas acima da média")
40.        }
41. }
```

Listagem 76 Exemplo inicial de vetores.

Você até ficaria tentado a trocar da linha 6 até a linha 15 por um laço, como mostrado a seguir. Porém, após o laço só teríamos guardado o último valor digitado, todos os outros estariam perdidos. Dessa forma, não teríamos como testar cada valor com a média. Isso é que torna a solução da Listagem 76 correta para a resolução do problema.

```
para (inteiro i = 1; i<=5; i++)
{
    escreva("Digite a ", i, "ª nota: ")
    leia(nota)
}
```

Se você achou ruim essa solução, imagine agora que, em vez de ser a última prova de algoritmos, que foi feita por somente cinco alunos, fosse a primeira e a quantidade de alunos fosse muito maior. Definitivamente, a solução proposta não é adequada. Para resolvermos este problema (e vários outros) é que usaremos vetores.

7.2 Representação

Lá no Capítulo 5, falei sobre variáveis e mostrei que uma variável está associada a um nome, ao tipo do dado e ao valor que vai armazenar. Na Figura 7.1, podemos ver a comparação entre uma variável comum e um vetor. Note que no vetor podemos armazenar um conjunto de valores, em vez de apenas um.

Contudo, a representação gráfica mais comum de vetores encontrada na literatura de computação é a que podemos ver na Figura 7.2. **VetorA** é o nome da variável do tipo vetor e ela é composta por um conjunto de espaços de memória contíguos que permitem armazenar os valores. No exemplo, o **VetorA** foi definido com tamanho sete, sendo que no Portugol Studio a primeira posição é 0 (zero), a segunda é 1 (um) e assim por diante. Gostaria que você notasse qual é a grande sacada dos vetores. Veja que para um mesmo nome de variável é possível armazenar vários dados ao mesmo tempo!

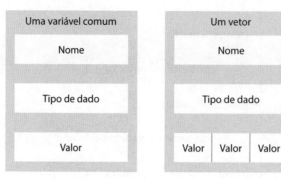

Figura 7.1   Variáveis × vetores.

Figura 7.2   Representação gráfica de um vetor.

7.3   Declaração de vetores

Quando falei de declaração e variáveis lá no Capítulo 5, disse que, para declarar uma variável, temos de especificar seu nome e o tipo que será associado a ela. Na declaração de vetores, continuamos com essa mesma preocupação. A única diferença é que você deve informar qual será o tamanho do vetor, ou seja, quantas posições serão alocadas para o armazenamento dos dados.

Para definirmos o tamanho na declaração do vetor, temos que usar os símbolos de colchetes [e], como pode ser visto a seguir:

tipo nome_do_vetor[tamanho]

Bastante simples. Vejamos exemplos de declaração de vetores:

real notas[5]
inteiro valores[10]
cadeia nomes[30]

A primeira declaração vai permitir armazenar cinco elementos do tipo real. A segunda declaração, dez elementos do tipo inteiro. A terceira, 30 elementos do tipo cadeia.

Estruturas de dados homogêneas

7.4 Manipulação de vetores

Já vimos o que são vetores e como fazer a declaração deles. Chegou a hora de manipular dados dentro do vetor. Para isso, você deverá utilizar índices que devem mostrar qual é a posição em que pretende guardar ou recuperar o conteúdo. Vou lembrar que a primeira posição de qualquer vetor no Portugol Studio tem índice 0 (zero).

Veja na Listagem 77 que:

- Na linha 5, fiz a declaração do vetor.
- Na linha 6, coloquei o valor 5,5 diretamente no índice 0 (zero).
- Na linha 7, fiz a leitura do valor que será colocado no índice 3 (três).
- Na linha 8, atribuí o valor que estava no índice 0 (zero) ao índice 2 (dois).

```
1.     programa
2.     {
3.             funcao inicio()
4.             {
5.                     real notas[5]
6.                     notas[0] = 5.5
7.                     leia(notas[3])
8.                     notas[2] = notas[0]
9.                     escreva(notas[2])
10.            }
11.    }
```

Listagem 77   Exemplo de manipulação de vetores.

Na Figura 7.3, temos como fica o vetor ao final do algoritmo exibido na Listagem 77, imaginando que foi lido o valor 7.0.

Notas

5,5		5,5	7,0	
0	1	2	3	4

Figura 7.3   Exemplo de vetor com dados.

7.5 Leitura e impressão de vetores

Antes de começar com os exercícios resolvidos, vou falar sobre leitura e impressão de vetores, uma vez que são operações básicas sobre eles.

Suponha que você precisa ler e armazenar os valores dos seis números sorteados pela Mega-Sena para poder imprimir no final do algoritmo.

Inicialmente, vamos fazer a declaração do vetor com seis posições.

```
inteiro mega[6]
```

196 Capítulo 7

Para realizarmos a leitura, teremos que fazer um laço que percorra todos os elementos do vetor. Note no trecho de código que o índice varia de 0 até 5.

```
para (inteiro i=0; i<6; i++)
{
    escreva("Digite o ",i, "º número: ")
    leia(mega[i])
}
```

A impressão vai seguir o mesmo raciocínio. Precisa de um comando **para** com o objetivo de mudar o índice e poder imprimir todos os elementos do vetor. Isso pode ser visto no trecho de código a seguir. É bom notar que *i* também deverá variar de 0 a 5, exibindo todos os valores do vetor.

```
escreva("Os números da Megasena são \n")
para (inteiro i=0; i<6; i++)
{
    escreva(mega[i],"")
}
```

Uma possível solução completa do exemplo pode ser vista na Listagem 78.

```
1.      programa
2.      {
3.          funcao inicio()
4.          {
5.              inteiro mega[6]
6.              para (inteiro i=0; i<6; i++)
7.              {
8.                  escreva("Digite o ",i, "º número: ")
9.                  leia(mega[i])
10.             }
11.             escreva("Os números da Megasena são \n")
12.             para (inteiro i=0; i<6; i++)
13.             {
14.                 escreva(mega[i],"")
15.             }
16.         }
```

Listagem 78 Exemplo de leitura e impressão de vetores.

Da mesma forma que todos os assuntos anteriores, para consolidar o seu conhecimento é importante praticar com vários exercícios. A seguir, temos um conjunto de problemas em que todos envolvem o uso de vetores.

Estruturas de dados homogêneas

 Exercício resolvido

Quando você foi para Las Vegas, entrando no Casino Royale, ficou prestando atenção para descobrir se um dado era viciado. Para isso, você fez um algoritmo que lia o valor do dado e, ao final, imprimiu o valor que deu em cada uma das faces. A quantidade de lançamentos do dado é informada pelo usuário.

Da mesma forma que fizemos nos exercícios de repetição, vamos começar verificando se entendemos o que o problema deseja resolver.

Passo 1 – Identificação do problema. Desejamos contar quantas vezes apareceu cada face de um dado.

Passo 2 – Quais dados estão envolvidos? A quantidade de lançamentos do dado e cada uma das faces, que vão de 1 a 6.

Passo 3 – Como encontrar os resultados esperados? Precisamos ler qual face deu em cada lançamento e incrementar a variável que está contando cada uma delas. Como são seis possibilidades, precisaremos ter um vetor com seis posições. Ao final, temos que imprimir a quantidade de vezes que cada uma das faces foi sorteada.

Passo 4 – Qual a condição de parada? O contador ser maior que a quantidade de lançamentos lida.

Vamos iniciar a solução do algoritmo pela parte mais simples, que é a leitura da quantidade de lançamentos do dado, como pode ser visto neste trecho de código:

```
inteiro quantidade
escreva("Quantas vezes quer lançar o dado? ")
leia(quantidade)
```

Começamos pela parte fácil, mas o que vem a seguir também é simples. Note que poderíamos criar seis variáveis, uma para cada face do dado. Em vez disso, iremos utilizar um vetor com seis posições. É uma solução muito mais elegante do que a utilização de muitas variáveis. Tem algumas coisas que você precisa entender no trecho de código:

- Declaramos o vetor com seis posições, mas não se esqueça de que o índice inicial do vetor é zero.
- Todas as posições do vetor foram zeradas com o laço **para**. Isso é como se você estivesse atribuindo o valor inicial a cada uma das variáveis.
- Você não precisa fazer necessariamente o item anterior, pois no Portugol Studio o vetor sempre é criado com todas as posições zeradas.

```
inteiro dado[6]
para (inteiro i=0; i < 6; i++)
{
    dado[i] = 0
}
```

Antes de continuar o algoritmo, gostaria de falar da função **sorteia** que está dentro da biblioteca **Util**. Com ela, é possível gerar um valor aleatório dentro de uma faixa de números estabelecida. Para isso, usamos a seguinte sintaxe:

```
sorteia(inicio, fim)
```

Onde: **inicio** e **fim** são dois números inteiros.

A função vai retornar um número inteiro entre o valor **inicio** e o valor **fim**. Imagine que você quer retornar números que representem as faces do dado. Dessa forma, você poderia usar a função **sorteia** com os seguintes parâmetros:

```
sorteia(1, 6)
```

Vejamos a utilização da função **sorteia** dentro do contexto do nosso problema. Como você deve notar, no trecho de código estamos usando **sorteia(0, 5)**. Fizemos isso porque o índice inicial do vetor é zero. Então, vamos considerar um "deslocamento" com relação à face do dado, ou seja, **dado[0]** vai representar o número 1 (um) do dado, **dado[1]** vai representar o número 2 (dois), bem como **dado[5]** vai representar o número 6 (seis).

```
inteiro n = u.sorteia(0, 5)
```

Evidentemente, esse sorteio de números deve ser feito na quantidade de vezes que foi lida. Assim, vamos colocar dentro de um **para**, como podemos ver no trecho de código:

```
para (inteiro i=0; i < quantidade; i++)
{
    inteiro n = u.sorteia(0, 5)
}
```

Agora, temos que incrementar a posição correspondente do vetor com o número que foi sorteado. Como fazemos isso? Utilizando a variável *n*.

```
para (inteiro i=0; i < quantidade; i++)
{
    inteiro n = u.sorteia(0, 5)
    dado[n]++
}
```

Uma versão mais compacta, porém com legibilidade menor, pode ser vista no trecho de código a seguir.

```
para (inteiro i=0; i < quantidade; i++)
{
    dado[u.sorteia(0, 5)]++
}
```

Estruturas de dados homogêneas

Você já imaginou como seria a solução se não tivéssemos um vetor? Como disse antes, precisaríamos de seis variáveis diferentes e seria particularmente ruim para poder incrementar cada uma delas neste ponto. Compare o trecho a seguir com o trecho anterior e você vai começar a entender a potencialidade dos vetores.

```
para (inteiro i=0; i < quantidade; i++)
{
        inteiro n = u.sorteia(0, 5)
        escolha(n){
                caso 0: cont1++
                pare
                caso 1: cont2++
                pare
                caso 2: cont3++
                pare
                caso 3: cont4++
                pare
                caso 4: cont5++
                pare
                caso 5: cont6++
                pare
        }
}
```

Por fim, temos que imprimir quantas vezes foi sorteado cada um dos números do dado. Para isso, precisamos percorrer o vetor e imprimir o valor contido em cada uma das posições. Note que no trecho de código acabei imprimindo o valor de i somando de 1 (um) para que não saísse 0 (zero) como uma das faces do dado.

```
escreva("Resultado de cada uma das faces do dado\n")
para (inteiro i=0; i < 6; i++)
{
        escreva(i+1, " - ", dado[i], "\n")
}
```

Na Listagem 79, temos um possível algoritmo completo que resolve o exercício proposto.

```
1.      programa
2.      {
3.      inclua biblioteca Util --> u
4.              funcao inicio()
5.              {
6.                      inteiro quantidade
7.                      escreva("Quantas vezes quer lançar o dado? ")
```

```
8.                  leia(quantidade)
9.                  inteiro dado[6]
10.                 para (inteiro i=0; i < 6; i++)
11.                 {
12.                     dado[i] = 0
13.                 }
14.                 para (inteiro i=0; i < quantidade; i++)
15.                 {
16.                     inteiro n = u.sorteia(0, 5)
17.                     dado[n]++
18.                 }
19.                 escreva("Resultado de cada uma das faces do dado\n")
20.                 para (inteiro i=0; i < 6; i++)
21.                 {
22.                     escreva(i+1, " - ", dado[i], "\n")
23.                 }
24.         }
25.     }
```

Listagem 79   Primeiro exercício resolvido de vetores.

 Exercício resolvido

Faça um algoritmo que preencha um vetor de 20 posições de números inteiros. Depois da leitura dos números, faça a divisão de todos os elementos pelo menor valor do vetor. Mostre o vetor antes e depois dos cálculos.

Passo 1 – Identificação do problema. Desejamos ler um vetor de 20 posições, depois temos que dividir todos os elementos pelo menor valor e imprimir o vetor antes e depois da divisão.

Passo 2 – Quais dados estão envolvidos? Todos os números lidos no vetor e o menor valor entre eles.

Passo 3 – Como encontrar os resultados esperados? Precisamos ler os elementos do vetor. A seguir, deve ser encontrado o menor elemento entre eles. Depois, faremos a impressão do vetor original. Então, iremos dividir cada um dos elementos pelo menor valor. Finalmente, vamos imprimir o vetor após a divisão. Para cada item descrito, temos que fazer uma repetição.

Passo 4 – Qual a condição de parada? O contador ser maior que 20 em cada um dos laços.

Embora o problema não fale em utilizar um segundo vetor, com a divisão pelo menor valor acabaremos tendo números reais. Nesse caso, você poderia definir e utilizar apenas um vetor com números reais ou criar dois vetores, um para a leitura dos números inteiros e outro para os números reais. Vamos usar a segunda abordagem.

Você já percebeu, em todos os algoritmos anteriores, que dividimos o problema em pedaços menores para conseguirmos chegar à solução mais facilmente. Esse algoritmo é um caso típico de tal procedimento. Podemos pensar na solução da seguinte forma:

Leia o vetor
Encontre o menor elemento

Estruturas de dados homogêneas

Imprima o vetor original
Divida cada elemento pelo menor valor
Imprima o vetor modificado

Agora, vamos escrever cada parte dessa abstração. Vamos iniciar pela leitura do vetor que pode ser vista no trecho a seguir.

Abre parênteses aqui!

Talvez você possa estranhar a linha que está em negrito. Essa é a forma de declaração de uma **constante**. O uso de uma constante permite definir um **valor fixo** para uma variável.

Por que estou utilizando constantes neste exemplo? Adiante um pouco e veja a Listagem 80. Quantas vezes aparece a constante **tamanho** no código? Seis vezes, se não contarmos com a própria declaração. Imagine agora que você precisa testar o seu algoritmo. Tenho certeza de que terá preguiça para ler 20 números todas as vezes que for testar. O que você faz? Pode diminuir o tamanho do vetor para cinco, por exemplo. Só que isso implica mudar a quantidade de números que vai ser lida, a impressão, a busca pelo menor elemento e assim por diante. Depois que você terminar de fazer os testes, terá que voltar tudo para o número 20. Isso vai dar um pouco de trabalho. Mas, se você colocar uma constante, basta mudar o valor 20 que está na declaração da constante e você poderá testar seu algoritmo com quantos números desejar mudando um único lugar.

Fecha parênteses!

Temos a declaração do vetor e um laço **para** que vai ser feito 20 vezes, em que faremos a leitura dos elementos

```
const inteiro tamanho = 20
inteiro a[tamanho]
para (inteiro i=0; i < tamanho; i++)
{
     escreva("Digite o ", i+1, "º valor: ")
     leia(a[i])
}
```

Continuando a abstração, agora temos que encontrar o menor elemento. Vamos criar uma variável **menor** e atribuir o primeiro elemento do vetor. Depois, faremos um laço **para** no qual perguntaremos a cada índice se é menor que o menor até o momento. Caso seja menor, faremos a troca. Ao final do laço **para**, teremos o menor elemento.

```
real menor = a[0]
para (inteiro i=1; i < tamanho; i++)
{
     se (a[i] < menor)
     {
             menor = a[i]
     }
}
```

202   Capítulo 7

Vamos fazer a impressão do vetor original. Utilizaremos um laço para imprimir cada uma das posições do vetor.

```
escreva("Vetor original\n")
para (inteiro i=0; i < tamanho; i++)
{
    escreva(a[i]," ")
}
```

Agora, temos a parte da divisão dos elementos pelo menor valor. Precisaremos fazer um laço **para**, dividindo cada elemento pela variável **menor**, como podemos ver no trecho seguinte. Note que neste ponto criamos o vetor b de números reais:

```
real b[tamanho]
para (inteiro i=0; i < tamanho; i++)
{
    b[i] = a[i] / menor
}
```

Para finalizar, temos a impressão do vetor b, também com um laço **para** com o objetivo de percorrer todas as posições do vetor, como podemos ver no trecho a seguir:

```
escreva("\nVetor após a divisão\n")
para (inteiro i=0; i < tamanho; i++)
{
    escreva(b[i]," ")
}
```

Juntando todas as peças, ou melhor, todas as partes, temos a solução completa que pode ser vista na Listagem 80. Ficou bem claro que cada tarefa do algoritmo foi feita separadamente, facilitando a sua construção.

```
1.      programa
2.      {
3.              funcao inicio()
4.              {
5.                      const inteiro tamanho = 5
6.                      inteiro a[tamanho]
7.                      para (inteiro i=0; i < tamanho; i++)
8.                      {
9.                              escreva("Digite o ", i+1, "º valor: ")
10.                             leia(a[i])
11.                     }
12.                     real menor = a[0]
```

```
13.                    para (inteiro i=1; i < tamanho; i++)
14.                    {
15.                            se (a[i] < menor)
16.                            {
17.                                    menor = a[i]
18.                            }
19.                    }
20.                    escreva("Vetor original\n")
21.                    para (inteiro i=0; i < tamanho; i++)
22.                    {
23.                            escreva(a[i]," ")
24.                    }
25.                    real b[tamanho]
26.                    para (inteiro i=0; i < tamanho; i++)
27.                    {
28.                            b[i] = a[i] / menor
29.                    }
30.                    escreva("\nVetor após a divisão\n")
31.                    para (inteiro i=0; i < tamanho; i++)
32.                    {
33.                            escreva(b[i]," ")
34.                    }
35.            }
36.    }
```
Listagem 80 Segundo exercício resolvido de vetores.

Exercício resolvido

Faça um algoritmo para ler o vetor *a* de dez elementos. Em seguida, faça a compactação do vetor *a* retirando os elementos nulos e negativos, armazenando o resultado no vetor *b*. Ao final, mostre os dois vetores.

Passo 1 – Identificação do problema. Desejamos ler um vetor *a* com números inteiros. Após a leitura, devemos passar todos os elementos para um vetor *b*, com exceção daqueles que são menores que zero.

Passo 2 – Quais dados estão envolvidos? Todos os números lidos no vetor.

Passo 3 – Como encontrar os resultados esperados? Precisamos ler os elementos do vetor *a*. Depois, temos de percorrer o vetor *a* passando para o vetor *b* aqueles números que são maiores que zero. Para isso, temos que usar uma variável de controle da posição. No final, temos que imprimir os dois vetores.

Passo 4 – Qual a condição de parada? O contador ser maior que 10 em cada um dos laços.

Vamos começar com a leitura do vetor *a*. No trecho a seguir, temos a declaração da constante para definir o tamanho do vetor. Temos também a declaração do vetor e o laço para fazermos a leitura de cada uma das posições.

```
const inteiro tamanho = 10
inteiro a[tamanho]
para(inteiro i=0; i < tamanho; i++)
{
    escreva("Digite o ", i+1, "° valor: ")
    leia(a[i])
}
```

Depois da leitura do vetor, já podemos imprimir todos os elementos, como pode ser visto no trecho de código:

```
escreva("Vetor original\n")
para(inteiro i=0; i < tamanho; i++)
{
    escreva(a[i], " ")
}
```

Agora, vem a parte mais importante do algoritmo. Note que, além da declaração do vetor b, temos também uma variável chamada **pos**. Por que temos de usar essa variável? Para poder controlar em qual posição iremos inserir o próximo elemento que está vindo do vetor a. É importante que você entenda que não podemos fazer a seguinte atribuição: $b[i] = a[i]$. Imagine, por exemplo, que os dois primeiros elementos do vetor fossem negativos e somente o terceiro fosse positivo. Ao fazer a atribuição mencionada para o terceiro elemento, você estaria colocando o valor positivo na terceira posição do vetor b, quando na realidade deveria ser na primeira posição. Entende? É por isso que precisamos da variável **pos** para nos auxiliar a saber em qual posição deve ser colocado cada elemento.

Veja também que no trecho de código temos o comando *se* $(a[i] > 0)$. Evidentemente, precisamos desse teste, pois somente os valores positivos irão para o vetor b. Dentro do comando **se**, temos tanto a atribuição $b[pos] = a[i]$ quanto o incremento da variável **pos**. Ao final do laço, teremos o vetor b preenchido e a variável **pos** indicando qual será a última posição do vetor que temos de imprimir.

```
inteiro b[tamanho]
inteiro pos = 0
para(inteiro i=0; i < tamanho; i++)
{
    se (a[i] > 0)
    {
            b[pos] = a[i]
            pos++
    }
}
```

Estruturas de dados homogêneas

205

Por fim, temos a impressão do vetor compactado. Note que, diferentemente da primeira impressão, o laço **para** não vai até a variável **tamanho** e sim até a variável **pos**. Suponha que, dos 10 (dez) elementos do vetor *a*, apenas 3 (três) são positivos. Se utilizarmos a variável **tamanho** para controlar o fim do laço, o algoritmo vai imprimir inicialmente os três valores positivos e depois 7 (sete) valores zero, dando a aparência de que os resultados estão errados.

```
escreva("\nVetor após a compactação\n")
para(inteiro i=0; i < pos; i++)
{
    escreva(b[i], " ")
}
```

Na Listagem 81, podemos ver uma possível solução para o exercício resolvido.

```
1.      programa
2.      {
3.          funcao inicio()
4.          {
5.              const inteiro tamanho = 10
6.              inteiro a[tamanho]
7.              para(inteiro i=0; i < tamanho; i++)
8.              {
9.                  escreva("Digite o ", i+1, "o valor: ")
10.                 leia(a[i])
11.             }
12.             escreva("Vetor original\n")
13.             para(inteiro i=0; i < tamanho; i++)
14.             {
15.                 escreva(a[i], " ")
16.             }
17.
18.             inteiro b[tamanho]
19.             inteiro pos = 0
20.             para(inteiro i=0; i < tamanho; i++)
21.             {
22.                 se (a[i] > 0)
23.                 {
24.                     b[pos] = a[i]
25.                     pos++
26.                 }
27.             }
28.             escreva("\nVetor após a compactação\n")
29.             para(inteiro i=0; i < pos; i++)
30.             {
```

31.	escreva(b[i]," ")
32.	}
33.	}
34.	}

Listagem 81   Terceiro exercício resolvido de vetores.

 Exercício resolvido

Escreva um algoritmo que gere números inteiros entre 100 e 200 e preencha um vetor com 20 posições. Depois, inverta os elementos do vetor sem usar um vetor auxiliar. Mostre o vetor antes e depois da inversão.

Vamos começar respondendo às nossas perguntas básicas.

Passo 1 – Identificação do problema. Desejamos gerar um vetor com 20 elementos e depois inverter as posições do vetor.

Passo 2 – Quais dados estão envolvidos? Os dados gerados que estão no vetor.

Passo 3 – Como encontrar os resultados esperados? Para podermos inverter os elementos do vetor, temos que trocar os elementos de lugar. O primeiro tem que ir para o último, o segundo para o penúltimo, o terceiro para o antepenúltimo e assim por diante. Essas trocas devem ser feitas apenas até a metade do vetor.

Passo 4 – Qual a condição de parada? A condição de parada para a inversão dos elementos deve ser até a metade do vetor.

Vamos começar o passo a passo de montagem do algoritmo por declaração e preenchimento do vetor. Já falamos que a função **sorteia** permite gerar números aleatórios e estamos usando-a dentro do laço para colocar o número sorteado dentro do vetor *a*, como pode ser visto no trecho de código:

```
const inteiro tamanho = 20
inteiro a[tamanho]
para(inteiro i=0; i < tamanho; i++)
{
    a[i] = u.sorteia(100, 200)
}
```

Antes de executarmos a operação de inversão, vamos imprimir o vetor que foi gerado. Para isso, faremos um laço imprimindo cada uma das posições.

```
escreva("Vetor original\n")
para(inteiro i=0; i < tamanho; i++)
{
    escreva(a[i]," ")
}
```

Estruturas de dados homogêneas

Esta é sem dúvida a parte mais importante do algoritmo. Se você fosse meu aluno dentro da sala de aula e fizesse este trecho errado, toda a questão estaria comprometida. Então, foco no entendimento da resolução.

Vamos imaginar que a tabela a seguir seja um vetor com 10 posições.

5	14	2	20	36	8	45	90	13	62

Para podermos inverter, temos que trocar o 5 com o 62, o 14 com o 13, o 2 com o 90, o 20 com o 45 e o 36 com o 8 – ou seja, fomos somente até a metade do vetor. Se continuarmos trocando os números, voltaremos a ter a sequência original.

Para efetuar a troca do primeiro com o último elemento, teríamos um código mais ou menos assim, considerando que o vetor tem 20 posições:

```
aux = a[0]
a[0] = a[19]
a[19] = aux
```

Note que, além da variável **aux**, teremos duas outras, uma que começa com 0 (zero) e vai crescendo e uma que começa com 19 e vai diminuindo. Na que começa com zero e cresce, podemos aproveitar a variável de controle do comando **para**. Contudo, o controle da outra variável tem que ser feito diminuindo o seu valor dentro do laço. No trecho de código, temos a declaração da variável **pos**, que recebeu o valor inicial do tamanho do vetor decrescido de 1. O comando **para** é feito até a metade do vetor (**tamanho/2**) e dentro dele temos a troca dos valores e o decremento da variável **pos**.

```
inteiro pos = tamanho-1
inteiro aux
para (inteiro i=0; i < tamanho/2; i++)
{
    aux = a[i]
    a[i] = a[pos]
    a[pos] = aux
    pos--
}
```

Depois da troca realizada, podemos imprimir novamente o vetor *a*, como mostrado no trecho de código:

```
escreva("\nVetor após a inversão\n")
para(inteiro i=0; i < tamanho; i++)
{
    escreva(a[i], " ")
}
```

Na Listagem 82, temos uma possível solução completa para o exercício proposto.

```
1.      programa
2.      {
3.              inclua biblioteca Util --> u
4.              funcao inicio()
5.              {
6.                      const inteiro tamanho = 20
7.                      inteiro a[tamanho]
8.                      para(inteiro i=0; i < tamanho; i++)
9.                      {
10.                             a[i] = u.sorteia(100, 200)
11.                     }
12.                     escreva("Vetor original\n")
13.                     para(inteiro i=0; i < tamanho; i++)
14.                     {
15.                             escreva(a[i]," ")
16.                     }
17.                     inteiro pos = tamanho-1
18.                     inteiro aux
19.                     para(inteiro i=0; i < tamanho/2; i++)
20.                     {
21.                             aux = a[i]
22.                             a[i] = a[pos]
23.                             a[pos] = aux
24.                             pos--
25.                     }
26.                     escreva("\nVetor após a inversão\n")
27.                     para(inteiro i=0; i < tamanho; i++)
28.                     {
29.                             escreva(a[i]," ")
30.                     }
31.             }
32.     }
```

Listagem 82   Quarto exercício resolvido de vetores.

 Exercício resolvido

Fazer um algoritmo que calcule os dois maiores valores de um vetor de dez posições preenchido com números inteiros. Os valores devem ser digitados pelo usuário.

Passo 1 – Identificação do problema. Precisamos encontrar os dois maiores valores armazenados em um vetor.

Passo 2 – Quais dados estão envolvidos? Os dados que estão no vetor e os dois maiores valores.

Passo 3 – Como encontrar os resultados esperados? Para encontrar os dois maiores valores, temos que ter duas variáveis auxiliares. Ao percorrer o vetor, temos que perguntar

Estruturas de dados homogêneas

se aquele valor é maior que o maior valor armazenado. Se for, teremos que ajustar as duas variáveis auxiliares. Se o valor do vetor for maior que o segundo maior valor, teremos que ajustar somente uma das variáveis auxiliares.

Passo 4 – Qual a condição de parada? A condição de parada é o contador ser maior que o tamanho do vetor.

Inicialmente, devemos fazer a declaração e a leitura do vetor. Nem precisa entrar muito nos detalhes, pois fizemos exemplos iguais nos últimos exercícios propostos.

```
const inteiro tamanho = 10
inteiro a[tamanho]
para(inteiro i=0; i < tamanho; i++)
{
    escreva("Digite o ", i+1, "º valor: ")
    leia(a[i])
}
```

Da mesma forma que no último exercício proposto, se você errasse o cálculo dos dois maiores, toda a questão estaria comprometida. Assim, precisa concentrar o esforço nesta parte do algoritmo.

Vamos, inicialmente, imaginar que temos duas variáveis, **maior1** e **maior2**, que irão armazenar, respectivamente, o maior valor e o segundo maior valor. Suponha que temos os seguintes valores nelas em determinado momento:

```
maior1 = 30
maior2 = 19
```

Se o número que vamos testar fosse 15, o que faríamos? Nada, não é isso mesmo? Ele é menor que o segundo menor, então nada muda.

Vamos pensar agora que o número a ser testado fosse 21, o que teríamos de fazer? Trocar apenas o valor de **maior2**, passando de 19 para 21. Correto?

O último caso é se o número fosse 47, por exemplo. O que aconteceria? Não podemos simplesmente trocar o 30 pelo 47. Teremos que colocar o 30 no lugar do 19 e o 47 no lugar do 30, inclusive, nessa ordem.

Agora, vamos pensar nisso computacionalmente. Imagine que a variável **num** fosse o valor que precisa ser testado. Dessa forma, teríamos um trecho de código como mostrado a seguir:

```
se (num > maior1)
{
    maior2 = maior1
    maior1 = num
} senao se (num > maior2)
{
    maior2 = num
}
```

210   Capítulo 7

Agora, vejamos como fica o código percorrendo o vetor. Antes do laço, temos a declaração das variáveis que ainda foram inicializadas com o primeiro elemento do vetor. Dentro do laço, aplicamos a lógica que explicamos anteriormente, trocando apenas **num** por **a[i]**.

```
inteiro maior1 = a[0]
inteiro maior2 = a[0]
para (inteiro i=0; i < tamanho; i++)
{
     se (a[i] > maior1)
     {
               maior2 = maior1
               maior1 = a[i]
     } senao se (a[i] > maior2)
     {
               maior2 = a[i]
     }
}
```

Após o cálculo dos dois maiores valores, temos a impressão do vetor e dos resultados encontrados, como podemos ver no trecho de código:

```
escreva("Vetor lido\n")
para (inteiro i=0; i < tamanho; i++){
     escreva(a[i], " ")
}
escreva("\nMaior valor do vetor: ", maior1)
escreva("\nSegundo maior valor do vetor: ", maior2)
```

Na Listagem 83, temos uma possível solução completa para o exercício proposto.

```
1.      programa
2.      {
3.              funcao inicio()
4.              {
5.                      const inteiro tamanho = 10
6.                      inteiro a[tamanho]
7.                      para (inteiro i=0; i < tamanho; i++)
8.                      {
9.                              escreva("Digite o ", i+1, "º valor: ")
10.                             leia(a[i])
11.                     }
12.                     inteiro maior1 = a[0]
13.                     inteiro maior2 = a[0]
14.                     para (inteiro i=0; i < tamanho; i++)
15.                     {
16.                             se (a[i] > maior1)
17.                             {
```

```
18.                              maior2 = maior1
19.                              maior1 = a[i]
20.                        } senao se (a[i] > maior2)
21.                        {
22.                              maior2 = a[i]
23.                        }
24.                  }
25.                  escreva("Vetor lido\n")
26.                  para (inteiro i=0; i < tamanho; i++){
27.                        escreva(a[i]," ")
28.                  }
29.                  escreva("\nMaior valor do vetor: ", maior1)
30.                  escreva("\nSegundo maior valor do vetor: ", maior2)
31.            }
32.      }
```

Listagem 83 Quinto exercício resolvido de vetores.

 Exercício resolvido

Faça um algoritmo que leia 10 (dez) valores e armazene os números pares em um vetor e os ímpares em outro.

Passo 1 – Identificação do problema. Teremos que ler dez números. Cada número deve ser colocado ou no vetor dos pares ou no dos ímpares.

Passo 2 – Quais dados estão envolvidos? Os números que serão lidos e os dois vetores para armazenar os números.

Passo 3 – Como encontrar os resultados esperados? Teremos que fazer um laço para ler os dez números. Para cada um dos valores lidos, temos que testar se é um número par ou ímpar. Dependendo do resultado, o valor será colocado em um vetor ou em outro. Precisamos de duas variáveis que irão controlar em que posição deve ser inserido o próximo número. Ao final do laço, essas variáveis indicarão quantos elementos foram inseridos em cada um dos vetores.

Passo 4 – Qual a condição de parada? A leitura dos 10 elementos.

Vamos inicialmente fazer a declaração dos vetores e aproveitar para criar um laço **para**, que será executado dez vezes. Um ponto importante aqui é que cada vetor foi criado com 10 posições, mesmo que apenas 10 números tenham que ser armazenados. Você deve ter entendido que isso precisa ser feito, pois nada garante que o usuário vá colocar metade dos números pares e a outra metade ímpares. Na verdade, o usuário pode digitar, por exemplo, somente números ímpares e por isso tenho que ter definido dez posições para cada vetor.

```
inteiro pares[10], impares[10]
para (inteiro i=0; i < 10; i++)
{
}
```

Vamos agora adicionar a leitura dos números. É um trecho de código que já vimos diversas vezes, mas lembre-se de que a solução do algoritmo é feita sempre por partes.

```
inteiro pares[10], impares[10]
para (inteiro i=0; i < 10; i++)
{
    inteiro num
    escreva("Digite o ", i+1, "º valor: ")
    leia(num)
}
```

Depois de lermos a variável **num**, temos que perguntar se é par ou ímpar para podermos inserir no vetor correto. Temos que usar as variáveis **p1** e **p2** para controlar a posição na qual deve ser inserido o número lido. A variável **p1** controla os números pares e **p2**, os números ímpares.

```
inteiro pares[10], impares[10]
inteiro p1 = 0
inteiro p2 = 0
para (inteiro i=0; i < 10; i++)
{
    inteiro num
    escreva("Digite o ", i+1, "º valor: ")
    leia(num)
    se (num % 2 == 0)
    {
            pares[p1] = num
            p1++
    } senao
    {
            impares[p2] = num
            p2++
    }
}
```

Após a leitura de todos os números, temos os vetores **par** e **impar** preenchidos. Reforçando que eles poderão ter uma quantidade de números diferente. Assim, não podemos fazer um comando **para** que vai variar de um a dez. Se o vetor dos ímpares tivesse, por exemplo, quatro números ele iria imprimir inicialmente os valores corretos, mas depois ele imprimiria um conjunto de seis zeros. Dessa forma, o controle dos laços tem que usar as variáveis **p1** e **p2**, como podemos ver no seguinte trecho de código:

```
escreva("Vetor de números pares\n")
para (inteiro i=0; i < p1; i++){
    escreva(pares[i], " ")
}
escreva("\nVetor de números ímpares\n")
para (inteiro i=0; i < p2; i++){
    escreva(impares[i], " ")
}
```

A seguir, na Listagem 84, temos uma possível solução completa do exercício proposto.

```
1.   programa
2.   {
3.          funcao inicio()
4.          {
5.                 inteiro pares[10], impares[10]
6.                 inteiro p1 = 0
7.                 inteiro p2 = 0
8.                 para (inteiro i=0; i < 10; i++)
9.                 {
10.                        inteiro num
11.                        escreva("Digite o ", i+1, "° valor: ")
12.                        leia(num)
13.
14.                        se (num % 2 == 0)
15.                        {
16.                               pares[p1] = num
17.                               p1++
18.                        } senao
19.                        {
20.                               impares[p2] = num
21.                               p2++
22.                        }
23.                 }
24.                 escreva("Vetor de números pares\n")
25.                 para (inteiro i=0; i < p1; i++){
26.                        escreva(pares[i], " ")
27.                 }
28.                 escreva("\nVetor de números ímpares\n")
29.                 para (inteiro i=0; i < p2; i++){
30.                        escreva(impares[i], " ")
31.                 }
32.          }
33.   }
```
Listagem 84   Sexto exercício resolvido de vetores.

 Exercício resolvido

Faça um algoritmo que sorteie 20 números inteiros para colocar em dois vetores, A e B, de tamanhos iguais. O algoritmo deverá criar um terceiro vetor C, que é a intercalação dos dois primeiros. Ao final, imprima os três vetores.

Vejamos o seguinte exemplo, na Figura 7.4, de uma intercalação com vetores de tamanho 3.

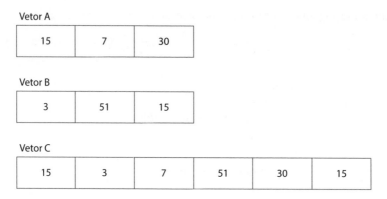

Figura 7.4 Intercalação de vetores.

Passo 1 – Identificação do problema. Temos que preencher dois vetores, **a** e **b**, de tamanho 10 com números aleatórios. Depois, precisamos gerar um terceiro vetor *c* com o dobro do tamanho intercalando os elementos de **a** e de **b**.

Passo 2 – Quais dados estão envolvidos? Três vetores e os 20 números gerados. Dois vetores terão tamanho 10 e o terceiro terá tamanho 20.

Passo 3 – Como encontrar os resultados esperados? Podemos fazer um laço para gerar inicialmente dez números e colocar no vetor **a** e, depois, fazer outro laço para gerar outros dez para colocar no vetor **b**. Após termos os dois vetores preenchidos, teremos que fazer outro laço para gerar o terceiro vetor. Precisaremos ter uma variável para controlar em que posição deve ser colocado o número no vetor **c**.

Passo 4 – Qual a condição de parada? A geração dos 20 números.

Vamos inicialmente declarar os dois vetores. Usaremos a técnica de definir uma constante para podermos alterar a quantidade de números em cada vetor sem termos muito trabalho.

```
const inteiro tamanho = 10
inteiro a[tamanho], b[tamanho]
```

Para preenchermos os vetores com números gerados, podemos proceder de duas formas diferentes. Fazendo dois laços separados, sendo um para cada vetor, ou somente um laço. Qual das duas você prefere? Você já deve ter percebido, pelos exercícios que fomos resolvendo ao longo do livro, que não existe uma solução única para resolver um problema. Portanto, sinta-se à vontade sempre que preferir usar a sua abordagem em lugar da minha.

```
para (inteiro i=0; i < tamanho; i++)
{
    a[i] = u.sorteia(1, 100)
}
para (inteiro i=0; i < tamanho; i++)
{
    b[i] = u.sorteia(1, 100)
}
```

Estruturas de dados homogêneas   **215**

Ou ainda...

```
para (inteiro i=0; i < tamanho; i++)
{
    a[i] = u.sorteia(1, 100)
    b[i] = u.sorteia(1, 100)
}
```

Agora, temos que declarar o vetor **c** com o dobro do tamanho dos outros dois vetores. Vamos aproveitar também para declarar uma variável a fim de controlarmos a posição na qual devemos inserir o próximo elemento.

```
inteiro c[tamanho*2]
inteiro pos = 0
```

A parte principal do algoritmo é a intercalação dos vetores. Se eles tivessem apenas dois elementos cada um, faríamos da seguinte forma:

```
c[0] = a[0]
c[1] = b[0]
c[2] = a[1]
c[3] = b[1]
```

Assim, podemos pensar em um laço que vai até o tamanho dos vetores **a** e **b**. A atribuição ao vetor **c** deve ser feita com a ajuda da variável **pos**.

```
inteiro pos = 0
para (inteiro i=0; i < tamanho; i++)
{
    c[pos] = a[i]
    c[pos+1] = b[i]
    pos = pos + 2
}
```

A parte final do algoritmo é a impressão dos vetores. Para os dois primeiros, utilizamos a constante **tamanho**.

```
escreva("Primeiro vetor\n")
para (inteiro i=0; i < tamanho; i++)
{
    escreva(a[i], " ")
}
escreva("\nSegundo vetor\n")
para (inteiro i=0; i < tamanho; i++)
```

```
    {
        escreva(b[i], " ")
    }
```

Para o vetor intercalado, temos que dobrar a constante **tamanho** para podermos ir até o último elemento.

```
escreva("\nVetor intercalado\n")
para (inteiro i=0; i < tamanho*2; i++)
{
    escreva(c[i], " ")
}
```

Podemos ver na Listagem 85 uma possível solução completa para o exercício proposto.

```
1.      programa
2.      {
3.              inclua biblioteca Util --> u
4.              funcao inicio()
5.              {
6.                      const inteiro tamanho = 10
7.                      inteiro a[tamanho], b[tamanho]
8.                      para (inteiro i=0; i < tamanho; i++)
9.                      {
10.                             a[i] = u.sorteia(1, 100)
11.                     }
12.                     para (inteiro i=0; i < tamanho; i++)
13.                     {
14.                             b[i] = u.sorteia(1, 100)
15.                     }
16.                     inteiro c[tamanho*2]
17.                     inteiro pos = 0
18.                     para (inteiro i=0; i < tamanho; i++)
19.                     {
20.                             c[pos] = a[i]
21.                             c[pos+1] = b[i]
22.                             pos = pos + 2
23.                     }
24.                     escreva("Primeiro vetor\n")
25.                     para (inteiro i=0; i < tamanho; i++)
26.                     {
27.                             escreva(a[i], " ")
28.                     }
29.                     escreva("\nSegundo vetor\n")
```

Estruturas de dados homogêneas 217

```
30.                    para (inteiro i=0; i < tamanho; i++)
31.                    {
32.                            escreva(b[i]," ")
33.                    }
34.                    escreva("\nVetor intercalado\n")
35.                    para (inteiro i=0; i < tamanho*2; i++)
36.                    {
37.                            escreva(c[i]," ")
38.                    }
39.            }
40.    }
```
Listagem 85 Sétimo exercício resolvido de vetores.

 Exercício resolvido

Faça um algoritmo que leia dez números inteiros e armazene em um vetor. Em seguida, imprima o vetor lido e depois encontre todos os elementos que são primos dentro do vetor, mostrando o número e sua respectiva posição no vetor.

Passo 1 – Identificação do problema. Precisamos ler um conjunto de números e armazenar no vetor. Depois, temos de percorrer o vetor verificando se cada elemento é um número primo para poder imprimir.

Passo 2 – Quais dados estão envolvidos? O vetor com dez posições.

Passo 3 – Como encontrar os resultados esperados? Depois de fazermos a leitura do vetor, será preciso um laço para percorrê-lo. Dentro desse laço, teremos que verificar se o número é primo fazendo outro laço e verificando o resto da divisão de 2 até o número menos 1. Se tiver algum resto 0, é porque o número não é primo. Podemos usar uma variável lógica que ajude a encontrar o número primo.

Passo 4 – Qual a condição de parada? Em cada laço, o contador ser maior que o tamanho do vetor. Para o laço do número primo, o contador precisa ser menor que o número sendo testado menos 1.

Esse exercício é muito bem dividido em três partes. A primeira é a declaração e leitura do vetor, a segunda é a impressão do vetor lido e a última, a pesquisa e impressão dos números primos dentro do vetor. Veja a primeira parte no seguinte trecho de código. Temos a declaração da constante tamanho, a declaração do vetor e leitura com o comando **para**.

```
const inteiro tamanho = 10
inteiro a[tamanho]
para(inteiro i=0; i < tamanho; i++)
{
    escreva("Digite o ", i+1, "º valor: ")
    leia(a[i])
}
```

A impressão do vetor também é bem simples, utilizando um laço para percorrer o vetor, como podemos ver no trecho de código:

```
escreva("Vetor lido\n")
para(inteiro i=0; i < tamanho; i++){
    escreva(a[i], " ")
}
```

Anteriormente, fizemos um exercício para saber se um número era primo ou não. Vamos fazer aqui novamente uma versão ligeiramente diferente. Suponha que estamos querendo saber se o valor da variável **numero** é um número primo. Criei uma variável lógica **achou** e atribuí **verdadeiro** antes da repetição. Dentro do laço **faca-enquanto**, verifiquei o resto da divisão pela variável **cont** que está variando de 2 até **numero-1**. Se alguma divisão dessas tiver resto 0, então podemos indicar que o número não é primo, trocando a variável **achou** para **falso**. Quando a repetição for encerrada, saberemos que o número é primo se **achou** ainda permanecer com o valor **verdadeiro**.

```
logico achou = verdadeiro
inteiro cont = 2
faca {
    se (numero % cont == 0)
    {
            achou = falso
    }
    cont++
} enquanto (cont < numero-1)
```

O que temos de fazer agora é colocar o trecho anterior dentro de uma repetição que percorra o vetor e trocar a variável **numero** pela posição do vetor. Note também que testamos se **achou** é verdadeiro para podermos imprimir o valor do número primo e a posição em que se encontra no vetor.

```
para(inteiro i=0; i < tamanho; i++){
    logico achou = verdadeiro
    inteiro cont = 2
    faca {
            se (a[i] % cont == 0)
            {
                    achou = falso
            }
            cont++
    } enquanto (cont < a[i]-1)
    se (achou)
    {
```

Estruturas de dados homogêneas

219

```
                    escreva(a[i], " é primo e está na posição ", i,
    " do vetor\n")
        }
    }
```

A seguir, na Listagem 86, temos uma possível solução completa do exercício proposto.

```
1.      programa
2.      {
3.              funcao inicio()
4.              {
5.                      const inteiro tamanho = 10
6.                      inteiro a[tamanho]
7.                      para (inteiro i=0; i < tamanho; i++)
8.                      {
9.                              escreva("Digite o ", i+1, "º valor: ")
10.                             leia(a[i])
11.                     }
12.                     escreva("Vetor lido\n")
13.                     para (inteiro i=0; i < tamanho; i++)
14.                     {
15.                             escreva(a[i], " ")
16.                     }
17.                     escreva("\nNúmeros primos encontrados\n")
18.                     para (inteiro i=0; i < tamanho; i++)
19.                     {
20.                             logico achou = verdadeiro
21.                             inteiro cont = 2
22.                             faca {
23.                                     se (a[i] % cont == 0)
24.                                     {
25.                                             achou = falso
26.                                     }
27.                                     cont++
28.                             } enquanto (cont < a[i]-1)
29.                             se (achou)
30.                             {
31.                                     escreva(a[i], " é primo e está na posição ", i, " do
                                        vetor\n")
32.                             }
33.                     }
34.              }
35.      }
```

Listagem 86   Oitavo exercício resolvido de vetores.

Exercício resolvido

Faça um programa para ler 10 números diferentes que devem ser armazenados em um vetor. Os dados serão guardados na ordem em que forem sendo lidos, sendo que, caso o usuário tente inserir um número que já foi digitado anteriormente, o programa deverá pedir para ele digitar outro número.

Note que cada valor digitado pelo usuário deve ser pesquisado no vetor, verificando se ele existe entre os números que já foram fornecidos. Ao final, deverá exibir o vetor que foi digitado.

Passo 1 – Identificação do problema. Precisamos armazenar em um vetor 10 números diferentes digitados pelo usuário. Cada novo número lido deve ser pesquisado no vetor. Se ele existir, o usuário tem que ser informado e o número não pode ser inserido no vetor.

Passo 2 – Quais dados estão envolvidos? O vetor com 10 posições e os números que estão sendo lidos.

Passo 3 – Como encontrar os resultados esperados? Terá que ser feita uma repetição para ler um conjunto de números. Cada número precisa ser pesquisado no vetor usando outra repetição. Se, após percorrido o vetor, o número lido não for encontrado, então será possível inserir o número no vetor. Precisaremos ter uma variável que controle em qual posição deve ser inserido o número lido.

Passo 4 – Qual a condição de parada? A inserção no vetor de 10 números diferentes.

Nos exercícios de vetores, nos acostumamos a ler um vetor com o comando **para**. Realmente, é mais prático, pois a variável de controle já é definida na criação do laço. Contudo, nada impede que utilizemos **enquanto** ou **faca-enquanto**. Nesse caso específico, teremos que usar um desses dois últimos, como podemos ver no seguinte trecho de código. Definimos o vetor e utilizamos a variável **pos** para controlar em qual posição iremos inserir o elemento lido.

```
const inteiro tamanho = 5
inteiro a[tamanho]
inteiro pos = 0
faca {
    escreva("Digite o ", pos+1, "º valor: ")
    leia(a[pos])
    pos++
} enquanto (pos < tamanho)
```

Você deve estar percebendo que podemos inserir números repetidos no vetor. Realmente, podemos, pois o algoritmo ainda está incompleto. O que vamos fazer agora é procurar dentro do vetor se o número já foi inserido. Antes do comando **para**, definimos a variável **achou** como **falso**. O laço não vai até o tamanho do vetor, vai somente até a posição **pos**, e dentro do laço testamos se o número lido (**a[pos]**) é igual a cada uma das posições do vetor (**a[i]**). Após o laço, a variável **achou** terá o valor **verdadeiro**, caso tenhamos encontrado o elemento repetido.

```
const inteiro tamanho = 5
inteiro a[tamanho]
inteiro pos = 0
```

Estruturas de dados homogêneas

221

```
faca {
    escreva("Digite o ", pos+1, "o valor: ")
    leia(a[pos])
    pos++
    logico achou = falso
    para(inteiro i=0; i < pos; i++)
    {
        se (a[pos] == a[i])
        {
            achou = verdadeiro
        }
    }
} enquanto (pos < tamanho)
```

Ainda não fizemos o que o algoritmo solicitou, mas com pequenas modificações teremos o que se deseja. A primeira coisa é que não vou ler diretamente no vetor. Irei ler uma variável auxiliar que chamei de **num**. Outra modificação é que só fiz a inserção do valor lido após percorrer o vetor. Ainda não é o que queremos, mas já estamos bem perto.

```
const inteiro tamanho = 5
inteiro a[tamanho]
inteiro pos = 0
faca {
    inteiro num = 0
    escreva("Digite o ", pos+1, "o valor: ")
    leia(num)
    logico achou = falso
    para(inteiro i=0; i < pos; i++)
    {
        se (num == a[i])
        {
            achou = verdadeiro
        }
    }
    a[pos] = num
    pos++
} enquanto (pos < tamanho)
```

O que está faltando? Apenas testar se, após percorrer o vetor, o número foi encontrado. Isso pode ser verificado por meio da variável **achou**. Então, basta adicionar esse teste após a inserção ainda dentro do **faca-enquanto**. Também aproveitei para dar a mensagem de erro para o usuário caso o elemento lido já esteja dentro do vetor.

```
faca {
    inteiro num
    escreva("Digite o ", pos+1, "º valor: ")
    leia(num)
    logico achou = falso
    para(inteiro i=0; i < pos; i++)
    {
            se (num == a[i])
            {
                    achou = verdadeiro
            }
    }
    se (nao achou)
    {
            a[pos] = num
            pos++
    } senao
    {
            escreva("Este número já foi digitado antes, ",
            "favor digite outro valor.\n")
    }
} enquanto (pos < tamanho)
```

A parte mais simples do algoritmo é a impressão final do vetor, como podemos ver no trecho de código a seguir.

```
escreva("Vetor lido\n")
para(inteiro i=0; i < tamanho; i++){
    escreva(a[i], " ")
}
```

Vemos, na Listagem 87, uma possível solução para o exercício que foi proposto.

```
1.      programa
2.      {
3.              funcao inicio()
4.              {
5.                      const inteiro tamanho = 5
6.                      inteiro a[tamanho]
7.                      inteiro pos = 0
8.                      faca {
9.                              inteiro num
10.                             escreva("Digite o ", pos+1, "º valor: ")
11.                             leia(num)
```

```
12.                    logico achou = falso
13.                    para(inteiro i=0; i < pos; i++)
14.                    {
15.                            se (num == a[i])
16.                            {
17.                                    achou = verdadeiro
18.                            }
19.                    }
20.                    se (nao achou)
21.                    {
22.                            a[pos] = num
23.                            pos++
24.                    } senao
25.                    {
26.                            escreva(("Este número já foi digitado antes,",
27.                            "favor digite outro valor.\n")
28.                    }
29.             } enquanto (pos < tamanho)
30.
31.             escreva("Vetor lido\n")
32.             para(inteiro i=0; i < tamanho; i++){
33.                    escreva(a[i]," ")
34.             }
35.      }
36.  }
```

Listagem 87 Nono exercício resolvido de vetores.

 Exercício resolvido

Faça um algoritmo que descubra quantos alunos estão cursando "Algoritmos" e "Cálculo I" ao mesmo tempo. As matrículas dos alunos são armazenadas em dois vetores diferentes, um para cada turma. A quantidade máxima é de 10 alunos por turma.. Depois de ler as matrículas dos alunos (números inteiros de três dígitos), imprima quantos alunos fazem as duas disciplinas simultaneamente.

Passo 1 – Identificação do problema. Precisamos descobrir matrículas que estejam repetidas em dois vetores que representam as turmas de Algoritmos e Cálculo I.

Passo 2 – Quais dados estão envolvidos? Dois vetores, cada um com 10 posições e os dados armazenados neles.

Passo 3 – Como encontrar os resultados esperados? Depois de lermos os dois vetores, teremos que percorrê-los procurando matrículas iguais. Para isso, teremos dois laços, um dentro do outro, comparando cada elemento do primeiro vetor com todos os elementos do segundo.

Passo 4 – Qual a condição de parada? Em cada repetição, temos que ir até o tamanho do vetor.

224 Capítulo 7

Este também é outro algoritmo de vetores que pode ser dividido em três partes: ler os vetores; encontrar os resultados; e imprimir os vetores e os resultados. A primeira e a última partes são as mais simples e já fizemos isso ao longo dos últimos exercícios. Vejamos no trecho de código a seguir a declaração e a leitura dos dois vetores que representam as turmas:

```
const inteiro tamanho = 10
inteiro algoritmo[tamanho]
escreva("Turma de algoritmo\n")
para (inteiro i=0; i < tamanho; i++) {
    escreva("Digite o ", i+1, "º valor: ")
    leia(algoritmo[i])
}
escreva("Turma de Cálculo I\n")
inteiro calculo[tamanho]
para (inteiro i=0; i < tamanho; i++) {
    escreva("Digite o ", i+1, "º valor: ")
    leia(calculo[i])
}
```

A parte mais crítica desse algoritmo é verificar se existem matrículas repetidas nos dois vetores. Conforme comentamos no Passo 3, teremos que fazer um laço para percorrer, por exemplo, o vetor que representa a disciplina de Algoritmos e, dentro desse laço, teremos outro laço para percorrer o vetor onde estão armazenadas as matrículas em Cálculo I. Note que estamos usando uma variável chamada **cont** para contar quantas matrículas se repetem nos dois vetores.

```
inteiro cont = 0
para (inteiro i=0; i < tamanho; i++)
{
    para (inteiro j=0; j < tamanho; j++)
    {
        se (algoritmo[i] == calculo[j])
        {
            cont++
        }
    }
}
```

Após encontrar a quantidade de matrículas repetidas, é hora de imprimir os vetores e o resultado que foi encontrado, como podemos ver no trecho de código a seguir:

```
escreva("Matriculas dos alunos de Algoritmos\n")
para (inteiro i=0; i < tamanho; i++)
{
```

Estruturas de dados homogêneas   225

```
        escreva(algoritmo[i], " ")
}
escreva("\nMatriculas dos alunos de Algoritmos\n")
para (inteiro i=0; i < tamanho; i++)
{
        escreva(calculo[i], " ")
}
escreva("\nQuantidade de alunos fazendo as duas ",
 "turmas simultaneamente: ", cont)
```

Na Listagem 88, podemos ver uma possível solução completa para o exercício proposto.

```
1.      programa
2.      {
3.              funcao inicio()
4.              {
5.                      const inteiro tamanho = 10
6.                      inteiro algoritmo[tamanho]
7.                      escreva("Turma de algoritmo\n")
8.                      para (inteiro i=0; i < tamanho; i++) {
9.                              escreva("Digite o ", i+1, "o valor: ")
10.                             leia(algoritmo[i])
11.                     }
12.                     escreva("Turma de Cálculo I\n")
13.                     inteiro calculo[tamanho]
14.                     para (inteiro i=0; i < tamanho; i++) {
15.                             escreva("Digite o ", i+1, "o valor: ")
16.                             leia(calculo[i])
17.                     }
18.                     inteiro cont = 0
19.                     para (inteiro i=0; i < tamanho; i++)
20.                     {
21.                             para (inteiro j=0; j < tamanho; j++)
22.                             {
23.                                     se (algoritmo[i] == calculo[j])
24.                                     {
25.                                             cont++
26.                                     }
27.                             }
28.                     }
29.                     escreva("Matriculas dos alunos de Algoritmos\n")
30.                     para (inteiro i=0; i < tamanho; i++)
31.                     {
32.                             escreva(algoritmo[i], " ")
```

```
33.                        }
34.                        escreva("\nMatriculas dos alunos de Algoritmos\n")
35.                        para (inteiro i=0; i < tamanho; i++)
36.                        {
37.                                escreva(calculo[i]," ")
38.                        }
39.                        escreva("\nQuantidade de alunos fazendo as duas turmas simulta-
                           neamente:", cont)
40.            }
41.    }
```

Listagem 88   Décimo exercício resolvido de vetores.

7.6 Matrizes

Na literatura de computação, o que mais vamos encontrar como definição de matrizes é que são vetores bidimensionais, ou seja, compostos de linhas e colunas. É uma boa definição, que já usei muito ao longo dos anos nas diversas turmas em que dei aula. Pense em uma planilha do Excel que é composta por células e é referenciada indicando a linha e a coluna. Na Figura 7.5, podemos ver um exemplo de planilha: na célula B3 temos o valor 9,0, na célula A4 temos o valor 6,5 e na célula D1 temos o valor 3,1

Existem algumas diferenças entre a planilha da Figura 7.5 e matrizes declaradas com Portugol Studio, mas graficamente você tem uma boa ideia do que são as matrizes que iremos estudar.

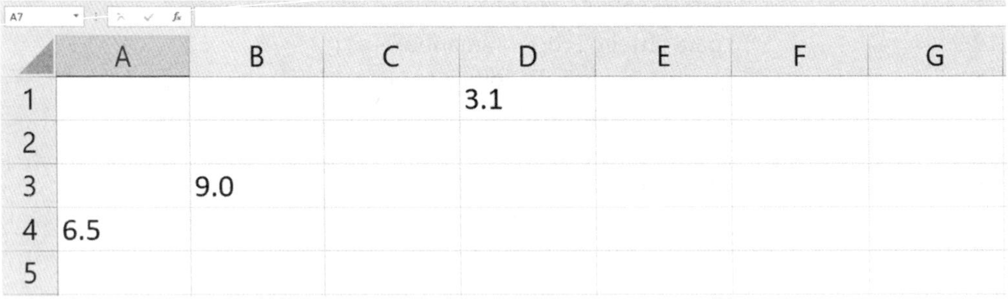

Figura 7.5   Exemplo de uma planilha Excel.

7.7 Representação

A representação de uma matriz no Portugol Studio pode ser vista na Figura 7.6. Os índices de linhas e colunas estão representados corretamente. Note que tanto nas linhas quanto nas colunas o primeiro índice é 0. No exemplo, estamos criando uma matriz 3×5, ou seja, com três linhas e cinco colunas.

Estruturas de dados homogêneas

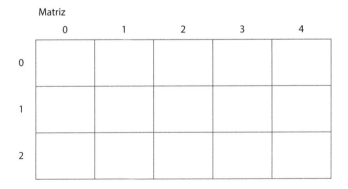

Figura 7.6 Representação gráfica de uma matriz.

7.8 Declaração de matrizes

A declaração de matrizes segue a mesma lógica da declaração de vetores. É preciso que você defina o tipo de dados que a matriz vai armazenar, dê um nome para a variável e determine o tamanho. Só que agora você deverá especificar a quantidade de linhas e a quantidade de colunas. Veja na sintaxe a seguir:

tipo nome_da_matriz[linhas][colunas]

Para criar a matriz da Figura 7.6 que guardasse apenas valores lógicos, a declaração teria a seguinte forma:

logico matriz[3][4]

Veja outros exemplos de declaração de matrizes:

inteiro linhas = 6
inteiro colunas = 4
inteiro valores[linhas][colunas]
real numeros[2][5]
cadeia nomes[1][5]

A matriz **nomes**, do exemplo anterior, está sendo criada com uma linha e cinco colunas. Essa é uma definição um tanto estranha para matrizes, pois, pensando na representação gráfica, o que temos é um vetor e não uma matriz. De qualquer forma, a declaração da variável **nomes** está correta e pode ser utilizada para armazenar dados.

7.9 Manipulação de matrizes

A manipulação de dados nas matrizes vai ser também muito semelhante à dos vetores. A diferença será que teremos dois índices, um para a linha e outro para a coluna. Da mesma forma que nos vetores, é preciso cuidado, pois o primeiro índice é 0 e não 1.

Vejamos, na Listagem 89, a manipulação de matrizes. A linha 10 atribui o resultado **lin * col** para a matriz na posição (linha, coluna). Note que, por conta dos dois laços das linhas 6 e 8, vamos passar por todas as células da matriz, ou seja, todas as posições da matriz serão atribuídas. Gostaria que você desenhasse como ficará a matriz a partir da linha 12, onde todas as atribuições já foram realizadas.

```
1.      programa
2.      {
3.          funcao inicio()
4.          {
5.              inteiro matriz[3][3]
6.              para (inteiro lin=0; lin<3; lin++)
7.              {
8.                  para (inteiro col=0; col<3; col++)
9.                  {
10.                     matriz[lin][col] = lin * col
11.                 }
12.             }
13.     }
```
Listagem 89 Exemplo de manipulação de matrizes.

Vejamos agora um conjunto de exercícios resolvidos sobre matrizes.

 Exercício resolvido

Faça um algoritmo que leia os elementos de uma matriz quadrada de números inteiros e de tamanho 4. Ao final, indique quantos elementos da matriz são maiores que 10 e menores ou iguais a 20.

Passo 1 – Identificação do problema. Precisamos ler e armazenar um conjunto de elementos em uma matriz. Depois, é necessário percorrer a matriz e contar quantos elementos estão entre 10 e 20.

Passo 2 – Quais dados estão envolvidos? Uma matriz quadrada de tamanho 4. Um contador para saber a quantidade de números entre 10 e 20.

Passo 3 – Como encontrar os resultados esperados? Para lermos a matriz, precisamos de dois laços, um para as linhas e outro para as colunas. Depois da leitura, precisamos perguntar a cada elemento da matriz se está no intervalo entre 10 e 20. Para fazermos isso, também são necessários dois laços. Dentro do laço mais interno é que vamos perguntar se o elemento está dentro da faixa desejada. Caso esteja, incrementamos um contador. Por fim, podemos imprimir a matriz e o contador.

Estruturas de dados homogêneas

Passo 4 – Qual a condição de parada? Em cada repetição, temos que ir até o tamanho definido da linha e da coluna, que neste caso é 4.

A definição da matriz (4 × 4) de inteiros é bastante simples, como podemos ver a seguir:

```
inteiro m[4][4]
```

Para realizarmos a leitura, bem como todas as operações com matrizes, temos que fazer um laço para percorrermos as linhas e outro laço para percorrermos as colunas. Dentro do segundo laço é que podemos efetuar a operação desejada, que, neste caso, é a leitura da matriz, como podemos ver no seguinte trecho de código:

```
para (inteiro i=0; i < 4; i++)
{
    para(inteiro j=0; j < 4; j++)
    {
            escreva("Digite a matriz m[", i, "][", j, "]:")
            leia(m[i][j])
    }
}
```

Após a leitura da matriz, podemos fazer o que o problema está solicitando. Devemos encontrar quantos elementos são maiores que 10 e menores ou iguais a 20. Para cada um dos elementos da matriz, teremos de ter dois laços, e o teste desejado será feito dentro do laço mais interno. Note também que criamos uma variável **cont** antes do primeiro laço, que foi inicializada com 0.

```
inteiro cont = 0
para (inteiro i=0; i < 4; i++)
{
    para(inteiro j=0; j < 4; j++)
    {
            se (m[i][j] > 10 e m[i][j] <= 20)
            {
                    cont++
            }
    }
}
```

Após feito o cálculo, podemos imprimir tanto a matriz quando o valor encontrado. A impressão da matriz segue o mesmo raciocínio da leitura e teremos que fazer dois laços. Note que dentro do laço mais interno fizemos a impressão do elemento da matriz, mas, quando acaba o laço, mudamos de linha. Se não fizermos isso, teremos uma impressão contínua dos elementos e não haverá como saber que estamos em outra linha. Dessa forma, para facilitarmos a visualização, quebramos a linha antes de fazermos a próxima interação do laço mais interno, como pode ser visto no trecho de código:

```
limpa()
escreva("A matriz lida é: \n")
para (inteiro i=0; i < 4; i++)
{
    para(inteiro j=0; j < 4; j++)
    {
            escreva(m[i][j], " ")
    }
    escreva("\n")
}
escreva("Quantidade números entre 10 e 20: ")
escreva(cont)
```

A seguir, na Listagem 90, temos uma possível solução completa para o problema que foi proposto.

```
1.      programa
2.      {
3.              funcao inicio()
4.              {
5.                      inteiro m[4][4]
6.                      para (inteiro i=0; i < 4; i++)
7.                      {
8.                              para(inteiro j=0; j < 4; j++)
9.                              {
10.                                     escreva("Digite a matriz m[", i, "][", j, "]:")
11.                                     leia(m[i][j])
12.                             }
13.                     }
14.                     inteiro cont = 0
15.                     para (inteiro i=0; i < 4; i++)
16.                     {
17.                             para(inteiro j=0; j < 4; j++)
18.                             {
19.                                     se (m[i][j] > 10 e m[i][j] <= 20)
20.                                     {
21.                                             cont++
22.                                     }
23.                             }
24.                     }
25.                     limpa()
26.                     escreva("A matriz lida é: \n")
27.                     para (inteiro i=0; i < 4; i++)
```

Estruturas de dados homogêneas

```
28.              {
29.                      para(inteiro j=0; j < 4; j++)
30.                      {
31.                              escreva(m[i][j], " ")
32.                      }
33.                      escreva("\n")
34.              }
35.              escreva("Quantidade números entre 10 e 20: ")
36.              escreva(cont)
37.      }
38. }
```

Listagem 90   Primeiro exercício resolvido de matrizes.

 Exercício resolvido

Faça um algoritmo que preencha uma matriz 10 × 6 com números aleatórios entre 1 e 500 e depois encontre:

- O maior elemento da matriz e em qual posição ele se encontra (linha e coluna).
- O menor elemento da matriz e em qual posição ele se encontra (linha e coluna).

Passo 1 – Identificação do problema. Precisamos preencher uma matriz 10 × 6 com números aleatórios entre 1 e 500. Depois, devemos percorrer a matriz procurando o maior e o menor elementos.

Passo 2 – Quais dados estão envolvidos? Uma matriz de tamanho 10 × 6 e variáveis para armazenar o menor e o maior valores, além de outras quatro variáveis para guardar os índices onde estão o maior elemento e o menor.

Passo 3 – Como encontrar os resultados esperados? Precisamos de dois laços para podermos gerar os elementos da matriz. Dentro do laço mais interno, atribuímos o valor sorteado ao elemento da matriz. Para encontrarmos o menor e o maior valores, temos que percorrer a matriz usando novamente dois laços. Dentro do laço mais interno, perguntamos se é o maior ou o menor elemento até aquele momento. Pela resposta, teremos que atualizar tanto o valor quanto os índices. Depois de percorrermos a matriz para encontrar o maior e o menor dos elementos, podemos imprimir a matriz e os resultados encontrados.

Passo 4 – Qual a condição de parada? Em cada repetição, temos que ir até o tamanho definido da linha e da coluna.

Da mesma forma que fizemos com vetores, iremos usar a estratégia de definir constantes para linhas e colunas com o objetivo de facilitar mudanças de tamanho da matriz. Assim, podemos usar o seguinte trecho de código e em todos os laços vamos utilizar essas constantes:

```
const inteiro linhas = 10
const inteiro colunas = 6
```

232   Capítulo 7

A primeira coisa que podemos fazer no algoritmo é definir a matriz e fazer os dois laços para podermos passar em todos os elementos. No laço mais interno iremos fazer a atribuição do valor sorteado para o elemento da matriz, como podemos ver no seguinte trecho de código. Note que usamos as constantes que foram definidas para controlar os laços.

```
inteiro m[linhas][colunas]
para (inteiro i=0; i < linhas; i++)
{
        para (inteiro j=0; j < colunas; j++)
        {
                m[i][j] = u.sorteia(1, 500)
        }
}
```

Antes de percorrermos o vetor pesquisando o menor e o maior valores, vamos declarar as variáveis que serão utilizadas. Note que criei as variáveis **maior** e **menor** e fiz a atribuição do primeiro elemento da matriz a cada uma delas. Como temos uma faixa bem definida de números gerados, que é de 1 a 500, poderíamos colocar 0 no maior e 501 no menor, mas eu prefiro atribuir o primeiro elemento. Acho muito menos propenso a falhas. Se o problema pedir para mudar a faixa de números gerados, você não poderá esquecer de fazer a alteração também nesse ponto do algoritmo.

Como o problema também solicita que seja dito em qual linha e coluna estão o maior e o menor elementos, teremos que ter mais quatro variáveis. Duas para linha e coluna para menor e mais duas para maior. No trecho de código, podemos ver a declaração de todas essas variáveis. Note também que, como atribuímos o elemento 0×0 da matriz para maior e menor, as outras variáveis foram inicializadas com 1.

```
inteiro menor = m[0][0]
inteiro menorLinha = 1, menorColuna = 1
inteiro maior = m[0][0]
inteiro maiorLinha = 1, maiorColuna = 1
```

Chegou a hora de calcular o que o algoritmo está solicitando. Vamos percorrer a matriz toda utilizando dois laços. Dentro do laço mais interno é que vamos perguntar se o elemento daquela posição é maior que o maior bem, assim como se é menor que o menor. Conforme seja um ou outro, atualizaremos o valor e os índices. É bom entender por que os índices estão sendo somados de 1. Lembre-se de que a matriz começa tanto na linha quanto na coluna com 0. Quando você for mostrar o resultado ao usuário, ficará estranho dizer que o menor elemento está, por exemplo, na linha 0 coluna 2. Para o usuário, não existe linha ou coluna zero. Para ele, a matriz começa na linha 1 coluna 1. Por esse motivo, adicionei 1 tanto na linha quanto na coluna.

```
para (inteiro i=0; i < linhas; i++)
{
```

Estruturas de dados homogêneas

```
        para(inteiro j=0; j < colunas; j++)
        {
                se (m[i][j] > maior)
                {
                        maior = m[i][j]
                        maiorLinha = i+1
                        maiorColuna = j+1
                }
                se (m[i][j] < menor)
                {
                        menor = m[i][j]
                        menorLinha = i+1
                        menorColuna = j+1
                }
        }
    }
}
```

A seguir, temos a impressão da matriz. Mais uma vez, dois laços controlados pelas constantes **linhas** e **colunas** e a impressão sendo feita dentro do laço mais interno.

```
escreva("A matriz lida é: \n")
para (inteiro i=0; i < linhas; i++)
{
    para(inteiro j=0; j < colunas; j++)
    {
            escreva(m[i][j], " ")
    }
    escreva("\n")
}
```

Finalmente, podemos imprimir os resultados que foram encontrados, como vemos no seguinte trecho de código:

```
escreva("Menor valor da matriz: ")
escreva(menor)
escreva(", está na linha ", menorLinha, " e na coluna ",
menorColuna)
escreva("\nMaior valor da matriz: ")
escreva(maior)
escreva(", está na linha ", maiorLinha, " e na coluna ",
maiorColuna)
```

Juntando todos os trechos de código que vimos, temos o algoritmo completo, como podemos ver na Listagem 91.

```
1.      programa
2.      {
3.              inclua biblioteca Util --> u
4.              funcao inicio()
5.              {
6.                      const inteiro linhas = 10
7.                      const inteiro colunas = 6
8.                      inteiro m[linhas][colunas]
9.                      para (inteiro i=0; i < linhas; i++)
10.                     {
11.                             para(inteiro j=0; j < colunas; j++)
12.                             {
13.                                     m[i][j] = u.sorteia(1, 500)
14.                             }
15.                     }
16.                     inteiro menor = m[0][0]
17.                     inteiro menorLinha = 0, menorColuna = 0
18.                     inteiro maior = m[0][0]
19.                     inteiro maiorLinha = 0, maiorColuna = 0
20.                     para (inteiro i=0; i < linhas; i++)
21.                     {
22.                             para(inteiro j=0; j < colunas; j++)
23.                             {
24.                                     se (m[i][j] > maior)
25.                                     {
26.                                             maior = m[i][j]
27.                                             maiorLinha = i+1
28.                                             maiorColuna = j+1
29.                                     }
30.                                     se (m[i][j] < menor)
31.                                     {
32.                                             menor = m[i][j]
33.                                             menorLinha = i+1
34.                                             menorColuna = j+1
35.                                     }
36.                             }
37.                     }
38.                     limpa()
39.                     escreva("A matriz lida é: \n")
40.                     para (inteiro i=0; i < linhas; i++)
41.                     {
42.                             para(inteiro j=0; j < colunas; j++)
43.                             {
44.                                     escreva(m[i][j], " ")
```

```
45.                            }
46.                            escreva("\n")
47.                        }
48.                        escreva("Menor valor da matriz: ")
49.                        escreva(menor)
50.                        escreva(", está na linha ", menorLinha, " e na coluna ", menorColuna)
51.                        escreva("\nMaior valor da matriz: ")
52.                        escreva(maior)
53.                        escreva(", está na linha ", maiorLinha, " e na coluna ", maiorColuna)
54.                    }
55.                }
```

Listagem 91   Segundo exercício resolvido de matrizes.

 Exercício resolvido

Faça um algoritmo que leia uma matriz 12 × 4 com os valores de venda de uma loja, com cada linha representando um mês do ano e cada coluna representando uma semana do mês. O algoritmo deverá calcular:

- O total vendido em cada mês do ano.
- O total geral vendido pela loja.

Passo 1 – Identificação do problema. Precisamos ler uma matriz 12 × 4 e, depois da leitura, fazer o somatório por linha e o somatório total.

Passo 2 – Quais dados estão envolvidos? Uma matriz de tamanho 12 × 4 e variáveis para armazenar a soma por linha e o somatório de toda a matriz.

Passo 3 – Como encontrar os resultados esperados? Precisamos de dois laços para podermos ler os elementos da matriz. Dentro do laço mais interno, fazemos a leitura do elemento da matriz. Após a leitura, percorremos a matriz somando cada um dos itens da linha. Quando mudarmos de linha, temos que imprimir a soma calculada, acumular para saber o somatório do ano e zerar a variável para somarmos a próxima linha.

Passo 4 – Qual a condição de parada? Em cada repetição, temos que ir até o tamanho definido da linha e da coluna.

Vamos iniciar o algoritmo definindo as constantes e a matriz com o tamanho definido de 12 × 4.

```
const inteiro linhas = 12
const inteiro colunas = 4
real m[linhas][colunas]
```

A leitura da matriz segue a mesma lógica aplicada em exercícios anteriores. Temos que fazer dois laços, sendo que no mais interno faremos a leitura do elemento da matriz, como podemos ver no trecho de código:

236

Capítulo 7

```
para (inteiro i=0; i < linhas; i++)
{
    para (inteiro j=0; j < colunas; j++)
    {
            escreva("Digite a matriz m[", i, "][", j, "]:")
            leia(m[i][j])
    }
}
```

Vamos imaginar que queremos somar os valores das colunas da linha 0. O trecho de código a seguir faz isso. Note que criei uma variável chamada **semana** e inicializei com 0. Dentro do laço, fui acumulando os valores. Depois do laço, já poderia imprimir o valor da soma da linha, concorda? É exatamente isso que queremos fazer.

```
real semana = 0
para (inteiro j=0; j < colunas; j++)
{
        semana = semana + m[0][j]
}
```

Agora, veja no trecho de código que adicionamos mais um laço para percorrer todas as linhas. Adicionamos também uma variável chamada ano, que vai acumulando o total de cada mês, e fizemos a impressão das vendas do mês.

```
real ano = 0
para (inteiro i=0; i < linhas; i++)
{
    real semana = 0
    para (inteiro j=0; j < colunas; j++)
    {
            semana = semana + m[i][j]
    }
    escreva("Total de vendas no mês ", i+1, ": ", semana, "\n")
    ano = ano + semana
}
```

A última coisa que temos para fazer é imprimir o valor total acumulado no ano. Faremos isso fora do laço em que fizemos os cálculos. O código completo de uma possível solução para o problema apresentado pode ser visto na Listagem 92.

```
1.    programa
2.    {
3.            funcao inicio()
4.            {
```

Estruturas de dados homogêneas

```
5.                     const inteiro linhas = 12
6.                     const inteiro colunas = 4
7.                     real m[linhas][colunas]
8.                     para (inteiro i=0; i < linhas; i++)
9.                     {
10.                         para (inteiro j=0; j < colunas; j++)
11.                         {
12.                             escreva("Digite a matriz m[", i, "][", j, "]:")
13.                             leia(m[i][j])
14.                         }
15.                     }
16.                     real ano = 0
17.                     para (inteiro i=0; i < linhas; i++)
18.                     {
19.                         real semana = 0
20.                         para (inteiro j=0; j < colunas; j++)
21.                         {
22.                             semana = semana + m[i][j]
23.                         }
24.                         escreva("Total de vendas no mês ", i+1, ": ", semana, "\n")
25.                         ano = ano + semana
26.                     }
27.                     escreva("Total de vendas no ano: ", ano)
28.         }
29. }
```
Listagem 92 Terceiro exercício resolvido de matrizes.

 Exercício resolvido

Faça um algoritmo que leia uma matriz 5 × 5 de números inteiros. Depois da leitura, imprima a matriz e mostre a soma dos elementos da diagonal principal. A diagonal principal de uma matriz são os elementos que estão em destaque no exemplo da Figura 7.7.

Matriz 5 × 5

1	2	3	4	5
6	7	8	9	10
11	12	13	14	15
16	17	18	19	20
21	22	23	24	25

Figura 7.7 Matriz.

Passo 1 – Identificação do problema. Precisamos ler uma matriz 5 × 5 e depois somar os elementos da diagonal principal.

Passo 2 – Quais dados estão envolvidos? Uma matriz de tamanho 5 × 5 e uma variável para acumular a soma dos elementos da diagonal principal.

Passo 3 – Como encontrar os resultados esperados? Precisamos de dois laços para podermos ler os elementos da matriz. Dentro do laço mais interno, fazemos a leitura do elemento da matriz. Após a leitura, percorremos a matriz também com dois laços para imprimirmos os elementos. Os elementos da diagonal principal são aqueles cujos índices de linha e coluna são iguais. Assim, podemos fazer um laço único e utilizar o mesmo índice tanto para linha quanto para coluna, tanto para imprimirmos os elementos quanto para calcularmos a soma.

Passo 4 – Qual a condição de parada? Em cada repetição, temos que ir até o tamanho definido da linha e da coluna.

Da mesma forma que no exercício anterior, vamos definir constantes e a matriz com tamanho 5 × 5.

```
const inteiro linhas = 5
const inteiro colunas = 5
inteiro m[linhas][colunas]
```

Para fazermos a leitura, teremos dois laços e dentro do laço mais interno podemos fazer a leitura do elemento, como podemos ver no trecho de código:

```
para (inteiro i=0; i < linhas; i++)
{
    para(inteiro j=0; j < colunas; j++)
    {
        escreva("Digite a matriz m[", i, "][", j, "]:")
        leia(m[i][j])
    }
}
```

Como não teremos modificação nos elementos da matriz, já é possível imprimir os elementos. Para isso, também utilizaremos dois laços, não esquecendo de mudar de linha após o final de cada execução do laço mais interno.

```
escreva("A matriz lida é: \n")
para (inteiro i=0; i < linhas; i++)
{
    para(inteiro j=0; j < colunas; j++)
    {
        escreva(m[i][j], " ")
    }
    escreva("\n")
}
```

Estruturas de dados homogêneas

239

A lógica principal desse exercício consiste na impressão dos elementos da diagonal principal e no cálculo da soma. Pelo que especificamos no Passo 3, os elementos da diagonal principal são aqueles cujos índices de linha e coluna são iguais. Dessa forma, podemos fazer dois laços e perguntar no laço mais interno se os índices são iguais para podermos imprimir, como no código a seguir:

```
escreva("\nElementos da diagonal principal:\n")
para (inteiro i=0; i < linhas; i++)
{
    para(inteiro j=0; j < colunas; j++)
    {
        se (i == j)
        {
            escreva(m[i][j], " ")
        }
    }
}
```

Esse código anterior não está errado. Ele faz exatamente o que foi solicitado, que é imprimir os elementos da diagonal principal. Contudo, pensando um pouco mais, veremos que não precisamos de dois laços. Poderíamos usar apenas um e repetir o índice tanto na linha quanto na coluna, como no seguinte trecho de código. Note que já aproveitamos para calcular a variável soma.

```
inteiro soma = 0
escreva("\nElementos da diagonal principal:\n")
para (inteiro i=0; i < linhas; i++)
{
    escreva(m[i][i], " ")
    soma = soma + m[i][i]
}
```

Na Listagem 93, podemos ver uma possível solução para o algoritmo que foi proposto.

```
1.      programa
2.      {
3.          funcao inicio()
4.          {
5.              const inteiro linhas = 5
6.              const inteiro colunas = 5
7.              inteiro m[linhas][colunas]
8.              para (inteiro i=0; i < linhas; i++)
9.              {
10.                 para(inteiro j=0; j < colunas; j++)
```

11.	{
12.	escreva("Digite a matriz m[", i, "][", j, "]:")
13.	leia(m[i][j])
14.	}
15.	}
16.	limpa()
17.	escreva("A matriz lida é: \n")
18.	para (inteiro i=0; i < linhas; i++)
19.	{
20.	para(inteiro j=0; j < colunas; j++)
21.	{
22.	escreva(m[i][j], " ")
23.	}
24.	escreva("\n")
25.	}
26.	inteiro soma = 0
27.	escreva("\nElementos da diagonal principal:\n")
28.	para (inteiro i=0; i < linhas; i++)
29.	{
30.	escreva(m[i][i], " ")
31.	soma = soma + m[i][i]
32.	}
33.	escreva("\nA soma dos elementos é: ",soma)
34.	}
35.	}

Listagem 93 Quarto exercício resolvido de matrizes.

 Exercício resolvido

Faça um algoritmo para multiplicar um número **n** por uma matriz 4 × 3. O valor de **n** deve ser lido pelo usuário, mas a matriz será gerada por números aleatórios de 1 a 20. Imprima a matriz antes e depois da multiplicação.

Passo 1 – Identificação do problema. Precisamos gerar números aleatórios em uma matriz 4 × 3 e ler um valor **n**. Depois, temos que multiplicar **n** pela matriz e imprimir a matriz antes e depois da multiplicação.

Passo 2 – Quais dados estão envolvidos? Uma matriz de tamanho 4 × 3 e uma variável para armazenar o número que vai multiplicar a matriz.

Passo 3 – Como encontrar os resultados esperados? Precisamos de dois laços para podermos preencher a matriz com números aleatórios entre 1 e 20. Teremos que ler um valor inteiro **n** para fazermos a multiplicação pela matriz. Esta é feita percorrendo toda a matriz e multiplicando cada elemento pelo valor de **n**. Vamos precisar também imprimir a matriz antes e depois da multiplicação.

Passo 4 – Qual a condição de parada? Em cada repetição, temos que ir até o tamanho definido da linha e da coluna.

Estruturas de dados homogêneas

Para fazermos a geração de todos os elementos da matriz, teremos de utilizar dois laços, sendo que no laço mais interno é que vamos utilizar a função **sorteia**. O valor sorteado é colocado diretamente na matriz. Note que foi utilizada mais uma vez a estratégia das constantes, para que os valores sejam usados nos outros laços.

```
const inteiro linhas = 4
const inteiro colunas = 3
inteiro m[linhas][colunas]
para (inteiro i=0; i < linhas; i++)
{
      para(inteiro j=0; j < colunas; j++)
      {
             m[i][j] = u.sorteia(1, 20)
      }
}
```

A seguir, temos a leitura do valor que vai multiplicar a matriz, como pode ser visto no trecho de código:

```
inteiro n
escreva("Digite o número para multiplicar a matriz: ")
leia(n)
```

O trecho de código a seguir pode ser usado tanto na impressão da matriz original quanto depois da impressão. A única diferença é o comando **escreva** antes da repetição, que tem de mudar para cada impressão.

```
escreva("A matriz lida é: \n")
para (inteiro i=0; i < linhas; i++)
{
      para(inteiro j=0; j < colunas; j++)
      {
             escreva(m[i][j], " ")
      }
      escreva("\n")
}
```

Conforme especificamos no Passo 3, teremos que multiplicar cada elemento da matriz pelo valor **n** que foi lido. Para essa operação, vamos percorrer a matriz com dois laços e dentro do laço mais interno é que faremos a multiplicação solicitada. O trecho de código a seguir mostra a multiplicação sendo executada:

```
para (inteiro i=0; i < linhas; i++)
{
```

242   Capítulo 7

```
        para(inteiro j=0; j < colunas; j++)
        {
                m[i][j] = m[i][j] * n
        }
}
```

Podemos ver uma possível solução completa do algoritmo proposto na Listagem 94.

```
1.      programa
2.      {
3.              inclua biblioteca Util --> u
4.              funcao inicio()
5.              {
6.                      const inteiro linhas = 4
7.                      const inteiro colunas = 3
8.                      inteiro m[linhas][colunas]
9.                      para (inteiro i=0; i < linhas; i++)
10.                     {
11.                             para(inteiro j=0; j < colunas; j++)
12.                             {
13.                                     m[i][j] = u.sorteia(1, 20)
14.                             }
15.                     }
16.                     inteiro n
17.                     escreva("Digite o número para multiplicar a matriz: ")
18.                     leia(n)
19.                     escreva("A matriz lida é: \n")
20.                     para (inteiro i=0; i < linhas; i++)
21.                     {
22.                             para(inteiro j=0; j < colunas; j++)
23.                             {
24.                                     escreva(m[i][j], " ")
25.                             }
26.                             escreva("\n")
27.                     }
28.
29.                     para (inteiro i=0; i < linhas; i++)
30.                     {
31.                             para(inteiro j=0; j < colunas; j++)
32.                             {
33.                                     m[i][j] = m[i][j] * n
34.                             }
35.                     }
36.                     escreva("A matriz após a multiplicação: \n")
```

```
37.                        para (inteiro i=0; i < linhas; i++)
38.                        {
39.                                para(inteiro j=0; j < colunas; j++)
40.                                {
41.                                        escreva(m[i][j], " ")
42.                                }
43.                                escreva("\n")
44.                        }
45.                }
46.        }
```
Listagem 94   Quinto exercício resolvido de matrizes.

Exercício proposto (s01e10)

Faça um programa que leia duas matrizes, A e B, de tamanho 2×2 e calcule a matriz C, que é a soma das matrizes A e B.

Aponte seu *smartphone* para o QR Code ao lado para abrir o vídeo do YouTube em que mostro a solução do exercício proposto.

uqr.to/197ar

Aprimore seus conhecimentos

1. Faça um algoritmo que gere 30 números inteiros e os armazene em um vetor. Em seguida, calcule a média dos elementos e imprima os números que sejam 30 % maiores que o valor da média.
2. Um vetor de 12 posições, que representa os meses do ano, está preenchido com os valores das vendas da padaria PãoNossoDeCadaDia. Seu Domingos, o dono da padaria, afirma categoricamente que durante os três primeiros meses do ano ele vende mais da metade do que no restante do ano. Ele contratou você para provar que estava certo. Faça um algoritmo que indique se Seu Domingos está certo ou errado.
3. Faça um algoritmo que leia o nome e o valor de um conjunto de 10 livros. Os nomes serão armazenados no vetor A e os valores no vetor B. Após ler todos os livros, imprima o nome dos dois livros mais caros.
4. Uma matriz de tamanho 5×10 contém as dez respostas de cinco alunos de uma prova objetiva. O gabarito da prova é guardado em um vetor de 10 posições e as respostas vão

244   Capítulo 7

da letra A até a letra E. O algoritmo deverá comparar as respostas de cada aluno com o gabarito e emitir a nota, sendo que cada acerto vale um ponto.

5. Faça um algoritmo que gere uma cartela com 25 números e que será armazenada um uma matriz 5 × 5. Os números possíveis vão de 0 a 99 e tenha cuidado para não gerar números repetidos na mesma cartela. Ao final, o algoritmo deverá imprimir a cartela que foi gerada.

6. A Copa América de futsal é composta de 8 times. Cada time pode registrar dez atletas. Em uma matriz, são armazenadas as idades do todos os atletas. Faça um algoritmo que calcule a média de idade de cada um dos times. O nome do país deverá ser armazenado em um vetor separado.

7. Faça um algoritmo que gere um conjunto de 150 números entre 1 e 30. Ao final, deve ser impressa a quantidade de vezes que cada número se repetiu. Por exemplo:

    1 – 8 vezes

    2 – 6 vezes

    3 – 12 vezes

    E assim por diante.

8 Modularização

Estamos chegando ao final do nosso livro. Os assuntos que estudou até agora permitem que você possa resolver quase que a totalidade dos algoritmos propostos em qualquer curso de introdução à programação. Sinta-se totalmente satisfeito se você conseguiu acompanhar até aqui. Este capítulo é um bônus, e, quando pensei nos tópicos que iria escrever neste livro, fiquei em dúvida se deveria inserir este assunto ou não. Não sei exatamente quantas grades curriculares adicionam modularização no conteúdo, então resolvi incluir no livro. Com absoluta certeza, você só tem a ganhar ao aprender este interessante assunto.

A estratégia modular não é exclusividade da computação. Na realidade, a computação normalmente pega emprestado conceitos de outras áreas e os adapta para o seu contexto. A modularização é um conceito muito presente, por exemplo, na indústria automotiva. O objetivo principal é **reutilizar** os mesmos componentes em diversos produtos, o que reduz significativamente o custo da produção. Montar um carro é, na verdade, encaixar módulos preexistentes e fazê-los funcionar em conjunto. Esses módulos podem ser feitos pela própria montadora de veículos ou por empresas terceirizadas.

Agora que você aprendeu e resolveu dezenas de algoritmos, quero que pense em sistemas. Pode ser qualquer um. Do sistema que controla as vendas de uma padaria ao sistema que controla uma usina hidrelétrica. Nenhum deles será resolvido da forma como você aprendeu a desenvolver seus algoritmos. Mas, não pense que isso é ruim para você. Não entenda errado. Para te ensinar algoritmos, resolvemos problemas que tinham poucas linhas de código, nada mais do que 40 ou 50 linhas. Didaticamente, é ruim resolver problemas que tenham mais de 100 linhas de código. Mas quando falamos de sistemas, mesmo os menores têm dezenas de milhares de linhas de código. Você já pensou em criar um sistema com milhares de linhas de código na forma como aprendemos a programar? Não seria muito produtivo, não acha? Então, como é que eles são desenvolvidos? É essa a pergunta que você deve se fazer.

Ao longo do livro, flertamos algumas vezes com essa forma de desenvolvimento. Lembra quando chamamos funções que estão dentro de bibliotecas? Função **arredonda** e **sorteia** são exemplos disso. O que você acha que são essas funções? São trechos de código que têm um propósito específico e que podem ser reaproveitados por qualquer algoritmo, ou seja, você não precisa fazer a função dentro do seu algoritmo. Alguém já fez, já testou e você somente usa. Muito mais prático e fácil.

246   Capítulo 8

8.1 Sub-rotinas

A ideia do uso de modularização em sistemas não é nova. Ela surgiu no final da década
de 1960 e início dos anos 1970, quando o mundo passava pela "crise do *software*". Essa crise
foi causada basicamente pelo rápido avanço no desenvolvimento do *hardware*, e a indústria
do *software* não conseguia acompanhar na mesma velocidade. Assim, era necessário desenvolver novas técnicas de criação de *software* para poder aumentar a produtividade, diminuir
o número de erros no código, bem como diminuir o custo do desenvolvimento.

A modularização teve impacto direto em todos os pontos citados, trazendo enormes
vantagens, como:

- Os módulos são feitos e testados uma única vez, mas podem ser utilizados em vários
  pontos do programa.
- É possível criar bibliotecas com módulos que podem ser usados em diversos programas
  e até por outros programadores.
- O tempo de desenvolvimento pode ser menor, pois se concentra nas partes do problema
  que não foram resolvidas.

As ferramentas utilizadas para modularização na computação são chamadas de **sub-rotinas**. Assim, quando você ouvir sobre sub-rotinas, associe a trechos de código para atender
um problema específico. Existem dois tipos de sub-rotinas na programação que veremos com
detalhes a seguir. São elas as funções e os procedimentos.

8.2 Funções

As funções são sub-rotinas que têm por objetivo fazer uma tarefa bem específica e retornar
algum valor para quem fez sua chamada. Vamos recordar um pouco quando preenchemos
um vetor sorteando números aleatórios. Note que usamos a função **sorteia** para podermos
gerar dez números entre 1 e 50.

```
inteiro a[10]
para (inteiro i=0; i < 10; i++)
{
    a[i] = u.sorteia(1, 50)
}
```

Mas agora é a hora de fazer algumas perguntas. O que são esses números dentro dos parênteses? Qual o objetivo deles? A função vai retornar alguma coisa? Qual o tipo de retorno
da função? Essas são as perguntas que podemos nos fazer quando olhamos para a função
pelo lado de fora. Isso é o que chamamos de interface da função com o mundo externo.
O que iremos ver agora é como construir essa interface e como construir "o lado de dentro
da função". Combinado?

Vamos assumir que toda função tem que ter:

Modularização 247

- Um nome.
- Um tipo de retorno.
- Uma lista de parâmetros.

Acredito que a única coisa sobre a qual você pode estar na dúvida é a lista de parâmetros. Por parâmetros, entenda valores que são necessários e obrigatórios para que a função cumpra seu papel. Imagine que você vai fazer uma função bem simples que some 2 números inteiros. Os parâmetros para essa função têm que ser 2 números. Sem eles, é impossível para a função conseguir executar a soma.

Vejamos como é a sintaxe para criação de uma função no Portugol Studio:

funcao retorno nome(lista de parâmetros)

Onde

retorno é um dos tipos de retorno que já comentamos no Capítulo 5
nome é o nome dado para a função
lista de parâmetros é uma lista de (tipo nome) separadas por vírgulas

Vejamos alguns exemplos de declaração de funções:

1 **Faça** uma função que retorne o maior valor entre três números inteiros

funcao inteiro maior_valor(inteiro a, inteiro b, inteiro c)

2 **Faça** uma função que verifique se um número é primo

funcao logico primo(inteiro numero)

3 **Faça** uma função que retorne o menor valor de um vetor

funcao real menor(real vetor[], inteiro tamanho)

Conforme comentamos, essa é a interface da função com o mundo externo. O programador que vai usar a função precisa saber como é essa interface para poder chamar corretamente a função. Por exemplo, se quisermos usar a função **maior_valor**, não vamos poder passar um vetor como parâmetro, e sim três valores inteiros para que ela funcione conforme planejado.

Um ponto importante é que quem vai fazer a função precisa fazer a definição de forma que ela não precise de nada externo além do que foi passado como parâmetro. Lembre-se de que é um módulo à parte. A conexão entre a função e seu programa são os parâmetros que estão sendo passados.

Agora que já sabemos definir a interface da função, vamos aprender a fazer o código propriamente dito. Vejamos como é a sintaxe do corpo da função. Note que vamos usar os símbolos de chaves { } para definir o escopo da função e dentro delas teremos o código necessário para encontrar o resultado. Um dos comandos tem que ser obrigatoriamente o valor que se retorna. Para isso, deve ser utilizada a palavra **retorne** seguida do valor que se quer devolver.

```
funcao retorno nome(parâmetros)
{
    // aqui deve ser colocado o código da função
    retorne valor
}
```

Vamos implementar uma função que verifica se um número é primo. A interface já definimos. Vejamos agora o que tem dentro da função. A lógica para verificar se um número é primo já foi vista duas vezes neste livro. Então, vou me concentrar apenas em alguns pontos novos referentes à função.

O primeiro ponto é que os parâmetros que foram definidos serão usados pela função. Se não forem usados, há alguma coisa errada, pois é uma evidência de que o parâmetro não deveria ter sido criado. Na Listagem 95, podemos ver que o parâmetro **n** foi utilizado duas vezes dentro da função. A função definiu uma variável chamada **achou**, que, ao final do comando **para**, terá **verdadeiro** ou **falso**. A instrução **retorne** permite que você possa indicar qual será o valor de retorno da função. No nosso caso, estamos retornando a variável **achou**.

```
1.     funcao logico primo(inteiro n)
2.     {
3.             logico achou = verdadeiro
4.             para(inteiro i=2; i < n-1; i++)
5.             {
6.                     se (n % i == 0)
7.                     {
8.                             achou = falso
9.                     }
10.            }
11.            retorne achou
12.    }
```

Listagem 95   Exemplo de criação de uma função.

Quero mostrar como é que fica a definição de uma função dentro do Portugol Studio. Isso pode ser visto na Listagem 96. Note que temos a definição da função que vai da linha 5 até a linha 16. Somente na linha 18 é que temos a função **inicio()**, que é onde se inicia a execução do nosso algoritmo. Na linha 20, temos a primeira chamada para a função **primo**, passando como parâmetro o valor fixo 23. Você precisa entender que o fluxo do algoritmo vai ser desviado para a função **primo** e, assim que ela encontrar o resultado, o fluxo retornará ao ponto onde aconteceu a chamada. O que vai acontecer na linha 20 é o desvio para a função, que no caso do 23 vai retornar verdadeiro e esse resultado será impresso, já que estamos usando o comando **escreva**.

Ainda na Listagem 96 fiz um laço em que estou gerando dez números entre 1 e 30. Note que estou testando se cada um dos números é primo. Caso seja, eu imprimo o número. Um ponto importante a ser notado aqui é que, se não tivéssemos como fazer uma função, teríamos que repetir a lógica de verificar se o número é primo nos dois pontos onde foi chamada a função. Isso é o que chamamos **reaproveitamento de código**.

Modularização

```
1.      programa
2.      {
3.              inclua biblioteca Util --> u
4.
5.              funcao logico primo(inteiro n)
6.              {
7.                      logico achou = verdadeiro
8.                      para(inteiro i=2; i < n-1; i++)
9.                      {
10.                             se (n % i == 0)
11.                             {
12.                                     achou = falso
13.                             }
14.                     }
15.                     retorne achou
16.             }
17.
18.             funcao inicio()
19.             {
20.                     escreva(primo(23),"\n")
21.
22.                     para (inteiro i=0; i < 10; i++)
23.                     {
24.                             inteiro x = u.sorteia(1, 30)
25.                             se (primo(x))
26.                             {
27.                                     escreva(x, " é um número primo\n")
28.                             }
29.                     }
30.             }
31.     }
```

Listagem 96   Exemplo completo de funções.

8.3 Procedimentos

Muitas linguagens de programação fazem distinção entre sub-rotinas que retornam valores e as que não retornam. O primeiro tipo é o que acabamos de ver, ou seja, as funções. O segundo tipo são chamamos normalmente de procedimentos. A linguagem Pascal, por exemplo, define *function* para funções e *procedure* para procedimentos. No Portugol Studio, temos apenas funções, mas existe uma clara diferença, pois quando definimos que uma função não vai retornar valores, o que estamos fazendo é, na realidade, definir procedimentos.

Se você ainda está com a ideia de que sub-rotinas são funções que retornam valores, talvez esteja tentando entender o motivo de termos procedimentos. Mas realmente precisamos deles em várias situações. Aliás, no Capítulo 7, comentei muito sutilmente que tínhamos de repetir

250 Capítulo 8

um trecho de código diversas vezes. Naquele momento, não apresentei como um problema, mas muito me incomoda ver trechos de código que se repetem. Estou falando especificamente da impressão de vetores. Fizemos vários problemas que tinham dois ou até três vetores, e, para imprimir, tínhamos que repetir a mesma lógica para impressão deles.

Vejamos inicialmente a sintaxe para a definição de procedimentos no Portugol Studio. Ela é basicamente a mesma sintaxe da forma como criamos funções:

```
funcao nome(parâmetros)
{
   // aqui tem a lógica do procedimento
}
```

Note que deixamos de ter a definição do tipo de retorno e não vamos precisar do **retorne** dentro do escopo do procedimento. O mesmo cuidado dos parâmetros que comentei para funções também vale para procedimentos. Se o parâmetro não for utilizado, é porque é desnecessário e não deve ser declarado.

Vamos pensar em um procedimento que imprima os dados de um vetor. Esse procedimento precisa de que? Evidentemente, do vetor e da quantidade de elementos que estão guardados nele. Sendo assim, podemos pensar na definição do vetor da seguinte forma:

```
funcao imprime(inteiro vetor[], inteiro tamanho)
```

A lógica de impressão do vetor é a que já vimos no Capítulo 7. Temos que percorrer o vetor e imprimir cada uma das posições. Veja na Listagem 97 o trecho de código que cria um procedimento que imprime um vetor de números inteiros.

```
1.    funcao imprime(inteiro vetor[], inteiro tamanho)
2.    {
3.            para (inteiro i=0; i < tamanho; i++)
4.            {
5.                    escreva(vetor[i], " ")
6.            }
7.            escreva("\n")
8.    }
```

Listagem 97 Exemplo de procedimento.

Imagine um problema que pedisse para você gerar um vetor de tamanho 20 com números randômicos e outro com tamanho 5 também com números randômicos e, ao final, mandasse imprimir os dois vetores. O procedimento da Listagem 97 serviria? Vai servir porque você passou o tamanho do vetor também como parâmetro. Na Listagem 98, podemos ver o método **imprime** sendo chamado passando vetores de tamanhos diferentes.

```
1.    programa
2.    {
3.            inclua biblioteca Util --> u
4.
```

Modularização   251

```
5.              funcao imprime(inteiro vetor[], inteiro tamanho)
6.              {
7.                      para (inteiro i=0; i < tamanho; i++)
8.                      {
9.                              escreva(vetor[i]," ")
10.                     }
11.                     escreva("\n")
12.             }
13.
14.             funcao inicio()
15.             {
16.                     inteiro a[20]
17.                     para (inteiro i=0; i < 20; i++)
18.                     {
19.                             a[i] = u.sorteia(1, 100)
20.
21.                     }
22.                     inteiro b[5]
23.                     para (inteiro i=0; i < 5; i++)
24.                     {
25.                             b[i] = u.sorteia(1, 100)
26.
27.                     }
28.                     imprime(a, 20)
29.                     imprime(b, 5)
30.             }
31.     }
```

Listagem 98   Segundo exemplo de uso de procedimento.

Existe um último ponto que eu gostaria de enfatizar, pois alguns alunos têm uma dúvida recorrente. O nome que é dado ao parâmetro na definição da sub-rotina não precisa ser o nome usado quando chamamos o procedimento ou a função. Note, na Listagem 98, que na definição do procedimento **imprime**, mostrado na linha 5, usamos o nome **vetor**[] e na chamada do procedimento nas linhas 28 e 29 usamos as variáveis **a** e **b**.

8.4 Parâmetros

Neste capítulo, já falamos sobre parâmetros e vimos como são importantes para a criação das nossas sub-rotinas. Entretanto, ainda existe um ponto a ser discutido com relação a parâmetros, principalmente quando nos referimos a procedimentos.

Desde que comecei a falar sobre parâmetros, me referi a valores que são passados para a função ou procedimento executar o seu papel. Mas imagine que você precise que o parâmetro possa ser alterado na sub-rotina e essa mudança seja refletida no retorno da chamada. Já pensou nisso? Será que isso é possível? É o que vamos ver a seguir.

8.5 Passagem por valor

Antes de explicar o tipo de passagem de parâmetro por valor, gostaria de mostrar um trecho de código para que possamos discutir com base nele. Vamos pensar em um exemplo bem simples. Vamos fazer um procedimento que incrementa de 1 o valor passado como parâmetro. Esse exemplo pode ser visto na Listagem 99. Temos a função chamada **incrementa**, que define **n** como parâmetro e, no corpo da função, temos o valor de **n** sendo modificado.

```
1.      programa
2.      {
3.              funcao incrementa(inteiro n)
4.              {
5.                      n = n + 1
6.              }
7.
8.              funcao inicio()
9.              {
10.                     inteiro x = 1
11.                     escreva(x, " ")
12.                     incrementa(x)
13.                     escreva(x)
14.             }
15.     }
```

Listagem 99   Exemplo de passagem de parâmetro por valor.

Na função **inicio**, definimos uma variável **x**, inicializamos com 1, mandamos imprimir o valor de **x** antes e depois de chamar a função **incrementa**. O que você acha que vai imprimir? Se pensou em 1 e 2, infelizmente errou. Vai imprimir 1 e 1. Agora vamos entender o porquê.

Você pode pensar erroneamente que o problema foi ter usado **x** na função **inicio**. Será que trocar **x** por **n** resolveria? Infelizmente, não resolveria. Imaginando que entre a linha 5 e a linha 6 você pudesse colocar **escreva(n)**, o que acha que seria impresso? Vai imprimir dois, por mais estranho que isso possa parecer. A pergunta que você deve estar se fazendo é: como é que dentro da função **incrementa** o valor está correto e quando volta da chamada o valor fica errado?

Isso está ligado à forma como é processada uma chamada de uma função/procedimento. Diz respeito à alocação de memória, pilha de execução e outros fatores que neste livro não precisamos detalhar. O que precisamos saber, então? O que você precisa saber é que a **passagem de parâmetro por valor** faz uma cópia do parâmetro para uma variável local da sub-rotina. Esta cópia é utilizada durante toda a execução da sub-rotina, podendo ser ou não modificada. Contudo, ao final da execução essa cópia local é destruída e os valores contidos nela são perdidos. Escrevendo de outra forma e me referindo ao exemplo da Listagem 94, a variável **x** e o parâmetro **n** ocupam espaços diferentes na memória, e a modificação de **n** não vai alterar a variável **x**.

Modularização   253

Mas como faço se eu quiser alterar? É o que veremos na passagem de parâmetro por referência.

8.6 Passagem por referência

Evidentemente, você chegou aqui querendo a resposta à pergunta que deixei no tópico anterior. Você já sabe que terá de dizer ao algoritmo que o parâmetro que você está passando tem de ser o original, pois cópias não servem no seu caso.

Esse tipo de parâmetro que você está querendo usar na computação é chamado de **passagem de parâmetro por referência**. O que acontece nessa situação é que o parâmetro da sub-rotina aponta para o local onde a variável da chamada está sendo guardada. Isso é que faz com que a modificação no parâmetro reflita a mudança no retorno da sub-rotina.

Cada linguagem de programação define uma forma própria para criação de parâmetros por referência. No Portugol Studio, é usado o símbolo de **e comercial** (&) para fazer essa função. Vejamos a definição da função **incrementa** com o parâmetro passado por referência:

funcao incrementa(inteiro &n)

É bom deixar claro que uma sub-rotina pode ter parâmetros por valor e por referência ao mesmo tempo. Cada parâmetro define individualmente o seu tipo. Na Listagem 100, temos o mesmo exemplo, só que desta vez usando parâmetro por referência. Se você colocar para executar, verá que agora a impressão será 1 e 2.

```
1.      programa
2.      {
3.          funcao incrementa(inteiro &n)
4.          {
5.              n = n + 1
6.          }
7.
8.          funcao inicio()
9.          {
10.             inteiro x = 1
11.             escreva(x, " ")
12.             incrementa(x)
13.             escreva(x)
14.         }
15.     }
```

Listagem 100   Exemplo de passagem de parâmetro por referência.

Uma observação importante é que no Portugol Studio um vetor sempre é passado por referência e não deve colocar o sinal de & antes do nome do parâmetro.

Vamos agora resolver um conjunto de problemas do tema sub-rotinas.

Complete o algoritmo

Crie uma função que calcule a média dos elementos de um vetor.

```
1.   programa
2.   {
3.       inclua biblioteca Util --> u
4.
5.       funcao real ???(inteiro vetor[], ???)
6.       {
7.           real soma = 0
8.           para (inteiro i=0; i < tam; i++)
9.           {
10.              soma = ???
11.          }
12.          retorne ???
13.      }
14.
15.      funcao inicio()
16.      {
17.          const inteiro tamanho = 10
18.          inteiro v[tamanho]
19.          para (inteiro i=0; i < tamanho; i++)
20.          {
21.              v[i] = u.sorteia(1, 20)
22.          }
23.          escreva("Vetor gerado\n")
24.          para (inteiro i=0; i < tamanho; i++)
25.          {
26.              escreva(v[i], " ")
27.          }
28.
29.          real m = media(v, tamanho)
30.          escreva("\nA média dos elementos do vetor é: ", m)
31.      }
32.  }
```

Listagem 101   Exercício: complete o algoritmo de sub-rotinas.

 Lógica do algoritmo

O que faz a função **misterio** e quais valores estão sendo impressos?

Modularização

```
1.      programa
2.      {
3.              funcao inteiro misterio(inteiro a, inteiro b)
4.              {
5.                      inteiro cont = 1
6.                      inteiro x = 1
7.                      enquanto (cont <= b)
8.                      {
9.                              x = x * a
10.                             cont++
11.                     }
12.                     retorne x
13.             }
14.
15.             funcao inicio()
16.             {
17.                     escreva(misterio(2,3),"\n")
18.                     escreva(misterio(3,5))
19.             }
20.     }
```
Listagem 102   Exercício: lógica do algoritmo de sub-rotinas.

 Exercício resolvido

Faça uma função que troque o conteúdo de duas variáveis inteiras entre si.

Passo 1 – Identificação do problema. Precisamos fazer uma função que receba como parâmetro duas variáveis e troque os valores entre elas.

Passo 2 – Quais dados estão envolvidos? Dois parâmetros inteiros e uma variável auxiliar.

Passo 3 – Como encontrar os resultados esperados? As variáveis deverão ser passadas por referência, uma vez que elas têm de ser alteradas dentro da função. Devemos usar uma variável auxiliar para fazer a troca dos valores.

Passo 4 – Qual a condição de parada? Não se aplica.

Vamos começar por fazer a declaração da função. O nome da função será **troca**. Ela não terá valor de retorno e terá 2 parâmetros, **a** e **b**, ambos usando o & para definir passagem por referência.

```
funcao troca(inteiro &a, inteiro &b)
```

A troca das variáveis é realizada utilizando uma variável **aux**, como podemos ver no seguinte trecho de código:

```
funcao troca(inteiro &a, inteiro &b)
{
    inteiro aux = a
```

```
        a = b
        b = aux
}
```

Também adicionei um trecho de código para poder fazer o teste da função **troca**. Note que criei duas variáveis, fiz a chamada da função **troca** e depois mandei imprimir as variáveis, como mostra o trecho de código.

```
inteiro x = 20
inteiro y = 10
troca(x, y)
escreva(x, " ", y)
```

A Listagem 103 mostra uma possível solução completa do exercício que foi proposto.

```
1.      programa
2.      {
3.              funcao troca(inteiro &a, inteiro &b)
4.              {
5.                      inteiro aux = a
6.                      a = b
7.                      b = aux
8.              }
9.
10.             funcao inicio()
11.             {
12.                     inteiro x = 20
13.                     inteiro y = 10
14.                     troca(x, y)
15.                     escreva(x, " ", y)
16.             }
17.     }
```
Listagem 103   Primeiro exercício resolvido de sub-rotinas.

 Exercício resolvido

Faça uma função que receba um valor inteiro como parâmetro representando tempo em segundos e devolva uma *string* com o formato: XXh XXmin XXseg.

Vejamos os seguintes exemplos:

65 = 1min 5seg
3601 = 1h 1seg
120 = 2min
9603 = 2h 40min 3seg

Modularização 257

Passo 1 – Identificação do problema. Precisamos fazer uma função que receba como parâmetro uma variável inteira representando um número qualquer de segundos e a função deverá retornar uma *string* convertendo para horas, minutos e segundos.

Passo 2 – Quais dados estão envolvidos? Um parâmetro inteiro e três variáveis, uma para as horas, outra para os minutos e uma terceira que será o valor de retorno

Passo 3 – Como encontrar os resultados esperados? Para podermos encontrar o resultado desejado, temos de aplicar as fórmulas de conversão. Uma hora tem 3.600 segundos e um minuto tem 60 segundos. Assim, teremos de pegar o número de segundos e dividir por 3.600. O quociente vai dar o número de horas. Com o resto dessa divisão, ajustaremos o número de segundos para fazermos o cálculo dos minutos. Depois dessa primeira divisão, vamos agora dividir por 60. O quociente dará o número de minutos e o resto dará o número de segundos. Depois que tivermos calculado as horas, os minutos e os segundos, teremos que montar a *string* no formato solicitado. Temos que testar se algum deles deu zero, para não adicionarmos na *string*. Ao final, iremos retornar a *string*.

Passo 4 – Qual a condição de parada? Não se aplica.

Vejamos a definição da função. A função chama-se **converte**, tem **cadeia** como tipo de retorno e recebe um parâmetro **seg**, por valor, que representa o número de segundos que queremos transformar.

```
funcao cadeia converte(inteiro seg)
```

Para calcularmos as horas, os minutos e os segundos, temos de fazer algumas operações matemáticas, como escrevi no Passo 3. **Horas** já é o quociente da divisão de segundos por 3.600. Com o resto, ajustamos o número de segundos para dividir novamente, desta vez por 60. O quociente vai encontrar o número de minutos e o resto é o número de segundos. Tudo isso pode ser visto no seguinte trecho de código:

```
inteiro horas = seg / 3600
seg = seg % 3600
inteiro min = seg / 60
seg = seg % 60
```

Um ponto importante nesse problema é que a *string* de retorno é composta de números e letras. Nesse caso, teremos de converter os números em *string*. O Portugol Studio tem, na biblioteca, diversos tipos de conversões, como a que podemos ver a seguir. Essa função recebe o número que se quer transformar para *string* e mostra em qual base ele está (2, 8, 10, 16). Não falamos sobre bases numéricas, nem é o objetivo deste livro, mas para este exemplo usaremos a base 10. O valor de retorno é o número transformado em *string*.

```
funcao cadeia inteiro_para_cadeia(inteiro n, base b)
```

Agora, temos que preparar a *string* de retorno. Declaramos uma variável do tipo **cadeia** e convertemos para *string* as variáveis **horas**, **min** e **seg**, adicionando os sufixos **h**, **min** e **seg**, respectivamente.

258   Capítulo 8

```
cadeia retorno = t.inteiro_para_cadeia(horas, 10) + "h " +
                 t.inteiro_para_cadeia(min, 10) + "min " +
                 t.inteiro_para_cadeia(seg, 10) + "seg"
```

Contudo, esta abordagem tem um problema quando um dos valores é zero. Pelo exemplo mostrado no enunciado do problema, quando não tem, por exemplo, horas, não sai 0h. Simplesmente não sai nada. Assim, teremos que testar cada uma das variáveis para podermos adicionar, ou não, na *string* de retorno.

```
cadeia retorno = ""
se (horas > 0)
{
    retorno = t.inteiro_para_cadeia(horas, 10) + "h "
}
se (min > 0)
{
    retorno = retorno + t.inteiro_para_cadeia(min, 10) + "min "
}
se (seg > 0)
{
    retorno = retorno + t.inteiro_para_cadeia(seg, 10) + "seg"
}
```

No final da função, não se esqueça de retornar o valor usando o comando **retorne**. Na Listagem 104, você pode ver uma possível solução para o problema apresentado. Note que em todos os exercícios resolvidos de sub-rotinas eu coloco chamadas na função **inicio** para "testar" se a sub-rotina está funcionando corretamente.

```
1.      programa
2.      {
3.              inclua biblioteca Tipos --> t
4.
5.              funcao cadeia converte(inteiro seg)
6.              {
7.                      inteiro horas = seg / 3600
8.                      seg = seg % 3600
9.                      inteiro min = seg / 60
10.                     seg = seg % 60
11.                     cadeia retorno = ""
12.                     se (horas > 0)
13.                     {
14.                             retorno = t.inteiro_para_cadeia(horas, 10) + "h "
15.                     }
16.                     se (min > 0)
```

```
17.                {
18.                        retorno = retorno + t.inteiro_para_cadeia(min, 10) + "min "
19.                }
20.                se (seg > 0)
21.                {
22.                        retorno = retorno + t.inteiro_para_cadeia(seg, 10) + "seg"
23.                }
24.                retorne retorno
25.        }
26.
27.        funcao inicio()
28.        {
29.                escreva(converte(65),"\n")
30.                escreva(converte(601),"\n")
31.                escreva(converte(3700),"\n")
32.                escreva(converte(9603),"\n")
33.        }
34. }
```

Listagem 104 Segundo exercício resolvido de sub-rotinas.

 Exercício resolvido

Faça uma função que leia um vetor de inteiros contendo **n** posições.

Passo 1 – Identificação do problema. Precisamos fazer uma função que receba como parâmetro um vetor e o seu tamanho. A função deverá ler o vetor que é composto de números inteiros.

Passo 2 – Quais dados estão envolvidos? O vetor e o tamanho do vetor.

Passo 3 – Como encontrar os resultados esperados? Para procedermos à leitura do vetor, teremos de fazer 1 laço até o tamanho e ler cada uma das posições. O vetor deveria ser passado por referência, uma vez que será alterado dentro da função. Contudo, no Portugol Studio os vetores são sempre passados por referência sem a utilização do símbolo &.

Passo 4 – Qual a condição de parada? O laço deverá ser executado o número de vezes do tamanho do vetor.

Vou mais uma vez iniciar pela definição da função. Na verdade, usando a terminologia correta, seria um procedimento, já que não tem valor de retorno. O nome dado ao procedimento será **lerVetor**, que vai receber como parâmetro o vetor **v** de inteiros e o seu tamanho **n**. Note que o valor não está sendo passado com **&** para identificar que é por referência, mas já comentei, inclusive no Passo 3, que não é necessário usar o símbolo para vetores no Portugol Studio.

```
funcao lerVetor(inteiro v[], inteiro n)
```

Na leitura do vetor, não há nada diferente do que vimos no Capítulo 7. Temos um laço até o tamanho do vetor que é representado pelo valor de **n**. Dentro do laço, fazemos a leitura diretamente para o índice do vetor.

```
para (inteiro i=0; i < n; i++)
{
    escreva("Digite o ", i+1, "o elemento: ")
    leia(v[i])
}
```

A função completa pode ser vista no trecho a seguir:

```
funcao lerVetor(inteiro v[], inteiro n)
{
    para (inteiro i=0; i < n; i++)
    {
        escreva("Digite o ", i+1, "o elemento: ")
        leia(v[i])
    }
}
```

Na função **inicio**, criei o vetor, fiz a chamada do procedimento **lerVetor** e ao final imprimi o vetor que foi lido. Veja no trecho de código a seguir:

```
const inteiro tamanho = 5
inteiro vetor[tamanho]
lerVetor(vetor, tamanho)
escreva("Vetor lido\n")
para (inteiro i=0; i < tamanho; i++)
{
    escreva(vetor[i], " ")
}
```

Na Listagem 105, podemos ver uma possível solução completa para o problema apresentado. Para consolidar seus conhecimentos, transforme o trecho de código que faz impressão do vetor em outro procedimento.

```
1.      programa
2.      {
3.              funcao lerVetor(inteiro v[], inteiro n)
4.              {
5.                      para (inteiro i=0; i < n; i++)
6.                      {
7.                              escreva("Digite o ", i+1, "o elemento: ")
8.                              leia(v[i])
9.                      }
10.             }
11.
```

```
12.         funcao inicio()
13.         {
14.             const inteiro tamanho = 5
15.             inteiro vetor[tamanho]
16.             lerVetor(vetor, tamanho)
17.             escreva("Vetor lido\n")
18.             para (inteiro i=0; i < tamanho; i++)
19.             {
20.                 escreva(vetor[i]," ")
21.             }
22.         }
23.     }
```
Listagem 105   Terceiro exercício resolvido de sub-rotinas.

 Exercício resolvido

Faça uma função que preencha o vetor com **n** primeiros números primos. O valor de **n** deve ser uma constante definida no algoritmo.

Passo 1 – Identificação do problema. É preciso fazer uma função que receba como parâmetro um vetor e seu tamanho. Esse vetor deve ser preenchido somente com números primos.

Passo 2 – Quais dados estão envolvidos? O vetor e o seu tamanho.

Passo 3 – Como encontrar os resultados esperados? Embora não tenha sido solicitado pelo enunciado, podemos criar uma função que receba um número e retorne se ele é primo ou não. Isso irá ajudar a ter um código mais bem estruturado. O procedimento para preencher vetor terá um laço **enquanto** para ir verificando se o valor armazenado em um contador é primo ou não. Caso seja primo, será inserido no vetor. Se não for, vamos verificar o próximo número.

Passo 4 – Qual a condição de parada? O laço do procedimento é encerrado quando o contador atingir o tamanho do vetor.

Vamos começar pela definição da função **primo**. A função vai se chamar primo, recebe como parâmetro um número inteiro e retorna um valor lógico.

```
funcao logico primo(inteiro n)
```

A lógica ao se verificar se um número **n** qualquer é primo é procurar algum divisor para o número que esteja entre 2 e n-1. Se não existir nenhum divisor, o número é primo.

Para verificarmos se temos algum divisor, vamos fazer um laço perguntando se algum dos restos pelo contador é zero. Se encontrarmos algum, podemos afirmar que o número não é primo. Note que inicializamos a variável **achou** com **verdadeiro** e o seu valor é trocado quando encontramos algum divisor, como podemos ver no trecho de código:

```
logico achou = verdadeiro
para (inteiro i=2; i < n-1; i++)
{
    se (n % i == 0)
```

```
        {
                achou = falso
        }
}
```

A função **primo** completa pode ser vista a seguir:

```
funcao logico primo(inteiro n)
{
    logico achou = verdadeiro
    para (inteiro i=2; i < n-1; i++)
    {
            se (n % i == 0)
            {
                    achou = falso
            }
    }
    retorne achou
}
```

Vejamos agora a definição do procedimento para preencher o vetor. O nome do procedimento é **preencherVetor** a ele recebe como parâmetro o vetor e seu tamanho. Já dissemos que o vetor é sempre passado por referência mesmo sem o símbolo **&**. Sendo um procedimento, não temos valor de retorno.

```
funcao preencherVetor(inteiro v[], inteiro tam)
```

No procedimento, estou declarando duas variáveis. Uma chamada **cont**, que servirá como contador da quantidade de elementos que estamos inserindo no vetor, e a outra chamada **num**, que também servirá como contador, mas com o objetivo de verificar se determinado número é primo. Como pela definição de números primos temos que 2 é o primeiro, inicializei a variável **num** com 2.

```
inteiro cont = 0
inteiro num = 2
```

Faremos um laço **enquanto**, controlado pela variável **cont**, e verificaremos se cada valor de **num** é primo. Quando é primo, inserimos no vetor e incrementamos **cont**. Note no trecho de código que chamamos a função **primo**, tirando toda a lógica de verificação do número para fora do procedimento, em uma clara separação de papéis.

```
enquanto(cont < tam)
{
    se (primo(num))
```

Modularização

263

```
    {
            v[cont] =num
            cont++
    }
    num++
}
```

O procedimento completo **preencherVetor** pode ser visto no seguinte trecho de código:

```
funcao preencherVetor(inteiro v[], inteiro tam)
{
    inteiro cont = 0
    inteiro num = 2
    enquanto(cont < tam)
    {
            se (primo(num))
            {
                    v[cont] =num
                    cont++
            }
            num++
    }
}
```

Na função **inicio**, coloquei a definição da constante tamanho, a declaração do vetor e a chamada do procedimento **preencherVetor**, como podemos ver no trecho de código.

```
const inteiro tamanho = 20
inteiro vetor[tamanho]
preencherVetor(vetor, tamanho)
```

Depois da chamada do procedimento, podemos fazer a impressão do vetor para ver os resultados encontrados. Na Listagem 106, temos uma possível solução completa para o problema que foi apresentado.

```
1.      programa
2.      {
3.
4.              funcao logico primo(inteiro n)
5.              {
6.                      logico achou = verdadeiro
7.                      para (inteiro i=2; i < n-1; i++)
8.                      {
9.                              se (n % i == 0)
```

```
10.                    {
11.                            achou = falso
12.                    }
13.            }
14.            retorne achou
15.    }
16.
17.    funcao preencherVetor(inteiro v[], inteiro tam)
18.    {
19.            inteiro cont = 0
20.            inteiro num = 2
21.            enquanto(cont < tam)
22.            {
23.                    se (primo(num))
24.                    {
25.                            v[cont] =num
26.                            cont++
27.                    }
28.                    num++
29.            }
30.    }
31.
32.    funcao inicio()
33.    {
34.            const inteiro tamanho = 10
35.            inteiro vetor[tamanho]
36.            preencherVetor(vetor, tamanho)
37.            escreva("Vetor com os n primeiro números primos\n")
38.            para (inteiro i=0; i < tamanho; i++)
39.            {
40.                    escreva(vetor[i]," ")
41.            }
42.    }
43. }
```

Listagem 106 Quarto exercício resolvido de sub-rotinas.

Aprimore seus conhecimentos

1. Faça uma função que receba três parâmetros inteiros que representem horas, minutos e segundos. A função deve retornar a quantidade de segundos. Por exemplo: 2 h, 15 min e 30 s retornariam 8.130 s.
2. Crie uma função que receba como parâmetro o número do mês e que retorne o nome do mês e a quantidade de dias. Não leve em consideração anos bissextos.

3. Crie uma função que converta polegadas em centímetros, sabendo que 1 polegada equivale a 2,54 centímetros. O parâmetro é passado em polegadas e a função retorna o seu equivalente em centímetros.
4. Faça uma função que retorne os dois números primos mais próximos de 1.000.
5. Escreva uma função que receba um número inteiro menor que 50 e imprima o seu equivalente em números romanos. Por exemplo, se o parâmetro for 7, a função deverá retornar a *string* "VII". Uma mensagem deve ser dada caso o número passado esteja fora da faixa.
6. Faça uma função que receba dois parâmetros. O primeiro parâmetro é um vetor contendo 10 números e o segundo é um número inteiro. A função deverá multiplicar cada elemento do vetor pelo segundo parâmetro. O algoritmo deverá imprimir o vetor antes e depois da multiplicação.

8.7 Momentos finais

Não sei quanto tempo você levou para chegar até aqui. Se você levou apenas alguns dias ou se fez um semestre completo, não tem tanta importância. A única coisa que me interessa é que você tenha conseguido entender e acompanhar os diversos assuntos que foram apresentados.

Espero que você tenha gostado da abordagem que dei a este livro, bem como dos vídeos que foram preparados e disponibilizados no YouTube. Acredito que o ajudaram a comparar sua solução com a minha.

Tenha convicção de que, se acompanhou e praticou com os exercícios que foram apresentados e com outros tantos que estão disponíveis na internet, você está pronto para começar a programar com uma linguagem de programação real.

Existem diversas linguagens de programação que você pode colocar no seu radar. É claro que, se você está em um curso técnico ou superior de computação, a sua grade e a sua instituição é que irão indicar qual caminho deve seguir. Entretanto, nada impede que você possa aprender uma linguagem por conta própria. Depende muito do que se tem como objetivo. Por exemplo, você pode estar com vontade de aprender como desenvolver apps para dispositivos móveis ou gostaria de saber como criar uma aplicação *web* ou, ainda, como ler bases de dados abertas e criar relatórios do tipo *dashboard*. O importante é que não pare por aqui. Um mundo de oportunidades se abre para você a partir de agora. Aproveite!

Para finalizar, estou disponibilizando um formulário na *web* para você me contar o que achou da sua caminhada até aqui. Sua avaliação é muito importante para mim, pois a partir dela vou me atentar para alguns pontos em que possa melhorar.

Aponte seu *smartphone* para o QR Code ao lado para abrir formulário da nossa pesquisa de avaliação. Sua opinião é muito importante!

uqr.to/197as

Grande abraço e, quem sabe, nos encontraremos em outro livro!

Cenas pós-créditos

Lembra-se do exercício dos cocos que vimos no Capítulo 6? Não achou que eu iria deixar você na curiosidade, não é?

```
1.      programa
2.      {
3.              funcao inicio()
4.              {
5.                      inteiro n
6.                      leia(n)
7.                      inteiro pessoas, maximo
8.                      maximo = 0
9.                      inteiro cont = n
10.                     enquanto (cont > 1) {
11.                             cont--
12.                             pessoas = cont
13.                             logico macaco = verdadeiro
14.                             inteiro cocos = n
15.                             para (inteiro i = pessoas; i >= 1; i--) {
16.                                     se (cocos % pessoas != 1) {
17.                                             macaco = falso
18.                                     }
19.                                     cocos = cocos - (cocos / pessoas) - 1
20.                             }
21.                             se (cocos % pessoas != 0) {
22.                                     macaco = falso
23.                             }
24.                             se (macaco) {
25.                                     maximo = pessoas
26.                                     cont = 0
27.                             }
28.                     }
29.                     se (maximo == 0) {
30.                             escreva(n+" cocos, sem solução")
31.                     } senao {
32.                             escreva(n+" cocos, "+maximo+" pessoas e 1 macaco")
33.                     }
34.             }
35.     }
```

Bibliografia

ASCENCIO, A. F. G.; CAMPOS, E. A. V. *Fundamentos da programação de computadores*. 3. ed. São Paulo: Pearson, 2012.

CORMEN, T. *et al. Algoritmos*: teoria e prática. Rio de Janeiro: LTC, 2012.

DASGUPTA, S. *et al. Algoritmos*. Porto Alegre: AMGH, 2009.

FARRER, H. *et al. Programação estruturada de computadores*: algoritmos estruturados. 3. ed. Rio de Janeiro: LTC, 1999.

KNUTH, D. E. *The art of computer programming*: fundamental algorithms. 3. ed. Londres: Addison Wesley, 1997. v. 1.

PASQUAL, P. A. J. *Pensamento computacional e tecnologias*: reflexões sobre a educação no século XXI. ebook Kindle, 2020.

PIVA JR., D. *et al. Algoritmos e programação de computadores*. 2. ed. Rio de Janeiro: LTC, 2019.

PORTUGOL STUDIO. Disponível em: http://lite.acad.univali.br/portugol/. Acesso em: 20 maio 2022.

RAASE, A. *et al. Computação na educação básica*: fundamentos e experiências. ebook Kindle, 2020. (Tecnologia e Inovação na Educação Brasileira.)

SOUZA, M. F. F. de. *Computadores e sociedade*: da filosofia às linguagens de programação. Curitiba: InterSaberes, 2016.

WAZLAWICK, R. *História da computação*. Rio de Janeiro: LTC, 2016.

Índice alfabético

Algol, 14
Algoritmo
    aplicação, 2
    aprendizado, 3
    armazenar, 29
    conceitos fundamentais, 9
    definição, 17
    descrição narrativa, 17, 18
    dificuldade, 6
    estrutura básica, 25
    executar, 26
    fluxograma, 17, 18
    guardar, 29
    importância, 3
    lógica, 7
    pseudocódigo, 17, 20, 23
    representação, 17
    resolução de problemas, 2
    salvar, 26
Arquitetura de Von Newmann, 10
Assembly, 14
Atribuição
    comando, 32
Biblioteca
    Matematica, 52
    Portugol Studio, 50
Bytecode, 16
Cadeia de caracteres, 28
Caractere, 28
Cobol, 14
Código
    reaproveitamento, 248
Código executável, 16
Código fonte, 16
Comando
    de atribuição, 32
    de entrada, 33, 37
    de saída, 33, 37
    escolha-caso, 79
    para, 165
Compilação
    processo, 16
Compiladores, 15

Índice alfabético

Computador, 2
  componentes básicos, 10
  conceito, 9
  CPU, 10
  hardware, 11
  máquina de uso geral, 9
  memória, 10
  memória RAM, 10
  memória ROM, 10
  origens, 9
  software, 11
  Unidade Central de Processamento (CPU), 10
  unidade de controle, 11
  unidade de lógica aritmética, 11
  unidade de saída, 10
Conceitos fundamentais de algoritmos, 9
Console do Portugol Studio, 35
CPU, 10
  unidade de controle, 11
  unidade de lógica aritmética, 11
Criação de uma função, 248
Dados
  cadeia de caracteres, 28
  caractere, 28
  logico, 29
  real, 29
  string, 28
  tipos, 27
Declaração de matrizes, 227
Declaração de vetores, 194
Descrição narrativa, 17, 18
Dispositivos programáveis, 2
Erro de leitura em variável, 36

Estrutura de repetição
  enquanto, 87
  faça-enquanto, 136
Estrutura escolha-caso, 78
Estrutura para, 165
Estrutura SE, 53
Estruturas de controle, 49
  para, 165, 168, 169, 171, 173, 177, 188
  repetição, 86
Estruturas de dados homogêneas, 191
  declaração de matrizes, 227
  manipulação de matrizes, 228
  manipulação de vetores, 195
  matrizes, 226
  representação, 193, 226
  vetores, 191, 193
Estruturas de decisão, 49, 53
  escolha-caso, 78
  SE, 53
Estruturas de repetição, 49, 86
Estruturas sequenciais, 49
Facilidade de entendimento, 58
Fluxograma, 17, 18
  do comando faça-enquanto, 137
  para a sintaxe do comando enquanto, 87
  para comando escolha-caso, 79
  principais figuras, 19
Fortran, 14
Função arredondar, 51, 52
Hardware, 11
Impressão de vetores, 195
Inteiro, 28
Intercalação de vetores, 214

Índice alfabético

Interpretação
  processo, 16
Interpretadores, 15
Laboratório de Inovação Tecnológica na Educação (LITE), 23
Legibilidade de código, 58
Leitura de vetores, 195
Linguagens de programação
  conceito, 13
  evolução, 13
LITE, 23
Logico, 29
Manipulação de matrizes, 228
Manipulação de vetores, 195
Máquina virtual, 16
Matrizes, 226, 231, 235, 237
  declaração, 227
  manipulação, 228
Memória RAM, 10
Memória ROM, 10
Modularização, 245
  funções, 245
  parâmetros, 251
  passagem por referência, 253
  passagem por valor, 252
  procedimentos, 249
  sub-rotinas, 246
Operações
  lógicas, 47
  relacionais, 45
Operadores, 40
  aritméticos, 40
  lógicos, 45
  relacionais, 44

Painel Utilitários, 50
Parâmetros, 251
Parênteses em expressões, 42
Passagem por referência, 253
Passagem por valor, 252
Pensamento computacional
  abstração, 6
  algoritmos, 6
  conceito, 5
  decomposição, 6
  reconhecimento de padrões, 6
Portugol Studio
  console, 35
  estrutura básica de um algoritmo, 25, 26
  programa, 25
  uso de bibliotecas, 50
Português estruturado, 23
Prioridade, 40
Problema computacional, 24
Procedimentos, 249
Processo de compilação, 16
Processo de interpretação, 16
Processo híbrido de compilação, 16
Processo híbrido de interpretação, 16
Programa
  conceito, 1
  execução, 26
  histórico, 1
  linguagem, 2, 13
Programação
  linguagens, 13
Pseudocódigo, 17, 20, 23
Reaproveitamento de código, 248

Repetição

    estruturas, 86

Repetição faça-enquanto, 136, 147, 149

Representação, 193, 226

Rota com Google Maps, 39

Semântica, 23

Sintaxe, 23

Sintaxe de escolha-caso, 81

Software, 11

String, 28

Sub-rotinas, 246, 255, 259, 261

Unidade Central de Processamento (CPU), 10

Unidade de saída, 10

Universidade do Vale do Itajaí (UNIVALI), 23

Variáveis, 29

    erro de leitura, 35

    exemplo, 30

Vetores, 191, 200, 203, 206, 208, 211, 213, 217, 223

    declaração, 194

    impressão, 195

    intercalação, 214

    leitura, 195

    manipulação, 195

Von Newman, 10